우리 시대의
영웅을
찾아서

우리 시대의
영웅을
찾아서

이영준·이황 지음

차례

일러두기

이 책에는 필자들의 다음 논문 및 칼럼의 내용 일부가 포함되어 있다.

* 「미디어에 비친 현대 한국의 영웅」(2022)

* 「현대 한국의 진보정치에 스며든 계몽과 영웅」(2021)

* 「한국사회에서 영웅의 왜곡과 (재)소환」(2020)

* 「초공과 직무영웅: 군인, 경찰, 소방관을 중심으로」(2020)

* 「영웅적 행동의 관점에서 간호의 사회적 인식 제고와 제언」(2020)

* 「코로나 영웅들에게 왕관을」(파이낸셜뉴스, 2020)

* 「영웅적 행동의 사회적 확산을 위한 제언」(2019)

* 「두 얼굴을 가진 영웅: 〈전경〉의 영웅을 중심으로」(2019)

영웅을 찾아서

영웅하면 누가 제일 먼저 떠오르는가? 이순신 장군? 광개토대왕? 안중근 의사? 유관순 열사? 프로메테우스와 헤라클레스 같은 신화적 인물에서 시작해 알렉산더, 나폴레옹, 워싱턴, 처칠처럼 어릴 적 위인전에서 보던 익숙한 사람들이 생각날 수도 있다. 그리고 관우나 칭기즈칸, 간디와 같이 아시아인들이 공통적으로 알만한 역사 속 인물들을 떠올리는 이도 있을 것이다.

　아주 먼 과거에 살았던 어떤 영웅들은 우리의 기억으로부터 희미해지기도, 또 더러는 완전히 지워져 사라지기도 했지만, 일부는 최첨단 테크놀로지 사회인 지금 이곳에도 건강하게 살아있다. 왜 우리는 이들을 영웅이라는 이름으로 기억하고 있을까? 그리고 왜 이들은 자신들이 살았던 시대를 떠나 우리 시대에도 여전히 살아 숨 쉬고 있을까? 이런 질문들에 명확한 답을 내놓을 수는 없어도, 분명한 사실은 이들이 과거의 모습 그대로는 아니더라도 소설 속에서, 영화 속에서, 게임 속에서, 심지어 교향곡 속에서 우리의 기억 한자리를 차지하고 있다는 것이다.

　왜 우리는 영웅과 영웅이야기에 끌릴까? 아마도 그들의 행동, 즉 영웅적 행동이 사회 전체로 보면 유익할 뿐만 아니라 우리 마음속 뭔가를 자극하기 때문일 것이다. 프랑스 계몽주의 사상가 루소의 말을 빌리자면, 우리는 고대의 영웅들을 비교하고 대조하는 과정만으로도 영혼 깊숙이 영향을 받는다. 다시 말해 영웅은 사람들의 의식을 보다 높은 단계로 끌어올린다. 그것은 사람들이 자신들은 할 수 없는 그들의 행동에 숙연해지는 데서 비롯되리라. 게다가 영웅의 발자취를 따라가고픈 욕망도 사람들 속에 움트게 하지 않는가. 이뿐만 아니라 그런 위대한 선례들은 우리의 마음 깊숙한 곳에서 사람에 대한 연민과 애정, 내가 아닌 우리, 모두를 위한 공동체 의식 등등을 자연스럽게 솟아오르게 한다.

　19세기 영국의 사상가 토머스 칼라일은 루소 이상으로 영웅을 긍정적으로 생각했다. 그는 『역사 속 영웅, 영웅숭배, 영웅적 행동에 관하여』에서 인류의 역사는 숭고한 비전과 행동을 지닌 위대한 개인들의 산물이라고 주장했다. 칼라일에 의하면, 영웅은 신명, 예언자, 시인, 성직자, 문필가, 왕의 모습으로 역사 속에 무수히 등장한다. 그들만의 특별한 재능, 예를 들어 평범한 사람들을 훌쩍 뛰어넘는 용기, 지능, 리더십, 카리스마, 예지력 등을 통해 역사를 움직임으로써 우리 인류를 발전시켰다는 것이다. 어쩌면 우리가 영웅을 기억하는 이유가 칼라일의 이런 주장 때문일지도 모르겠다.

　또 다른 질문으로, 영웅을 어떻게 정의할 수 있을까? 사실, 우리가 사람의 어떤 점을 보고 그 사람을 영웅이라고 부르는지 그 근거를 설명하는 것은 쉽지 않다. 전설이나 설화, 고전 속의 영웅, 심지어 실제 역사 속의 영웅조차도 전승되는 과정에서 부풀려지고 또 관점의 차이로 인해 그 모습이 바뀌어 온 것이 한 가지 이유일 수 있다. 하지만 이것보다는 어떤 사람이 영웅인지를 지칭하는 구체적인 기준도 없이 허구인 신화와 실제 역사를 넘나들고 있다는 게 가장 큰 이유일 것이다.

칼라일만 해도 그렇다. 그는 세계의 역사가 영웅으로서 위인들의 전기(傳記)라고 설명하면서도 스칸디나비아의 신 오딘을 제일 먼저 내세우며 타고난 재능이 영웅의 본질적인 요소라고 주장했다. 또 현대 사상에 지대한 영향력을 미친 막스 베버도 (전쟁) 영웅의 가장 큰 특징으로 카리스마를 지목하며 이 카리스마는 초자연적, 초인적, 적어도 예외적 능력이나 자질로서 평범한 사람에게는 허용되지 않는 "천부적인" 것이라고 말한 바 있다. 과연 영웅을 이런 천부적인 자질로 설명할 수 있을까? 이들의 말을 곧이곧대로 받아들인다면 영웅은 특별한 재능을 타고 난 사람이기 때문에 평범한 사람은 영웅이 될 수 없다. 그간 영웅에 대한 언급은 역사적으로 무수했지만 누가 영웅인지, 또 무엇이 어떤 사람을 영웅으로 만드는지에 대한 특정한 기준이 사회적으로나, 학문적으로나 제대로 형성되어 있지 않았다.

'추상적'이며 '모호한' 영웅이라는 개념이 예전보다 구체적이고 명확한 형태로 다루어지기 시작한 것은 20세기 중반이 다 되어서였다. 그리고 그 공은 다양한 인류 문화 속에서 신화의 보편적 기능과 역할을 연구한 미국의 비교신화학자 조셉 캠벨에게 돌려야 할 것이다. 그는 세계의 고대 신화에 대한 방대한 연구를 바탕으로

1949년 『천의 얼굴을 가진 영웅』을 출간했는데, 영웅연구의 기념비적인 이 저서에서 획기적인 개념 하나를 정립했다. 바로 그 유명한 '영웅의 여행'이다. 캠벨의 설명을 들어보자.

> 영웅은 일상에서 초자연적인 경이의 영역으로 모험을 감행한다. 영웅은 그곳에서 악의 세력과 마주치지만 결정적 승리를 거두고 동료 인간에게 혜택을 베풀 힘을 소지하고 이 신비스러운 모험에서 돌아온다.

가령 영국의 아서 왕 설화에서, 평범했던 어린 아서가 신비의 검 엑스칼리버를 손에 넣어 왕으로 등극하며 영웅이 되는 과정이라든지, 영화 〈스타워즈〉 시리즈에서 사막 행성 타투인의 작은 마을에서 자란 어린 루크 스카이워커가 오비완과 요다를 만나 혹독한 수련 속에서 포스를 깨달아 제국과 맞서 영웅이 되는 과정이 캠벨의 '영웅의 여행'이다.

캠벨에 의하면, 평범했던 한 개인이 영웅으로 변모하는 것은 크게 〈분리(또는 출발)〉, 〈입문〉, 〈귀환〉의 세 단계를 겪은 이후에야 가능하다. 〈분리〉는 어떤 사람이 일상을 떠나 초자연적인 놀라운 세계로 모험을 시작하는 것을 의미한다. 〈입문〉은 거대한 적대 세력과 맞닥뜨려 크나큰 시련에 처하지만 힘, 용기, 놀라운 지혜, 임기응변 능력 등을 선보이며 있을 법하지 않은 가공할만한 초자연적인 존재(마법사, 요정, 신 등)의 도움을 받아 적을 물리쳐 승리하는 과정이다. 마지막으로 〈귀환〉은 무수한 시련을 극복하고 마

캠벨의 '영웅의 여행'

분리		입문		귀환
일상세계	⇨	미지의 세계	⇨	변형된 자아
모험에의 소명		시련		일상으로 복귀
소명의 거부		고난 극복		이익의 공유
멘토의 조력		보상 획득		사회통합

침내 영웅으로 탈바꿈하고 진화한 모습으로 일상의 세계로 돌아와 사회에 더 큰 이익을 나누어 주는 것을 가리킨다.

이와 같은 '영웅의 여행'이라는 구조가 약간의 차이는 있을지언정 거의 모든 문화에서 하나의 원형(원질신화, monomyth)으로 발견된다는 것이 캠벨이 주장하는 요지이다. 캠벨 덕분에, 흐릿한 모습으로 우리들의 머릿속에 존재하던 영웅을 특정한 기준을 통해 비로소 보다 분명하게 설명할 수 있게 되었다. 따라서 이후 그의 이론은 문학, 인류학, 서사학, 신화학, 심리학 등의 다양한 학문에 커다란 영향을 미치게 되었고, 현재에도 다양한 형태로 변형되어 우리가 쉽게 접할 수 있는 영화, 드라마, 게임, 모험소설 등에 무수히 차용되고 있다. 실제로 전 세계적으로 선풍적인 인기를 누리고 있는 영화 〈스타워즈〉 시리즈의 감독 조지 루카스는 자신의 영화가 캠벨에게서 영감을 받았다고 밝히기도 했다.

영웅을 한층 우리 가까이 끌어들였다는 점에서 루소, 칼라일, 베버와 같은 고전 사상가들의 공과 역할은 분명하다. 하지만 달리 보자면 이들의 주장에는 커다란 결함이 발견된다. 초자연적인 또는 비범한 능력을 지닌 '위대한 사람'만이 세계가 직면하고 있는 수많은 문제를 해결할 수 있다는 생각이 그것이다. 인류의 역사가 오롯이 몇몇 위인들만의 전유물이 아니라는 것은 누구나 공감하리라. 세상의 무수한 문제는 사실 이름도 알 수 없는 수많은 평범한 개인들의 노력을 통해 해결되어왔다. 지금도 세계 곳곳에서 대통령이나 장군과 같이 거창한 직함을 지니지도 않으면서 우리 세상을 올바른 길로, 더 나은 곳으로 인도하기 위해 고군분투하는 평범한 학생, 회사원, 노인, 가정주부가 있음을 생각해보라. 초자연적인 능력은커녕 엄청난 용기와 지혜조차 지니지 못했다. 그렇다면 평범한 그들은 영웅이 될 수 없다는 말인가? 세계관과 관점에 따라 달라질 수는 있겠으나, 사회발전에 대한 기여라는 면에서 보면 지나치게 소극적이다.

'영웅의 여행'을 통해 처음으로 어떤 사람을 영웅으로 만드는 무엇, 말하자면 영웅됨의 일정한 기준점을 마련한 캠벨조차도 유사한 결함에서 자유로울 수는 없다. 그가 주장하는 영웅은 프로메테우스나 테세우스와 같은 신화 속의 특별한 개인을 기초로 하기 때문이다. 그뿐만 아니라 더 중요한 결함은, 그가 영웅의 여행을 인류 문명의 공통 특성으로서 예외 없이 모든 사회에 적용되는 보편적인 현상으로 보고 있다는 점이다. 하지만 어떤 사회에서 존경받는, 또는 존경받았던 영웅이 다른 시기 다른 사회에서도 경외의 대상일까?

　히틀러를 생각해보자. 히틀러는 한때 독일의 영웅으로 신화화되었지만 현재는 인류의 가장 큰 악인 중 한 명으로 평가되어 독일에서조차 금기시되는 인물이 아니던가. 이처럼 캠벨의 주장은 세계의 모든 영웅이야기를 모든 인간 사회에 적용 가능한 '단일한' 것으로 고정한 데에 가장 큰 문제가 있다. 사실, 영웅이야기는 캠벨의 단일한 모델과는 달리 시간과 공간, 시대적 상황과 문화에 따라 상당한 차이를 드러내고 있으며, 후대로 전해오면서 공동체의 문화적, 사회적, 환경적 성향에 의해 뒤틀리고 변형된다. 따라서 영웅이라는 개념은 넓게는 사회와 역사적 맥락을 통해 이해되어야 하며, 더욱이 같은 문화, 같은 집단에 속한 사람들조차도 존경하는 영웅이 서로 다른 것처럼 개개인이 처한 환경에 따라 저마다 다른 의미를 띠기도 한다.

　하지만 루소, 칼라일, 캠벨과 같은 영웅에 대한 고전적 접근이 결함을 안고 있는데도 불구하고 한 사람의 개인이 자신의 가족, 친구, 사회, 더 나아가 전 세계에 긍정적인 영향을 미칠 수 있다는 그들의 생각은 영웅이 우리 사회에 필요한 이유를 뒷받침한다. 영웅학자로 유명한 필립 짐바르도는 "영웅적 상상력"이라는 용어를 빌려 이를 설명한다. 그에 의하면, 영웅이 우리에게 영웅적 상상력을 불러일으킨다는 것이다. 다시 말하면, 우리가 영웅의 행동을 보고 있노라면, 우리 속에 영웅적 상상력이 생겨나고 이 힘은 또다시 사회의 귀중한 가치를 위해 우리가 영웅이 했던 것처럼 행동하게 만든다는 것이다. 그래서 평범한 사람도 영웅적으로 행동해 영웅이 될 수 있다는 것이다.

영웅은 개인이 어떻게 행동해야 유능한 지도자가 될 수 있는지, 사람들에게 긍정적인 변화를 어떻게 이끌어낼 수 있는지에 대한 답안을 제시한다. 그리고 영웅은 개인이 난관에 직면했을 때 어떤 행동을 해야 하는가에 대한 길잡이가 되기도 한다. 하지만 이처럼 영웅이 인류 문화의 정수이자 인간 정신의 상징인데도 그간 영웅의 기준조차 명확하지 않은 채 흐릿한 모습으로 우리 곁에 있어 왔다. 최근 일군의 학자들이 영웅에 대해 학문적 논의를 시작하였고, 그 결실로 2000년대 중반 새로운 학문 체계로서 '영웅학'(heroism science)이 탄생했다.

그렇다면 왜 최근에서야 영웅연구가 본격화되었을까? 스콧 앨리슨이라는 학자는 오랫동안 철학자들과 사회학자들이 인간의 어두운 면에 훨씬 더 관심이 있어서 최상의 인간성보다는 최악의 행동에 소모적으로 몰두해온 데 그 원인이 있다고 말하였다. 또 히틀러의 선례처럼 영웅을 정치적으로 악용한 사례가 독일뿐만 아니라 우리나라를 비롯한 세계 전역에서 빈번하게 일어나 영웅을 연구 대상으로 삼기에는 부적절했는지도 모르겠다. 그 이유가 무엇이든 간에 영웅학의 출현은 영웅에 목말라 있는 문제투성이의 우리 세계에는 반가운 소식이 아닐 수 없다. 영웅학의 출현으로 영웅이 비로소 현대 학문 속으로의 여행을 시작하게 된 것이다.

영웅과 영웅적 행동이 학문적으로 탐구할 가치가 있는 주제라는 개념은 2006년 프랑코와 짐바르도의 논문「영웅적 행동의 일상성」과 그 이듬해 출간한 짐바르도의 저서『루시퍼 효과』가 결정적인 역할을 했다. 이들 연구가 영웅연구의 촉매가 된 것은 현대라는 상황 속에서 유용한 몇 가지 개념을 제시한 데 있다. 그 하나는 '영웅적 행동의 일상성'이라는 문구가 말하듯 소수의 엘리트만이 아니라 일상 속의 모든 사람이 영웅적 행동을 수행할 수 있다는 것이며, 다른 하나는 영웅적 행동은 그것을 지켜보는 다른 사람에게 심리적으로 영향을 미쳐 그 사람 또한 영웅적 행동을 하도록 자극한다는 것이고, 마지막으로 영웅적 행동은 교육이나 학습을 통해 배양이 가능하다는 것이다.

누구나 영웅이 될 수 있다는 것은 그동안 우리가 흔히 영웅을 왕과 장군처럼 '특별한 지위의 특별한 능력'의 소유자로 생각해왔던 관행에 제동을 거는 것과 다름이 없었다. 사실 우리 주변을 둘러보면 우리가 미처 깨닫지도 못하고 있는 사이 '평범한 지위의 평범한 능력'을 지닌 영웅이 우리 사회를 밝게 비추고 있다. 많은 학자가 이런 사실에 동감하여 공감, 용기, 이타주의, 리더십, 도덕, 희생, 회복력, 지혜, 봉사, 연민 등과 관련하여 영웅연구에 동참하기 시작했다. 그래서 영웅연구가 본격화한 지 불과 20여 년도 채 안 된 현재, 영웅은 심리학, 철학, 디지털인문학, 예술학, 법학, 공공정책학, 기호학, 리더십학, 조직관리론, 종교, 윤리학, 정치학, 사회학, 교육학 등의 인문사회 분야를 뛰어넘어 의학, 간호학, 진화생물학, 뇌과학 등의 분야까지 연계되어 연구되고 있다.

영웅의 모범성과 바람직함을 밑바탕으로 영웅적 행동을 인간 삶의 정점으로 인식하는 이 새로운 학문은, 영웅적인 세상을 만들고, 영웅적 행동을 윤리의 한 축으로 구성하며, 신화나 고전 속의 영웅이야기를 통해 영웅적 상상력을 회복하여 우리의 의식을 변화시키는 데 목적이 있다. 영웅학은 영웅 예찬론을 그 기저에 둔 채, 영웅의 내적 성향 또는 자질과 행위를 분석하고 이를 바탕으로 영웅을 정의하며, 영웅이 어떻게 긍정적으로 사회와 개인에게 영향을 미치는가를 연구함으로써, 지금보다 더 나은 사회로 나아가고자 하는 학문이라 하겠다.

평범한 능력을 지닌 사람도 영웅이 될 수 있다는 생각 때문에, 이제까지 간과 또는 무시되어왔던 소방관, 간호사, 경찰관, 공익제보자(내부 고발자), 의인처럼 평범한 학생이나 평범한 직장인의 영웅적 행동이 학문적 탐색을 통해 사회적으로 주목받기 시작했다. 어쩌면 칭기즈칸처럼 무력을 동원해 영토를 확장한 영웅이나 그 반대로 국토를 침략한 적군 수천, 수만, 수십만을 죽인 영웅보다, 화재 현장에서 생명을 구한 시민영웅이 우리 시대에는 더 가치 있을지도 모른다. 영토를 확장하기 위해 다른 나라를 침략하는 행위를, 지구를 하나의 공동체로 생각하는 현대사회가 더 이상 허용하지 않기 때문이다. 인류의 문명과 역사는 인간 개개인의 생명과 가치를 존중하여 발전해왔고, 이는 기본권 보장을 비롯한 헌법적 결단에 충실히 반영되어 있다. 이러한 흐름 속에서 개인을 일방적으로 희생하여 국가나 조직의 목표를 달성하고자 하는 가치관은 과거의 유물과 다르지 않다. 같은 맥락에서 현대사회는 범죄, 약자를 괴롭히는 행위, 테러, 방관자적 무관심, 비인간적 행동, 부정부패, 불공정 등과 같은 반사회적 행위에 어떻게 대처해야 할 것인가가 더 중요해지고 있기도 하다.

영웅에 관한 연구와 관심이 유독 많은 나라가 미국이다. 정부, 학계, 교육계, 언론계 등 수많은 곳에서 영웅을 이야기한다. 하지만 정작 현대사회에 부응하는 영웅을 어떻게 길러낼 것인가에 대한 논의는 제한적이었다. 학교에서의 교육도 이런 한계를 벗어나지는 못하였다. 이 때문에 최근 민간을 중심으로 누구나 영웅이 될 수 있다는 생각에 기초하여 교육을 통해 평범한 시민을 영웅으로 길러내려는 움직임이 포착되고 있다. 2006년 매트 랭던은 아동의 친사회적 행동을 배양하기 위해 '영웅수립단'(The Hero Construction Company)이라는 교육기관을 설립하였고 2009년에는 짐바르도가 비영리 영웅 교육기관 '영웅적 상상 프로젝트'(Heroic Imagination Project)를 설립하였다. 짧은 기간이지만 현재까지 수만 명의 학생과 일반인이 영웅적 행동을 학습하는 데 참여함으로써 친사회적 행동의 중요성을 깨닫게 되었다고 한다. 이처럼 다른 나라에서는 영웅에 대한 학문적 연구와 함께 실제 교육 활동이 활발해지고 있다. 그렇다면 우리나라는 어떠한가?

우리나라 정부는 연구의 효율적 관리와 발전을 위해 한국연구재단을 설립해 운영하고 있는데, 하위영역으로 논문 등의 연구 성과를 모아놓은 '한국학술지인용색인'(www.kci.go.kr)이라는 웹사이트를 운영하고 있다. 필자들은 키워드로 '영웅'을 입력하고 논문을 검색해 보았다.

한국학술지인용색인에서 검색한 결과, 크게 문학, 영화(드라마)와 게임 등의 문화콘텐츠, 체육학, 전쟁 또는 애국 관련 사회학, 그밖에 단편적으로는 역사, 과학, 종교학 등 제법 다양한 분야에서 영웅에 대한 연구 성과를 발견할 수 있었다. 그중에서도 학계에 발표된 논문 수를 기준으로 본다면 문학, 문화콘텐츠, 그리고 체육학 분야가 가장 활발한 연구업적을 기록하고 있다. 하지만 평범한 개인의 영웅적 행동을 연구 주제로 삼고 있는 논문은 사실상 전무했다.

우리나라는 영웅연구의 불모지라고 해도 과언이 아닐 것이다. 키워드로 발견된 논문들에서조차 연구의 초점이 영웅이나 영웅적 행동에 있는 것이 아니라 연구자들의 전공이나 연구 주제에 영웅이 보조적인 이론적 배경으로 이용 또는 활용되고 있기 때문이다. 그렇기 때문에 안타깝게도 다음 장에서 본격적으로 다룰 영웅연구의 기초라 할 수 있는 영웅의 개념과 정의조차 학문적으로 시도되지 않은 채 모호한 상태이다.

우리나라의 영웅 관련 연구는 거의 영웅적 서사구조를 중심으로 전개되고 있다. 이때 영웅적 서사구조라 하면 앞서 언급한 캠벨의 '영웅의 여행'이 핵심을 이루고 있으며, 국문학자 조동일 교수가 『민중영웅이야기』(1992)에서 이론화한 '영웅의 일생'이 캠벨의 '영웅의 여행'과 함께 이론적 배경으로 흔히 원용되고 있다. 조동일 교수는 주몽, 탈해, 궁예 등 우리나라 건국신화, 고대소설, 서사무가, 신소설 속 열두 인물의 행적을 '영웅의 일생'이라는 구조로 분석해 영웅을 상층영웅과 민중영웅으로 분류하였다. 그러나이는 영웅을 하나의 원형으로만 제시한 캠벨을 발전적으로 해석했다고 평가할 수 있을 뿐 캠벨로부터의 완전한 이탈은 아니다. 영웅을 상·하층 두 유형으로 분류하고 상층영웅은 승리를 거두는 반면하층영웅은 패배를 겪는다는 차이에도 불구하고, 영웅의 기이한출생이나 탁월한 능력은 캠벨의 '비범한 개인'으로서의 영웅과 일치하며 더욱이 영웅의 행적을 분석하는 데 있어서도 〈출발〉, 〈입문〉, 〈귀환〉이라는 캠벨의 여정 구조와도 거의 같기 때문이다.

소재영이라는 학자는 한국문학 속의 영웅을 다음과 같이 평가하고 있다.

> **영웅의 형상은 영웅의 출생, 성장, 결혼, 죽음의 일대기를 통하여 나타난다. 영웅이 현실화하는 과정에서 이 가운데 어느 요소가 탈락하고 강화되는 과정은 유동적이나, 특히 성장 과정의 시련들이나 도전을 통하여영웅성이 강화되는 과정은 각기 다를 수 있으며, 죽음을 통한 영웅화는후대의 제의 의식과 밀접한 연관을 맺고 있는 것으로 보인다.**

마찬가지로, 이와 같은 비범한 인물 중심의 신화적 모험 궤도는영화, 드라마, 게임 등의 문화콘텐츠 분야의 연구에서도 주류를 차지한다. 즉, 자질과 서사구조 측면에서 콘텐츠를 분석한다거나 영웅소설과의 연관성 속에서 '영웅의 여행'을 통한 스토리텔링 방안을 연구하고 있다는 점은 문학계의 연구 방법론과 크게 다르지 않았다.

이런 캠벨식의 연구방법론은 영웅이 사회에 미치는 심리적 영향에 기초한다는 점에서 높이 평가할 만하지만 한계 또한 적지 않다. 평범한 인간 이상의 능력, 다시 말해 초자연적인 능력이 현실 세계에서는 불가능하다는 현실적 측면은 논외로 하더라도 '영웅의 여행'이라는 캠벨의 구조화 방식을 답습해 적용하게 되면 거의 모든 사람이 영웅이 되어버릴 수 있기 때문이다. 예를 들어, 캠벨의 분석 방법론을 이론적 배경으로 한 어떤 연구는 한국신종교의 창시자들인 최제우(천도교), 나철(대종교), 박중빈(원불교) 등을 영웅이라고 부르고 있으며, 또 다른 연구자는 한때 우리 안방을 휩쓴 드라마 〈시크릿가든〉의 여자주인공 길라임을 영웅으로 설정한다. 그러나 종교의 창시자는 영웅이라기보다는 성인이라는 인식이 타당할 뿐만 아니라 길라임은 로맨틱 드라마의 주인공에 불과하다.

일상을 떠나 고난을 통해 성장한다는 캠벨식의 서사구조를, 약간이라도 성공을 거둔 어떤 개인에게 무작위로 적용하면 어떤 결과가 나타날까? 교통사고로 신체의 일부를 잃었지만 성공적으로 일상에 복귀한 사람, IMF 경제위기 때 도산한 사업체를 열심히 일궈 더 크게 키운 중소기업 사장, 또 정리해고로 직장을 떠날 수밖에 없어서 귀향해 부농이 된 사람도 영웅이라는 생각이 들게 한다.

이들은 시련을 극복하고 일상으로 되돌아가 행복한 삶을 이룬다는 점에서 캠벨의 '영웅의 여행'과 구조적으로 유사하기 때문이다. 하지만 이들 모두를 영웅으로 부를 수 있을까?

사회과학 분야에서 발견된 논문들은 주로 전쟁 등의 국가적 환란의 관점에서 호국, 보국, 독립을 중심으로 그 정신의 계승을 주요 과제로 다루었다. 국가의 부름이든, 자의의 선택이든 국가의 위기를 온몸으로 막아선 자를 영웅으로 호명하는 데 그 누가 반대할 수 있겠는가? 그런 의미에서 예컨대 형시영이나 신종태와 같은 학자들이 각각 호국영웅을 국가수호시설과 보훈제도를 통해 선양해야 한다고 주장한 것은 지극히 타당해 재론의 여지가 없을 것이다.

그렇지만 '국가'와 '민족'이라는 거대 담론에 영웅을 지나치게 밀어 넣게 되면 현대사회에서 영웅은 그 존재 의의가 흐릿해질 수밖에 없다. 민족주의, 애국, 국위선양과 같은 이데올로기 속에서 영웅이 아닌 자가 영웅으로 둔갑하고 영웅인 자가 이름조차 잃어버린 예는 무수하다. 가령, 어떤 학자는 한국근대화에 기여한 공로를 기초로 과학기술자가 영웅이라고 주장하지만 그럴 경우 근대화의 실체적 주역이라 할 수 있는 무수히 많은 노동자는 무엇이라는 말인가? 또 체육계의 어떤 학자는 국제대회에서의 수상, 즉 국위선양의 관점에서 영웅을 논하지만 아직 우승 이력을 쌓지 못한 채 묵묵히 운동에만 매진하고 있는 다른 선수들은 또 무엇이라는 말인가? 학계의 영웅연구에서 뭔가 좀 더 정밀한 영웅의 기준이 필요해 보인다.

또한 우리나라의 영웅에 대한 사회적 인식도 정의가 불분명하고 모호해서 다른 용어와 혼용해서 사용하고 있거나 명확한 근거 없이 지나치게 확대되고 있다. 영웅을 단순히 고통과 시련 속에서 어떤 위업을 이뤄낸 인물로 정의하는 것은 위인, 지도자, 스타, 유명인, 롤 모델 등과 영웅을 혼동하게 만드는 결과를 낳는다. 이는 급기야 국민대통합위원회(2014~2017)의 〈생활 속 작은 영웅 발굴 사업〉에서처럼 '나눔을 실천하는 소방관', '음반 제작을 통해 우리 문화를 기록하고 세계에 알리는 시민', '자비로 소년원 아이들에게 제주도 관광을 시킨 관광버스기사'도 영웅이라는 인식을 자리하게 만든다. 이들이 선한 행동을 한 것은 분명하지만 이들을 영웅이라고 부르기에는 어딘가 석연치 않다. 영웅이라는 호칭이 남다른 성과라는 성질을 공유하고 이를 확장하는 데 유용한 것은 사실이지만, 지나칠 경우 영웅이라는 개념과 가치 자체가 소멸할 위험이 있기 때문이다.

결론적으로, 현재 우리나라에서 대부분의 영웅 관련 연구뿐만 아니라 사회적인 인식도 영웅이나 영웅적 행동에 대한 특정한 구조화된 준거 틀이 마련되어 있지 않은 피상적 범주에 머무른 채 한편에서는 모호하게 다른 한편에서는 자의적으로 무분별하게 사용되고 있다. 이는 결과적으로 영웅을 성공한 사람이나 봉사자와 같은 다른 유형의 선한 사람과 혼동케 함으로써 영웅의 존재 의의를 퇴행시킨다. 그런 의미에서 매우 협소한, 때로는 지나치게 넓은 영웅에 대한 인식을 재고할 필요가 있다. 영웅이 사회 깊숙이 스며들게 하기 위해 영웅과 영웅적 행동에 대한 구체적인 논의가 절실하다.

2010년 킨젤라 외 2인이 발표한 논문에 의하면, 그들의 실험에 참가한 미국인 중 66%에게 개인적으로 영웅이 있는 것으로 조사되었다. 이것은 영웅 또는 영웅적 행동이 사회에 골고루 스며든 일상적 현상이라는 사실을 확연히 드러낸다. 이것은 또다시 우리가 영웅이 마주했던 상황과 유사한 상황에 놓이게 되면 영웅이 했던 행동을 과연 할 수 있을까 하는 영웅 칭송 또는 영웅 숭배 이유를 방증하기도 한다. 그렇지만 이들 학자의 연구는 단지 미국인들에게 자신들이 생각하는 영웅을 질문한 것이어서 그들의 영웅이 신화나 공상과학영화 속의 존재인지, 현재는 죽고 없는 존재인지, 그 반대로 현재 생존하고 있는 존재인지, 아니면 이 모두를 포괄하고 있는지는 알 수 없다.

또 다른 연구에서 울프와 주커맨은 북미의 아동들에게 자신들이 생각하는 영웅이 누구인지를 묻는다면 실제 사람이 아닌 허구적 인물을 대답할 것이라며 미국인들이 겪고 있는 '영웅 부족 현상'을 언급한 바 있다. 이들은 그 근거로 미국 성인 3분의 2가 자신들의 영웅은 실존하는 인물이 아니라고 대답한 갤럽 조사를 제시했다. 울프와 주커맨이 굳이 '실존' 영웅을 거론한 이유는 우리가 영웅으로 인식하고 있는 존재가 대체로 가공인물이라는 데에 있다. 다시 말해, 더 나은 세상, 더 좋은 세상을 만들어가기 위해서는 실제 삶으로 눈을 돌려 현대적인 영웅의 모습을 되새겨보아야 한다는 것이다. 바로 이런 점이 현실 세계 속에서 우리가 나아갈 길을 밝혀줄 우리 시대의 영웅을 찾아 나서야 하는 이유이다.

자신이 속한 조직의 비리를 외부로 공개하는 내부 고발자를 생각해보자. 최근 내부 고발자라는 용어가 갖는 부정적 뉘앙스 때문에 '공익'제보자로 명칭을 바꿔야 한다는 많은 목소리처럼, 내부 고발은 공익성을 바탕으로 한다. 내부 고발은 조직 내의 구성원만이 알 수 있는 비리와 직결되는데, 그 비리의 공개는 궁극적으로 부패 또는 무기력해진 사회체계의 회복과 관련된다. 따라서 반드시는 아닐지라도 내부 고발은 통상적으로 사회적 가치를 우선시하는 친사회적 태도에서 비롯된다고 할 수 있다. 하지만 일각에서는 내부 고발을 단순히 조직에 대한 고발자의 불만 때문에 빚어진 일로 격하하기도 한다. 그래서 고발을 감행하는 순간, 고발자는 대부분 조직의 배신자라는 낙인과 함께 조직 구성원으로부터의 따돌림과 실직 위기로 내몰린다. 이런 점을 감안한다면 내부 고발이 본질적으로 엄청난 용기와 희생 위에서만 가능한 영웅적 행동임을 알 수 있다. 그런데도 일부 사람들을 제외하면 그들을 영웅으로 떠올리는 이가 많지 않은 게 현실이다.

우리 사회 곳곳에는 이들처럼 '살아있으면서도 죽어있는' 무수한 영웅들이 있다. 자유를 위해 싸우는 사회활동가나 불복종시민, 흔히 법률에 따라 반역자나 이단아로 낙인찍힌 자도 영웅일 수 있는지에 대한 학문적 연구는 빈약하고, 감염의 위험성을 감수하고 묵묵히 환자를 돌보는 의료진, 뻔히 붕괴할지 알면서도 화마가 집어삼킨 건물 안으로 뛰어든 소방관, 곧 폭발할 것 같은 불타오르는 자동차에서 운전자를 구조한 시민, 호수에 빠진 어린아이를 구하기 위해 물로 뛰어든 고등학생은 언론의 짧은 보도라도 있으면 그것에 그저 만족해야 한다.

영웅은 문화의 본질을 나타낸다. 영웅이 더 큰 도덕적, 문화적 가치의 지표로 작동하기 위해서는 과거를 통해 배울 수 있다는 현시대의 막연한 역사 인식은 현재의 영웅을 통해서 보완되고 개선되어야 한다. 영웅은 항상 우리 곁에 있었고 또 있어야 한다. 캠벨이 여행을 통해 고전의 영웅을 탐색했다면, 이제 우리 시대의 영웅을 찾아볼 때이다.

영웅은
어떤 사람인가

‘영웅’(英雄)이라는 말은 본격적으로 한자를 사용하기 시작한 고대 중국에서 두 글자로 구성된 단어가 아니었다. 그 당시 사람들은 글을 통해 세상의 이치를 이해하려 했기 때문에 물리적인 힘에 바탕을 둔 ‘영웅’은 중요하지 않았다. ‘영’과 ‘웅’은 각기 한 글자씩 따로 사용되었는데, ‘영’은 꽃이나 물건의 장식으로서 아름답고 무궁한 발전 가능성을 지닌 존재를, ‘웅’은 날짐승의 수컷으로서 용맹과 힘을 상징하는 담력이 빼어난 사람을 가리켰다. 유학의 5경 중 하나인 『예기』(禮記)의 옛 주석서 「변명기」(辨名記)에는 천 명의 사람 가운데 재주가 가장 뛰어난 사람을 지칭하는 ‘영’만 언급되어 있을 뿐 ‘웅’의 개념은 아예 존재하지도 않았다. 이후 한나라의 한영(韓嬰)이라는 사람이 쓴 『한시외전』(韓詩外傳)과 서한(西漢)의 병서(兵書) 『삼략』(三略)에, 한 단어로 표기한 ‘영웅’이 최초로 등장했다. 이때부터 영웅은 총명한 지혜와 초인적인 무용(武勇)의 소유자를 지칭하게 되었다.

하지만 지혜와 용맹을 지녔다고 무조건 영웅으로 부른 것은 아니었다. 지혜와 용맹이 사회를 변화시키는 힘으로 작용할 때 비로소 영웅으로 인정되었던 것이다. 공자는 『논어』의 「태백」 편에서 천하(권력)를 세 번이나 양보한 오태백(吳太伯)을 영웅으로 평가했고, 『한서』(漢書)에서는 "한 손으로 주물러 진나라와 초나라를 멸망"시키고 한나라를 건국한 유방을 영웅으로 지칭했다. 또 비슷한 맥락에서 삼국시대를 종횡무진한 조조는 영웅이 "가슴에는 큰 뜻을 품고 배에는 훌륭한 지모가 가득한 사람으로 우주의 기운을 머금고 하늘과 땅의 뜻을 토해내는 자"라며 다음처럼 용(龍)에 비유하기도 했다.

이제 봄이 한창이니 용이 때를 타 변화를 일으킬 때요. 마치 사람이 때를 얻어 천하를 종횡함과 같으니, 용이란 물건은 영웅에 비하여 말할 수 있을 것이외다.

영웅과 사회 변동과의 연관성은 우리나라에서도 발견된다. 예를 들어, 조선말 사상가이자 종교지도자인 증산 강일순(이후 강증산으로 표기)은 천하의 일을 도모하는 데 진력하는 자가 영웅이라고 말했다. 그러면서 혼란스러운 천하를 바로잡아 당나라를 세운 이세민이나 관직도 없는 가난한 선비로서 "상놈을 양반으로 만들고 천인(賤人)을 귀하게 만들어 주려는 마음"에서 동학농민혁명(1894)을 주도해 조선 사회 전체를 요동치게 한 녹두장군 전봉준을 영웅의 전형으로 제시했다.

물론 사회 변화가 새로운 질서 또는 사회의 건설에만 국한되지는 않음을 기억해야 한다. 역사상 전 세계적으로 수많은 국난이 있었고, 그 속에는 국가라는 현존 질서 체계를 외부로부터 보호하기 위해 온몸을 내던진 이순신 장군과 같은 수많은 영웅이 있었기 때문이다. 이처럼 동양에서의 영웅이 사회와 국가, 심지어 우주적 질서와의 관련성 속에서 낡은 질서를 타파하고 새로운 질서를 수립하거나 현 질서를 적극적으로 지키려 한 인물로 규정되었던 것은 분명하다.

강증산의 영웅관에서 유독 눈에 띄는 것은 『대학』의 팔조목〔格物·致知·誠意·正心·修身·齊家·治國·平天下〕에 '위천하자 불고가사'(爲天下者不顧家事)를 추가하여 영웅의 또 다른 특징을 제시했다는 점이다. 쉽게 풀어 설명하면, 천하의 일을 도모하는 사람으로서 영웅은 자신의 가정마저 돌볼 겨를이 없다는 것이다. 강증산은 제갈량을 예로 들어 그가 삼국통일에 실패한 이유가 가족을 돌보기 위한 약간의 보상으로 유비에게 800그루의 뽕나무와 15경의 거친 토지를 요청한 데서 비롯된다고 생각했다. 하지만 제갈량이 받은 재물은 그가 유비의 책사로서 촉나라의 재상이라는 신분을 생각해보면 턱없이 적은 보상이다. 가족이 생계를 유지하는 데 필요한 정도에 불과했기 때문이다.

게다가 강증산은 전봉준의 동학농민군이 실패한 이유도 제갈량과 마찬가지로 물질적 이익 때문이라고 여겼다. 그에 따르면, 동학이 처음에는 국가를 보살피고 백성을 편안케 하는 '보국안민'(輔國安民)을 주장했지만, 점차 농민군들 마음속에 각기 왕후장상(王侯將相)의 보상이 싹터 초심을 잃으면서 결국에는 수만 명이 죽게 되는 참혹한 결과로 이어졌다는 것이다.

　이처럼 동양에서의 전통적인 영웅은 보통 사람을 훌쩍 뛰어넘는 총명한 지혜와 대담한 용맹의 소유자로서 개인사나 개인적 욕망을 앞세우지 않는다. 이에 덧붙여, 오로지 제도의 개혁이나 혁파 또는 보호와 같은 사회적 관계 속에서 영웅이 이해되었다. 성리학적 세계관이 지배한 조선시대에 대부분의 권세가들이 부와 권력을 향유한 현실과는 별도로, 청빈낙도(淸貧樂道)의 도학자(道學者) 상이 이상형으로 그려진 것도 비슷한 맥락이다. 이와 같이 동양의 전형적인 영웅은 진실성을 동반하는 거대한 대의명분을 바탕으로 희생이 있을 것을 알면서도 보상과 같은 일체의 개인적 이익을 기대하지 않는 채 행동하는 사람이라 하겠다.

한편 서양에서 영웅을 가리키는 hero는 라틴어 heros에서 파생했다. 이 단어는 처음에는 신이나 고귀한 신분의 인간을 가리키는 말로 사용되다가 신과 인간에게서 태어난 사람에게도 적용되었고 이후 '보호하다'(protect)나 '보존하다'(preserve)의 의미가 덧붙여졌다. 지혜와 초자연적일 정도의 용력의 소유자로 본다는 점에서 서양의 전통적인 영웅관은 동양과 어느 정도 일치했다. 하지만 영웅의 행동을 바라보는 관점은 사뭇 다른 양상을 띠었다. 일반적으로 서양은 동양과는 달리 영웅의 행동을 영웅 개인의 문제로 한정함으로써 사회와의 관련성을 크게 중시하지는 않았다.

　서양에서 영웅의 원형으로 종종 언급되고 있는 그리스 신화의 헤라클레스와 오디세우스를 예로 들어보자. 헤라클레스는 제우스와 인간 알크메네 사이에서 태어났다. 제우스의 아내 헤라는 남편의 부정에 분개하여 복수하기로 결심했다. 그런데 신들의 제왕인 남편 제우스의 힘에 눌려서인지 복수의 칼날은 남편이 아니라 그의 자식 헤라클레스에게로 향했다. 헤라클레스는 이유도 모른 채 끝 모를 고난의 모험 여행을 할 수밖에 없었다(《일곱 번째 여정》 참조).

오디세우스는 트로이와의 10여 년간의 전쟁이 끝난 후 고향 이타카로 돌아가기 위해 항해를 시작했다. 하지만 얼마 지나지 않아 식량과 물이 바닥을 드러냈다. 그때 외눈박이 거인족인 키클롭스들이 사는 섬에 살찐 양들이 있는 것을 발견하고 사냥하기 위해 상륙했다. 양들의 주인 폴리페무스는 거인으로 힘이 장사여서 오히려 오디세우스와 일행이 그에게 사로잡혀 먹이가 될 운명에 처했다. 오디세우스는 계략을 부려 폴리페무스의 외눈을 찔러 실명케 하고 섬을 간신히 탈출할 수 있었다. 하지만 폴리페무스가 바다의 신 포세이돈의 아들이었기 때문에, 이 사실을 알게 된 포세이돈은 오디세우스가 고향에 돌아갈 수 없도록 바다 여기저기를 떠돌게 하는 저주를 내렸다. 이 때문에 오디세우스는 이후 10년이 넘도록 바다를 떠돌며 갖가지 위험을 넘나드는 모험 여행을 하게 되었다.

동양의 영웅들이 자신의 선택에 의해 시련을 겪는 것과는 대조적으로, 서양 영웅의 고난은 궁극적으로 자신에게 주어진 운명과의 싸움이라는 개인적인 문제에서 비롯된다. 따라서 그들에게서 충의나 국가와 같은 집합적인 공동체 개념들은 거의 발견되지 않는다. 그들에게 중요한 것은 자신이 처한 개인적인 문제를 해결하는 것이며 그 과정에서 마주치는 적을 무찌르는 데 필요한 지혜와 물리적인 힘이다. 다시 말해, 서양에서 그들을 영웅으로 부르는 것은 '도덕적 탁월함'보다는 영웅 개인이 겪는 고통과 그것을 해결하는 힘의 거대함에 근본 동기가 있다. 결론적으로, 서양 고전영웅들의 행위는 전통적으로 '지극히 개인적인' 것이었고 그 행위의 수혜자가 입게 되는 혜택이나 이익 또는 영향이 행위가 벌어진 시점의 사회 전체를 놓고 판단해보면 동양에 비해 제한적이었다.

영웅에 대한 동서양에서의 전통적인 의미는 사회와 관련되든, 개인의 문제이든 '선택받은 소수'라는 공통분모가 있다. 이들은 특별한 능력의 소유자들로 거의 신의 경지에 다다를 정도의 힘과 지혜를 보유한다. 그리고 보통 사람과 구별되는 이들의 능력은 천부적이다. 하지만 이런 인물들은 신화나 전설에나 있을 법해 우리 삶에서는 불가능할뿐더러 평범한 사람도 영웅이 될 수 있다는 생각을 크게 제한한다. 선택받은 초인적인 인내와 힘과 지혜를 지닌 그들은 우리 시대로 치자면 영화에서나 가능한 슈퍼히어로로서 우리의 흥미를 자극할 뿐이다. 그렇다면 현대를 살아가는 우리에게 영웅은 어떤 모습이어야 할까?

과거 동서양에서는 거의 신과 같은 능력을 지닌 선택받은 인간에게 영웅이라는 호칭을 부여했지만 이런 영웅의 개념은 시간의 흐름 속에서 점차 '비범한 행동의 평범한 인간'으로 바뀌어 갔다. 특별한 능력은 없어도 포화 속에서 동료를 구출한 이름 모를 병사나 화마 속에서 인명을 구조한 소방관과 같이 우리 주변에서 흔히 볼 수 있는 평범한 사람도 영웅일 수 있다는 인식이 싹트기 시작했던 것이다. 그렇지만 여전히 무엇 때문에 영웅으로 부르는지 구체적인 이유를 말하라고 하면 사람들 대부분은 딱히 어떻게 설명해야 할지 망설인다.

그 일례로 먼저 그리스 고전영웅 아킬레우스를 살펴보자. 그는 테살리아 지방 퓌티아의 왕 펠레우스와 바다의 여신 테티스의 아들로 반신반인의 신화적 인물이며 트로이를 공격하기 위한 그리스 원정군 중 가장 잘생기고 용맹한 전사로 알려져 있다. 트로이 전쟁이 시작되고 처음 9년 동안 아킬레우스는 트로이 주변 12개 도시를 점령할 만큼 용맹성이 남달랐다. 하지만 곧이어 전리품을 두고 원정군의 수장 아가멤논과 다투게 되었고, 불만이 쌓여 더 이상 전투에 참가하지 않은 채 자신의 막사에 머물며 그리스군의 전투를 관망만 했다. 그러다 친구 파트로클로스가 트로이 왕의 장남 헥토르에게 죽임을 당하자 그제야 울분을 토하며 무섭게 전쟁터로 달려가 헥토르를 죽여 버렸고, 이것이 중요한 계기가 되어 그리스 원정 연합군은 트로이를 함락할 수 있었다.

영웅학자 루쓰 마틴 커리는 우리가 아킬레우스를 위대한 전쟁영웅으로 기억할 때, 그가 아가멤논과의 불화 이후 수백 명의 동료가 죽어가는 것을 그저 바라만 보고 있었다는 사실과 전쟁의 승리라는 고귀한 목적 때문이 아니라 친구의 죽음에 회한과 분노 속에서 복수의 일환으로 전투에 임한 사실을 잊는 경향이 있다고 말한다. 비슷한 의미에서, 영국의 대문호 윌리엄 셰익스피어는 자신의 희곡 『트로일러스와 크레시다』에서 "아군(그리스군)의 기둥이며 오른팔로 만인이 존경하는 위대한" 아킬레우스가 트로이군과 전투를 재개한 것은 숭고한 목적 때문이라기보다는 동성의 애인 파트로클로스의 죽음에서 비롯된 복수심과 분노 때문이라며 아킬레우스의 '영웅적 행위'를 비꼬기도 했다. 이런 점들을 상기한다면 그리스 제일의 전쟁영웅으로 회자되는 아킬레우스를 진정한 영웅으로 부를 수 있을지 의구심이 든다. 설령 그를 영웅이라 칭한다고 해도 어떤 기준을 적용해야 할지 막막하다.

다음은 미국의 어떤 신문 기사의 내용을 요약한 것이다.

2005년 8월 23일, 초대형 허리케인 카트리나가 미국 남부 먼바다에 생성되었다. 6일 후인 8월 29일 새벽, 카트리나가 해안가에 상륙함에 따라 남부 연안 도시들은 엄청난 인적, 물적 피해를 보게 되었고, 인명 피해만 하더라도 2,000여 명에 육박했다. 카트리나는 진로에 있던 뉴올리언스시를 강타해 도시의 제방을 붕괴시켰고 그 여파로 도시 대부분이 물에 잠겼다. 이에 스무 살 청년 자바 깁슨은 대피를 결정하고 집을 나섰다. 인근 주차장에 주차되어 있던 스쿨버스의 열쇠를 발견하고는 버스를 몰아 탈출하기로 결심했지만 고립되어 생명이 위태로운 한동네의 주민들을 모른 체할 수 없었다. 결국, 그는 엄청난 비바람 속에서도 60여 명의 주민을 버스에 태워 안전하게 휴스턴으로 대피시켰다. 그 후 그의 구조행위가 언론을 통해 알려지자, 그는 전국적으로 유명세를 톡톡히 타며 영웅으로 사람들의 칭송을 받게 되었다.

그러나 깁슨은 같은 해 11월 법정에서 2년형을 선고받고 교도소에 수감되었다. 그 이유는 카트리나가 발생하기 2주 전에 저지른 범죄 때문이었다. 깁슨은 운전 부주의로 경찰순찰차와 거의 충돌할 뻔했지만 내려서 확인하지 않은 채 그냥 고속으로 도주했다. 이를 수상히 여긴 경찰이 추격을 시작했고, 그러자 그는 고속도로를 빠져나온 후 차에서 내려 주택가로 내달렸다. 그 과정에서 그는 소지하고 있던 마약을 땅에 버렸고 결국 체포되어 11월 무면허 난폭운전과 안전띠 미착용에 마약 거래 및 소지 혐의로 재판에 넘겨졌다. 그 이듬해인 2006년 1월 보석으로 석방되지만 얼마 안 있어 다시 체포되어 기소되었는데, 혐의는 또 다른 마약 밀매와 총기 불법 소지였다.

깁슨은 영웅인가? 그가 초대형 허리케인 속에서 보여준 행동은 분명 영웅적이었다. 그렇지만 그를 영웅으로 부르기에는 마땅치 않은 구석이 있다. 그것은 아마도 그의 행위와 겹쳐있는 윤리적, 법률적 문제와의 관련성 때문일 것이다. 학교 측의 동의도 없이 스쿨버스 열쇠를 가져다 차량을 운전한 행위는 비상사태라는 사안의 중대성 속에서 형법상 위법성이 탈락되는 긴급피난에 해당하고 상식에도 부합하므로 비난하기 어렵다. 그러나 구조행위 전후에 벌어진 개인적인 범죄는 그가 한 영웅적 행동의 진실성마저도 의심케 한다. 우리가 그리는 영웅적 행위의 진정성과 일관성이 없기 때문이다.

누구나 한 번쯤은 『안네의 일기』라는 책이나 그것과 관련된 영화 또는 이야기를 통해 안네 프랑크라는 이름을 들어본 적이 있을 것이다. 나치 독일이 네덜란드를 점령하자 유태인이었던 안네의 가족은 1942년 6월 독일군에게 발각되지 않기 위해 다락방에 숨어 지내는 은신 생활을 시작했다. 하지만 안네와 가족들은 1944년 8월 독일 비밀경찰에 발각되어 수용소로 보내졌고 그 이듬해 3월 안네는 장티푸스에 걸려 수용소에서 사망했다. 그때 안네의 나이는 불과 16세였다. 네덜란드에서, 그리고 안네를 알게 된 세계 여러 나라의 많은 이들이 안네를 영웅이라고 부르고 있다. 어떤 점 때문일까? 솔직히 그녀에게는 용기, 희생, 이타주의와 같이 우리가 영웅의 것으로 평가할만한 자질들은 거의 발견되지 않으며 발견된다 하더라도 크지 않다. 아마도 그녀가 영웅으로 인식되는 이유는 유태인 대학살의 홀로코스트라는 그 당시의 특수한 상황과 그녀의 짧은 애잔한 삶이 사람들의 심리에 영향을 미친 데 있을 것이다.

2001년 9월 11일 미국 뉴욕의 세계무역센터 2개 동과 국방부 건물 펜타곤에 가해진 알카에다의 자살공격테러로 3,000명이 넘는 인명 피해가 발생했다. 이에 미국은 2003년 이라크의 후세인 정권을 테러의 배후로 지목하고 인류의 생명과 자유를 수호한다는 명분으로 이른바 '이라크 자유 작전'을 감행했다. 이에 따라 참전 미군은 자국 내에서는 영웅으로 칭송되었고 그들의 희생정신은 다양한 언론 매체를 통해 무수히 소개되었다. 그런데 2015년 미국의 유수 언론사가 한 장의 사진을 폭로했다. 이라크 주둔 미군이 운영했던 군교도소에서 벌어진 장면으로, 한 미군 병사가 바닥에 쓰러져 있는 벌거벗은 이라크 병사에게 목줄을 걸어 잡아당기며 질질 끄는 사진이었다. 그 전쟁의 당위성을 아무리 부각시킨다고 해도 이러한 행위는 어떤 식으로든 정당화되기 어렵다. 아주 극히 일부 사람을 제외하면 어느 누구도 일탈적인 이 미군 병사를 영웅으로 부르지는 않을 것이다. 그러므로 이라크전 참전과 같이 겉으로 드러나는 사실만을 가지고 전쟁에 참여한 미군 병사 모두를 영웅이라고 부르기에는 한계가 있다.

마지막으로 필리핀의 전 대통령 페르디난드 마르코스(1917~1989)를 살펴보자. 1965년 12월부터 1986년까지 20년 동안 필리핀을 통치한 마르코스는 군부를 장악하고 계엄령을 선포하며 야당 정치인들을 탄압하는 등 독재 정권의 대명사로 전 세계에 널리 알려진 인물이다. 그는 재임 기간 중 부정부패를 일삼았으며, 그의 아내 이멜다는 3,000켤레의 구두를 사 모으는 등 사치와 향락에 젖어 있었다. 결국에는 독재, 부패, 경제침체, 빈부 격차 심화, 폭동 등으로 필리핀에서 축출되었다. 신기한 점은 그를 영웅으로 생각하는 필리핀 국민이 많다는 것이다. 그 때문에 그의 딸 마리아는 2010년 주지사에 당선되었고 2013년에는 재선에 성공했다. 또 아들 페르디난드 주니어는 2010년 상원의원에 당선되었고 2016년에는 대선후보로 부상해 2022년에 제17대 대통령이 되었다. 한쪽에서는 독재자로 낙인찍히고, 다른 한쪽에서는 영웅으로 칭송받으니 참 역설적이다.

한 나라의 영웅은 적대관계의 다른 나라에서는 악인으로 불리며, 그 반대의 경우도 흔하다. 또 같은 문화에 속하지만 어떤 사람은 독재자를 영웅으로 추앙하기도 한다. 깁슨처럼 영웅으로 불러야할지 말아야 할지 애매모호한 상황도 종종 일어난다. 우리는 용기, 의리, 희생 등과 같이 나름의 기준에 따라 영웅을 판단하고 경외한다. 불행하게도 그러한 판단 기준은 누구나 공감할 수 있는 보편적인 기준이라기보다는 영웅을 평가하는 개인이나 사회의 감성을 통해 정해질 가능성이 늘 존재한다. 영웅의 규정에 시대적 상황, 개인적 상황, 윤리, 법률 등 세부적인 여러 요인을 동시에 적용하게되면, 각 개인 그리고 각 사회의 영웅상은 서로 충돌할 수밖에 없다. 따라서 영웅이 가치 있는 존재라는 인식이 가능하기 위해서는 먼저 완전할 수는 없어도 이 시대를 살아가는 우리 대부분이 공감할 수 있는 영웅에 대한 좀 더 정밀한 객관적인 잣대가 필요하다.

인터넷판 〈케임브리지 영어사전〉에서는 영웅을 '많은 사람이 찬사하는 매우 용감한 사람'을 가리키는 말로 사용하고 있으며, 우리나라 국립국어원 〈표준국어대사전〉에서는 '지혜와 재능이 뛰어나고 용맹하여 보통 사람이 하기 어려운 일을 해내는 사람'으로 정의하고 있다. 사실, 이런 사전적 정의는 모호할 뿐만 아니라 추상적이어서 이를 통해 영웅을 식별해내는 것은 거의 불가능하다. 지혜와 용기가 보통 사람들보다 뛰어나다고 할 때 어느 정도가 '뛰어남'

의 기준이 되는지, 또 보통 사람이 해내기 어려운 일은 구체적으로 '어떤 일'인지는 개인의 인식 체계나 사회의 전통에 따라 해석의 여지가 다양할 것이다. 정말이지 영웅을 정의하는 일이 결코 손쉬운 작업이 아님은 분명하다.

위에 언급한 두 사전 외에도 다른 사전들 또한 비슷한 의미로 영웅을 설명하고 있는데, 거의 모든 사전은 영웅을 지혜, 용기(무용, 담력), 재능, 재지(才智)와 같은 개인적 특성인 '자질'을 바탕으로 '뭔가 엄청난 일'을 이뤄냄으로써 칭송받는 사람이라는 데에 초점을 맞추어 정의하고 있다. 이처럼 개인의 자질과 영웅적 행동이라는 두 가지 관점은 영웅을 정의하려는 서구 영웅학계의 시도에도 그대로 반영되고 있다. 좀 더 구체적으로 설명하면, 일단의 학자들은 일반인들이 영웅이라고 생각하는 인물 모두를 영웅으로 받아들여 그 특징을 자질의 측면에서 찾아내려 하고 있으며, 다른 한편에서는 영웅적 행동이 어떤 것인지에 대한 특정 기준을 마련하여 그 기준에 따라 영웅 여부를 결정하고 있다.

먼저, 용기, 힘, 지혜 등과 같은 '자질'을 통해 영웅을 정의하는 방법을 살펴보자. 영웅이 어린이의 자아 발달에 중요한 영향을 미칠지도 모른다는 생각 속에서 1997년 개쉬와 콘웨이라는 두 명의 학자는 9세~10세의 아일랜드 아동 510명과 미국 아동 190명을 상대로 아동 자신이 생각하는 영웅의 이름과 특징을 모두 말하게 하는 실험을 했다. 그 결과, 다음의 〈표〉처럼 24가지가 영웅을 구성하는 공통 자질임을 발견했다. 아일랜드와 미국의 어린이들은

아동이 생각하는 영웅의 자질

(단위: %)

자질	아일랜드	미국
적극적인(active)	25	34
아름다운(beautiful)	23	23
훌륭한(brilliant)	48	29
총명한(brainy)	30	23
배려하는(caring)	46	55
용맹스러운(brave)	56	49
자신 있는(confident)	24	36
옷 잘 입는(dresses well)	36	31
유명한(famous)	45	28
다정한(friendly)	51	55
재미있는(funny)	32	49
예의 바른(gentle)	37	37
착한(good)	44	48
착하게 생긴(good-looking)	37	30
도움을 주는(helpful)	48	58
정직한(honest)	37	49
중요한(important)	32	54
친절한(kind)	53	56
정이 있는(loving)	39	51
충성스러운(loyal)	18	26
부유한(rich)	31	17
재주 있는(skillful)	42	50
힘센(strong)	52	58
전사(warrior)	12	11

각각 '용맹스러운'과 '힘센'과 같은 물리력과 관련된 특성을 영웅의 자질로 가장 많이 언급했고, '다정한'이나 '친절한' 또는 '도움을 주는'과 같은 정서적인 특징들이 그 뒤를 이었다.

개쉬와 콘웨이가 발견한 영웅의 자질은 그 이후 영웅을 연구하는 많은 학자에게 영향을 미쳐 청소년과 성인을 대상으로 한 다양한 형식의 실험들이 이어졌다. 하지만 결과는 크게 다르지 않았다. 어떤 연구는 '강직', '겸손', '이타심' 등이 청소년들이 선호하는 자질이라고 주장했고, 대학생을 대상으로 한 앨리슨과 고설즈의 연구는 '똑똑한', '힘센', '배려하는', '비이기적인', '카리스마 있는', '끈질긴', '신뢰할 수 있는', '고무적인'이라는 여덟 가지 특성을 제시하기도 했다. 그 외에도 '도덕적 강직', '용맹', '자기희생'을 주장하는 연구도 있고, '힘', '용기', '자기희생', '인내', '도움' 등이 영웅의 특징이라는 주장도 있으며, 심지어 '용기'나 '인내'를 비롯한 49가지 자질을 설정해 연구한 학자도 있었다. 이와 같이 영웅의 자질을 분석하여 그 특징을 추출한 연구들은 전반적으로 영웅을 용기, 정직, 인내와 같은 고결성과 도덕성을 갖춘 인물로 천착하는 경향을 드러냈다.

그러나 자질을 통한 영웅의 정의는 정의를 명확하게 하기보다는 오히려 헷갈리게 하고 있다는 인상을 준다. 공통점이 없는 것은 아니지만 앞의 표에서처럼 '부유한', '옷 잘 입는', '재미있는'과 같은 자질이 정말로 영웅이 어떤 사람인지를 규정하는 특징이 될 수 있는지 의문이 들기 때문이다. 그리고 24가지 자질을 모두 가지고 있어야 영웅인지, 아니면 최소 몇 가지를 가지고 있으면 영웅으로 부를 수 있는지도 애매모호하다. 게다가 자질을 49가지로 설명한 어떤 연구결과를 적용하면 더 복잡하고 혼란스러워진다.

이런 혼란이 생겨나는 이유는 개인의 성향이 영웅의 판단 기준으로 작용하는 데 있다. 성향은 사람마다 다르고 개인이 처한 상황이나 환경의 차이(사회 간 또는 국가 간 차이)는 영웅의 보편적 정의를 어렵게 한다. 영웅이라는 개념은 사회에 따라, 역사적 배경에 따라 차이를 나타낼 수 있으며, 더욱이 문화 간의 상대적 차이 외에도 같은 문화에 속한 사람들이라도 개인에 따라 각기 다른 인물을 영웅으로 지칭하기도 한다. 개인들에게는 일반적으로 사람들이 영웅이라고 말하는 인물 대신에 자신만의 '나의 영웅'(부모, 친구, 선생님, 연예인 등)이 존재하는데, 그런 영웅을 통해 영웅적 자질을 평가한다면 영웅의 개념에 대해 혼란이 초래될 수밖에 없다.

사람들은 다른 사람을 평가할 때 자기 자신이 가진 기준이나 구조 또는 성향을 이용해 정보를 조작하는 경향이 있기 때문에 자신과 유사한 특징을 지닌 사람에게 끌린다. '나의 영웅'이 영웅이라는 생각을 그대로 받아들이고, 그 영웅을 통해 자질을 추론해 내고, 이를 다시 다른 사람에게 적용해 그 사람이 영웅인지 아닌지를 판단할 수 있겠는가? 어떤 사람이 옷을 잘 입고 재미있으며 부유하다는 이유로 그 사람을 영웅이라고 부를 수 있겠는가?

'정직한'이나 '충성스러운'과 같은 윤리나 도덕적 특성을 기준으로 인물의 평가를 진행한다고 해도 마찬가지다. 앞서 허리케인 속에서 60명의 인명을 구조한 자바 깁슨을 상기해보라. 그는 범죄를 저질렀지만 다른 생명의 구조라는 고귀한 행동을 위험 속에서 실천했다. 법을 어긴 바 없이 사회의 윤리 기준을 충실히 이행해온 다른 주민들은 광폭한 허리케인 속에서 무엇을 했는가? 그들이 자신과 가족의 안위에 집중하는 동안, 범죄자 깁슨은 누구도 해내기 어려운 행동을 했다. 이처럼 개인의 상황이나 성향, 그리고 개인이 속한 문화와 역사적 배경이라는 중층적인 맥락이 사람들의 생각을 좌우하기 때문에 영웅을 자질을 통해 정의하는 것은 상당히 '주관적'이다. 따라서 보다 '객관적'인 기준이 필요하다. 기준이 '객관적'일 때 영웅의 개념에 대한 사람들의 의견을 하나로 모으는 것이 더 용이하기 때문이다.

우리는 어떤 사람이 '정치적'이거나 '정치적(으로) 행동'을 한다고 해서 그 사람이 '정치인'이라고 생각하지 않는다. 하지만 '영웅', '영웅적', '영웅적(으로) 행동'이라는 세 단어는 한 묶음처럼 사용하는 경향이 있다. 누군가를 '영웅'이라고 부를 때에는 그 사람이 '영웅적 행동'을 함으로써 '영웅적'인 사람이라고 생각하는 것처럼, 이 세 단어를 무의식적으로 같은 맥락에서 사용한다. 사실, 고대 그리스어나 라틴어에는 '영웅적 행동'을 의미하는 heroism이라는 단어도 개념도 없었고, 영어의 경우 영웅을 지칭하는 단어 hero가 heroism보다 약 2세기 이후에나 출현했다고 한다. 어떤 의미에서 과거에 영웅은 영웅적 또는 영웅적 행동과는 별개의 의미일 수도 있었지만 현대에는 마치 같은 단어인 양 사용되고 있어서 그 정의가 모호해지는 측면도 있다.

영웅의 의미를 위와 같이 언어학적으로 접근해 이해하는 작업은 고증과 같은 통시적인 연구가 필요한 대단히 어려운 과정일 것이다. 더욱이 영웅에 대한 언어학적 접근이 성공한다고 해도 현대의 영웅 개념과 일치하지는 않아 또다시 소모적이다. 또한 바로 앞에서 논의한 것처럼 영웅을 자질을 통해 정의하는 것은 사회와 개인이 처한 환경에 따라 판단 기준이 대단히 다양해 모호할 수밖에 없다. 따라서 도덕, 용기, 고귀함과 같은 인물의 자질 또는 특성이나 영웅에 대한 언어학적 분석보다는 영웅이 어떤 행동을 했는지, 그 행동의 특징을 구체적으로 밝혀내고 그것에 기초해 영웅을 정의하는 것이 훨씬 객관적이며 합리적이라 할 수 있다. 왜냐하면 '영웅적 행동'은 적어도 누군가의 생명을 살린 것과 같은 구체적인 결과가 나타나는데, 그 결과를 바탕으로 영웅적 행동이 일어나는 과정을 설명할 수 있기 때문이다. 다시 말해, 영웅적 행동을 일정한 틀로 설명할 수 있다면 편차가 심한 다양한 인격적 특성들이나 언어학적 접근보다는 영웅이 어떤 사람인지에 대한 사회 구성원들의 합의가 더 쉬워질 것이다.

어니스트 헤밍웨이의 소설 『누구를 위하여 좋은 울리나』(1940)의 마지막 장면을 떠올려 보자. 미국 청년 로버트 조던은 1937년 일어난 스페인 내전에 정의와 자유를 위해 의용군으로 지원하여 게릴라 활동을 편다. 그는 일행과 함께 교량 폭파 임무를 성공적으로 마치지만 일행은 적의 맹렬한 공격을 받게 된다. 많은 게릴라

대원이 숨졌다. 도피하는 동안 조던도 총을 맞는다. 조던은 살아남은 일행의 도피를 돕기 위해 홀로 남아 기관총을 들고는 다가오는 적을 향해 방아쇠를 당긴다.

조던이 소설 속의 가공인물이기는 하지만 현실 세계에서 비슷한 행동을 한 병사들의 일화는 세계 여러 나라에서 흔하다. 러시아가 우크라이나를 침공하자 국적도 다른 많은 젊은이가 조던처럼 행동하지 않던가. 조던이 영웅이라면 그가 어떻게 행동했는가를 분석해 그 특징을 찾아낸다면 영웅의 개념을 보다 분명하게 이해하는 데 훨씬 용이할 것이다. 다시 말해, 영웅적 행동의 특징을 추출해 그것을 누군가에게 적용한다면 그 사람이 영웅인지 아닌지 쉽게 구별할 수 있다. 많은 영웅학자가 이런 방법론을 활용해 영웅적 행동에서 크게 세 가지 특징을 발견했다. 그것은 ① 자연재해나 누군가 육체적으로 위협받는 상황처럼 이례적인 상황이 발생하고, ② 부분적으로는 그 행동을 수행하는 것과 관련하여 중대한 개인적 위험이 초래될 수 있으며, ③ 행동의 목적이 타인의 행복을 진작시키는 데 있었다는 것이다.

이런 영웅적 행동의 기본 특징을 기초로 어떤 학자는 영웅을 "행위 때문에 죽거나 심각한 육체적인 결과를 겪을 수 있는데도 불구하고 타인을 위해 위험을 선택하는 개인"으로 정의하기도 했고, 또 어떤 학자는 "죽음을 직시한 상태에서 심각한 위험을 택하지만 커다란 역경을 극복하고 하나의 원칙 속에서 행동하는 사람"이라며 사람의 인격적 특성이 아니라 사회적 가치 내지는 원칙과의 관런성 속에서 행위의 관점으로 영웅을 정의하였다.

영웅적 행동을 통한 영웅의 정의는 학자들의 연구가 거듭되면서 굉장히 정교해졌다. 대표적으로 프랑코와 짐바르도는 영웅적 행동을 네 가지 특성으로 세밀하게 구조화시켰다. 그들에 의하면, 영웅적 행동은 ① 다른 사람의 생명을 보호하거나 사회의 이상을 보존하는 의미가 있어야 하며, ② 자기희생의 위험이 있거나 충분히 예상될 수 있어야 하고, ③ 적극적으로 행동하지는 않더라도 폭행 장면을 목격하고 경찰에 신고하는 행위처럼 간접적으로라도 저항해야 하며, ④ 단 한 번에 그칠 수도 있고 그 반대로 오랜 시간 계속될 수도 있다는 것이다. 이들은 이후 다른 학자를 합류시켜 영웅적 행동을 이전보다 정교하게 정의했는데, 그것은 ① 자기희생이 일어날 수 있다고 인지한 상태에서 ② 도움을 필요로 하는 사람 또는 집단이나 귀중한 사회적 이상을 보호 또는 마련하기 위한 속성 내지 목적으로 ③ 자발적으로 행동하고 ④ 행위에 참여한 이후에는 있을지도 모를 희생을 기꺼이 수용하며 ⑤ 어떤 이익도 바라지 말아야 한다는 것이다.

이 다섯 가지 특징을 헤밍웨이의 조던에게 적용해 보자. 그가 스페인 내전에 참여한 것은 인간의 자유를 보호하기 위한 자발적인 결정이었고, 의용군에게 위험이 예상되는 것은 분명하다. 또한 그가 어떤 개인적인 이익을 기대하고 타국에서 게릴라 활동을 벌인 것은 아닐 뿐만 아니라 자신의 목숨을 희생하는 마지막 장면에서처럼 그는 그런 희생을 자신이 결정했다. 언론에 종종 보도되는

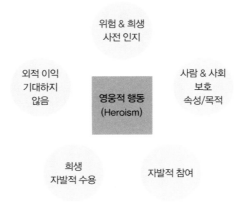

프랑코 외의 '영웅적 행동' 모델

위험 & 희생
사전 인지

외적 이익
기대하지
않음

영웅적 행동
(Heroism)

사람 & 사회
보호
속성/목적

희생
자발적 수용

자발적 참여

물에 빠진 어린이를 구하기 위해 물속으로 뛰어든 사람 같은 경우들도 마찬가지 결과가 나온다. 이처럼 자질이라는 모호한 특성을 이용해 영웅을 정의하기보다는 행동의 기준을 통해 정의하는 것이 영웅의 모습을 훨씬 분명하게 볼 수 있게 한다.

　그런데 영웅적 행동의 이런 다섯 가지 특징 중 '자발적 참여'는 약간 논란의 소지가 있다. 가령, 전쟁에 참여한 군인의 행위를 모두 자발적인 것으로 볼 수 있느냐의 문제가 그것이다. 한국전쟁의 경우에도 학도의용군이나 자원입대자는 국가를 수호한다는 목적으로 자발적으로 참여했다는 점이 결코 의심될 수 없지만, 전쟁 발발 당시 이미 군인의 신분이었거나 강제징집 당한 병사를 '자발적'으로 참전했다고 말할 수는 없을 것이다. 마찬가지로, 소방관이나 경찰관도 직무를 수행하는 도중 다치기도 하고 심한 경우 죽기도 한다. 엄밀히 말해, 참전 명령처럼 국가의 강제력이나 직무의 특성 때문에 희생을 당한 사람 모두를 영웅으로 부를 수는 없을 것이다. 따라서 직무상 부상이나 사망 위험이 높은 군인, 경찰관, 소방관 등에게는 자발성에 관련한 또 다른 행위 기준이 필요할 것인데, 이 점에 대해서는 다음 장에서 구체적으로 살펴보겠다.

흥미롭게도 영웅적 행동을 통한 영웅의 정의는 영국과 우리나라의 법률에서도 발견할 수 있다. 영국의 〈사회적 행동, 책임, 영웅적 행동에 관한 법〉에서는 영웅을 '자신의 안전이나 기타 이익에 구애받지 않고 위험에 처한 개인을 돕기 위해 응급상황에 영웅적으로 개입하는 사람'이라고 정의한다. 우리나라 법률에서는 영웅과 영웅적 행동이라는 용어를 대신하여 '의사상자'와 '구조행위'라는 용어를 사용하고 있는데, 〈의사상자 등 예우 및 지원에 관한 법률〉에 따르면 '직무 외의 행위로 위해(危害)에 처한 다른 사람의 생명·신체 또는 재산을 구하다가 사망하거나 부상을 입은 사람'을 '의사상자'로, '자신의 생명 또는 신체상의 위험을 무릅쓰고 급박한 위해에 처한 다른 사람의 생명·신체 또는 재산을 구하기 위한 직접적·적극적 행위'를 '구조행위'로 정의한다(제2조). 이런 법률적 시각은 뒤에서 보다 상세하게 논의하겠지만 영웅적 행동을 영웅을 정의하는 객관적 잣대로 활용하고 있다는 점에서 자못 의의가 크다.

개인의 자질로서의 인격적 특성이 아니라 행동을 어떤 구조로 접근하는 영웅의 정의는 지금까지 우리가 알고 있던 영웅의 속성들 중 상당수가 '거짓' 또는 '잘못'이라는 사실을 알 수 있게 하는 장점이 있다. 예를 들어, 어떤 학자는 임진왜란 당시 왜군이 침략하자 "충의"로써 의병군을 조직하지만 "억울한 누명" 때문에 "죽임"을 당한 사실에 근거하여 김덕령 장군을 영웅으로 지칭한다. 김덕령 장군은 영웅임에 틀림이 없다. 그러나 김덕령 장군이 영웅이라는 주장은 생명의 위험을 무릅쓰고 나라를 지키기 위해 자발적으로 의병 활동에 참여했다는 사실을 통해 규정될 때 비로소 주장의 타당성이 분명해진다. 하지만 그 학자는 영웅적 행동의 본질적 요소라기보다는 '억울한 누명'이나 '죽음' 등의 감상적인 부차적 요소를 통해 김덕령 장군의 영웅적 행동을 설명함으로써 오히려 영웅의 질적 가치를 하락시키고 있다.

또 어떤 학자는 국위선양과 같은 '공훈'의 측면에서 황영조, 김연아, 박태환과 같은 스포츠계의 스타를 영웅으로 분류할 수 있다고 주장하기도 했다. 그렇지만 황영조 등이 '국위선양'을 목적으로 운동을 시작했다고 과연 말할 수 있겠는가? 이들의 '희생'을 우리가 흔히 영웅에게서 발견하는 희생과 같은 맥락에서 이해할 수 있겠는가? 또한 이들이 정말로 아무런 기대 없이 '자발적으로 희생'했다고 생각할 수 있을까? 2002년 한·일 월드컵 16강 이탈리아전 전날 밤 병역의무 면제를 시사한 대통령의 전화가 선수들의 사기를 폭발시켰다는 히딩크 감독의 전언은 월드컵 4강 영웅들을 다른 관점에서 해석할 여지도 남긴다. 그리고 '공훈'을 영웅의 기준으로 삼는다면 변변한 수상 실적도 없이 오늘도 땀 흘리며 그저 훈련에만 매진하고 있는 수많은 선수는 뭐라는 말인가? 1993년 실화를 기반으로 제작된 영화 〈쿨러닝〉에서 자메이카 선수들은 겨울이 없어 자국 내에서는 경기 자체가 불가능한 환경임에도 불구하고, 게다가 경기력 또한 국제적 기준에 못 미치는데도 '박수'를 받았다. 국제대회에서의 성적, 곧 공훈이 영웅적 행동의 척도가 될 수 없음은 명백하다.

한편, 영웅적 행동에 의한 영웅의 정의는 공익제보와 같이 일견 영웅과 무관한 것처럼 보이는 현상들을 새롭게 바라볼 수 있게 한다. 공익제보는 일반적으로 어떤 조직에 속한 노동자나 구성원이 그 조직 내에서 공공의 이익을 침해하는 일정한 불법행위가 벌어지고 있는 것을 인지하고 그것을 방지하기 위해 외부에 알리는 친사회적 행위라고 할 수 있다(〈두 번째 여정〉 참조). 공익제보는 거의 항상 집단 따돌림, 실직, 그로 인한 경제적 손실과 건강 악화 등과 같은 희생 또는 위험을 수반하며 더 나아가 위에서 설명한 영웅적 행위의 다섯 가지 요소를 모두 포함하고 있다. 그러나 우리 사회에서 공익제보자가 영웅일 수 있다는 시각은 그리 많지 않다. 공익제보가 가져오는 사회적 편익보다 공동체의 이기적이고 단기적인 이익에 반한다는 개별적 속성에 먼저 주목하기 때문이다.

따라서 이와 같은 영웅적 행동의 기준을 적용하게 되면, 종래에는 간과 또는 무시되어 온 많은 행위가 영웅적 행동의 범주로 편입될 수 있으며 아주 높은 수준의 도덕적 인격과 강인한 물리적 능력의 소유자뿐만 아니라 타인을 위해 자신을 희생하며 선한 행동을 실천하는 평범한 사람도 영웅일 수 있다는 인식이 가능해진다. 결국, 누군가를 영웅으로 부르는 데에는 용기, 도덕, 지혜 등과 같은 주관적인 인격적 특성보다 행동의 '예외성' 내지 '특별함'을 드러낼 수 있는 객관적인 기준이 더 효과적이다.

그러나 영웅적 행동의 구조화를 통한 영웅의 정의가 개인의 성향에 의존한 '주관적'인 정의보다 '객관적'일 수 있지만 문제는 남는다. 영웅적 행동만을 통해 영웅을 정의하게 되면 인격적 특성을 기반으로 한 영웅들 중 상당수가 영웅의 지위를 잃게 되며 그 반대의 상황 또한 가능하기 때문이다. 예를 들어, 병마와 힘겹게 싸워 완치한 환자는 다른 환자나 가족들에게는 영웅일 수 있지만 어려움에 처한 타인을 도와야 한다는 영웅적 행동의 규정을 적용하게 되면 여지없이 영웅의 지위를 잃게 된다. 마찬가지로 안네 프랑크는 자발적으로 은신생활의 고통을 감내한 것이 아니라는 점 때문에 영웅에서 탈락한다. 반대로, 일부 국가에서만 영웅으로 한껏 추앙받는 독재자를 영웅적 행동이라는 구조 속에 넣게 되면 순식간에 영웅이 되어버린다.

사람들은 영웅적 행동만으로 누군가를 영웅으로 평가하는 것은 아니며 여전히 인격과 같은 자질을 통해 영웅을 바라보는 사람도 적지 않다. 앞으로 돌아가 초대형 허리케인 속에서 많은 사람을 구조한 자바 깁슨의 사례를 한 번 더 생각해보자. 그의 구조행위는 분명히 영웅적이었다. 하지만 구조행위 이전과 이후의 삶은 완전히 달라 마약 유통과 밀매라는 반사회적 행위를 서슴없이 저질렀다. 게다가 언론을 통해 자신이 영웅으로 대대적으로 소개되자, 주변 사람들에게 영화와 소설에 이야기를 판권으로 팔아 곧 부자가 될 것이라고 떠벌렸다고 한다. 그에게는 영웅의 자질로서 진실성이 의심되는 것이다.

영웅적 행동은 일상적으로 누구에게나 일어날 수 있다. 특별한 '상황' 때문이다. 지하철 선로에 떨어진 사람을 발견하고 반사적으로 그 사람을 구하기 위해 선로로 뛰어드는 것처럼 평상시에는 자신이 영웅이 될 수 있다고 생각한 적이 없는 사람도 상황에 따라 영웅적 행동을 할 수 있다. 하지만 이런 견해에 극단적으로 동의하게 되면 도덕 행위로서 영웅적 행동은 개인적 자질의 중요성을 배제하는 결과로 나타나게 된다. 어떤 집단에서 영웅으로 떠받들어지는 인물은 다른 환경과 다른 시간 속에서는 테러리스트가 되고 독재자가 된다. 이 때문에 영웅적 행동은 반드시 윤리와의 관계 속에서 이해되어야 한다. 사람들은 여전히 영웅적 행동이 진정한 마음으로부터 우러난 행동이라고 생각하고 있고 또 그래야 한다고 믿고 있기 때문이다.

그러므로 영웅이 어떤 사람인가는 영웅적 행동을 구조화시키는 것과 동시에 개인의 자질로서 용기, 도덕, 지혜 등이 함께 논의되어야 한다. 이런 의미에서 영웅을 정의하는 데 객관적인 방법론과 주관적인 방법론 둘 다를 차용할 필요가 있다. 즉, 앞서 설명한 영웅적 행동의 5가지 요소에 윤리와 용기를 포함시켜 '타인이나 고귀한 사회적 가치를 보호하고 자기희생의 위험성을 인지한 상태에서 일체의 이익을 기대하지 않은 채 인류 공통의 보편적 윤리를 자발적으로 용기 있게 실천하며 행동의 결과로 희생이 있더라도 그것을 기꺼이 받아들이는 사람'으로 규정할 수 있다. 이런 정의는 병마와 싸우는 환자, 안네 프랑크, 프로운동선수 등을 영웅의 범주 속으로 끌어안지 못할 수 있다는 점에서 반론이 제기될 수 있다. 그러나 영웅에 대한 개념정의가 보다 엄중해야 영웅이 우리 시대의 존경의 대상이 될 수 있다는 점에서 이런 결과는 불가피하다. 영웅을 재발견할 목적으로 지나치게 일상화된 영웅개념이 영웅 자체를 몰각시키는 역설에 이를 수 있기 때문이다.

영웅의 '지나친' 일상성이 낳는 폐해는 적지 않다. 우리 사회 곳곳에서 '막연하게' 영웅이라는 용어를 남발함으로써 특정 이데올로기나 특정 집단의 이익을 위해 영웅을 자극적인 선전 도구로 이용하기 일쑤였다. 정치인들은 자신들의 목적을 위해 영웅과 영웅적 행동을 서슴없이 조작하였고 언론을 비롯한 대중문화 또한 크게 다르지 않아 영웅은 그 존재 의의가 심각하게 손상되어 버렸다. 영웅이 사회 속으로 깊숙이 스며들어야 한다는 당위성에도 불구하고 과도한 일상성은 경계되어야 한다. 영웅의 순수성이 유지되기 위해서는 그 정의의 엄격함이 선행되어야 할 것이다. 엄격한 기준을 통해 영웅이 우리 곁에 건강하게 살아가기를 기대하며 어떤 사

영웅 기준표

영웅 이름: ＿＿＿＿＿

기준 요소	정도			
진실성	없음	약	중	강
육체적·정신적 용기	없음	약	중	강
사람이나 사회 보호 속성/목적	없음	약	중	강
위험이나 희생 사전 인지	없음	약	중	강
자발적 참여	없음	약	중	강
희생의 기꺼운 수용	없음	약	중	강
외적 이익 기대하지 않음	없음	약	중	강

람을 영웅으로 부를 수 있는지 그 판단 기준을 위의 〈표〉로 마련
해 보았다.

두 번째 여정

영웅도
유형이 있다

우리나라에서 영웅과 관련된 연구는 아주 미미하다. 사람들이 어떤 사람을 영웅으로 생각하는지, 그리고 왜 그 사람을 영웅이라고 생각하는지 등등에 관한 통계조사나 설문조사도 아예 없다. 그러므로 간접적으로 해외 자료를 이용해 우리 시대 영웅의 유형을 찾아보자.

2011년 앨리슨과 고설즈는 전화조사방식을 통해 18세~72세의 미국 성인 450명을 대상으로 자신들이 영웅이라고 생각하는 사람들이 구체적으로 누구인지를 조사해보았다. 그 결과, 미국인 중 32%는 가족을, 33%는 현실과 역사에서 유래하는 실존 인물을, 34%는 영화나 소설 속의 가상 인물을 영웅으로 지목하고 있음이 발견되었다. 두 연구자의 연구결과를 좀 더 자세히 알아보자.

보통의 미국인 3분의 1은 가족 구성원, 특히 부모가 자신들의 영웅이라고 생각했다. 그 이유에 대하여 부가적으로 질문했더니 부모가 힘든 환경 속에서도 자신을 성공적으로 키워냈기 때문이라고 답하였다. 앨리슨과 고설즈는 부모와 같은 가족 구성원의 너그러움, 자기희생, 삶과의 고군분투, 인내, 신념 등이 그들을 영웅으로 인식하게 만든 기본 동기라고 분석했다.

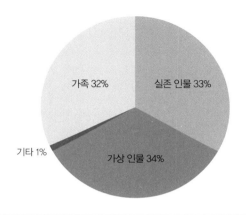

미국 일반인이 생각하는 영웅 유형

가족 32%

실존 인물 33%

기타 1%

가상 인물 34%

두 번째로, 또 다른 3분의 1의 미국인들은 현실과 과거 역사로부터 감명받은 실존 인물을 영웅으로 지칭했다. 대표적으로는 미국 초대 대통령 조지 워싱턴이나 영국 수상 마가렛 대처와 같은 정치인, 농구선수 마이클 조던이나 메이저리거 베이브 루스와 같은 스포츠인, 흑인 인권을 위해 싸운 킹 목사나 넬슨 만델라 같은 사회운동가, 오프라 윈프리나 멜 깁슨 등의 연예인이 이런 유형에 속하는 것으로 조사되었다.

마지막 유형은 앞의 두 유형보다 조금 높은 선호도를 보인 가상 인물이었다. 이들은 현실 세계의 사람과 비교해 결점과 약점이 거의 없다는 점에서 원형적이며, 대부분이 만화책, 텔레비전, 영화의 주인공들이다. 전형적으로는 슈퍼맨이나 배트걸과 같은 슈퍼히

어로(초영웅), 영화 〈로키〉 시리즈의 로키 발보아 같은 스포츠영웅, 영화 〈스타트렉〉의 제임스 커크 선장이나 〈스타워즈〉의 한 솔로와 같은 공상과학영웅, 로이 홉스, 허클베리 핀, 아이반호와 같은 문학 속 인물 등이었다.

앨리슨과 고설즈는 일반인이 생각하는 영웅에 대한 이와 같은 실증연구를 바탕으로 2012년에는 영웅이 사람들의 심리에 미치는 영향력에 따라 영웅을 유형화했다. 영웅은 사람들에게 오랫동안 영웅으로 기억될 수도 있지만 그 반대의 경우도 있고, 또 유행을 타기도 하며, 강렬한 인상을 남기기도 하지만 약하게 영향을 미치기도 한다는 점에 착안한 것이다. 이러한 영웅 유형은 영향력의 시간과 정도에 따라 10가지로 나눌 수 있다.

첫 번째는 유행 영웅(trending heroes)이다. 어떤 영웅은 지속적으로 오랫동안 사람들에게 영향을 미치지만 다른 영웅은 얼마 지나지 않아 영향력을 상실하기도 한다. 이는 영웅에 대한 새로운 사실의 발견이나 환경의 변화가 영향력의 추이에 변동을 가져오기 때문이다. 미국의 18대 대통령 율리시즈 그랜트가 인기도 여론조사에서 2000년 33위에서 2009년에는 23위로 상승한 것과는 대조적으로, 28대 대통령 우드로 윌슨은 2000년에는 6위였지만 2009년에는 9위로 하락하였다. 미국의 가수 레이디 가가 또한 유행 영웅에 속하는데, 2008년 음반 발표로 성소수자 권리 측면에서 긍정적인 사회 변화를 진작시킴으로써 영웅이라는 칭호가 폭발적으로 부여되었지만 그런 현상은 금방 식어버렸다.

두 번째는 일시 영웅(transitory heroes)이다. 아주 짧은 기간만 영웅이라는 지위를 누린 유형으로, 이 속에는 '진짜' 영웅과 '가짜' 영웅, 두 가지가 공존한다. 톰 행크스가 주연을 맡은 영화 〈설리: 허드슨 강의 기적〉(2016)으로 더욱 유명해진 실존 인물 체슬리 셀렌버거가 대표적인 일시적 '진짜' 영웅이다. 2009년 1월 15일, 기장 셀렌버거는 US 에어웨이즈 여객기를 활주로에서 이륙시켰다. 그러나 이륙 직후 2분 만에 비행기는 새떼와 충돌함으로써 엔진 둘을 모두 잃게 되었다. 노련한 조종사로서 셀렌버거는 그런 절체절명의 순간에도 침착함을 유지한 채 비행기를 허드슨강에 성공적으로 비상 착륙시켜 155명의 승객 모두를 무사히 구해냈다. 하지만 그의 영웅적 행위는 몇 주 동안만 널리 찬사되었을 뿐 얼마 안 있어 곧 세인들의 관심 밖으로 밀려났다. 앨리슨과 고설즈는 그의 영웅적 행동이 단명했을지라도 놀라운 조종 능력과 많은 승객을 구조하는 데 있어서 보여준 용기에 주목해 일시적 '진짜' 영웅으로 분류하였다.

한편, 2010년 8월 9일 제트블루 항공사 승무원 스티븐 슬레이터는 여객기가 뉴욕 공항에 착륙한 직후 기내 방송을 통해 기내 승무원으로서의 일을 그만두겠다고 승객들에게 알렸다. 그 이유는 착륙 직전 어떤 승객이 좌석에 앉으라는 지시에 불응해 자신을 공격함으로써 상처를 입은 데 있었다. 그 직후 그는 승객들에게 폭언을 쏟아내고 맥주 두 병을 움켜쥔 채 비상탈출용 활강로를 개방하여 활주로로 내려왔다. 승무원의 의무를 즉시 벗어던지는 일탈 행동을 거침없이 한 것이다. 이 사실이 알려지자, 페이스북과 트위터 사용자 수만 명은 그가 영웅이라며 환호했다. 하지만 사람들은 그가 단지 승객들이 고마워하지도 않는 직업을 그만두었다는 생각에 반응한 것일 뿐, 그의 능력이나 도덕성, 그리고 실제로 영웅적 행동을 했는가는 논외였다. 그는 '가짜' 영웅에 불과했고 그의 일탈 행동 또한 곧 세인들의 기억에서 사라졌다.

셋째, 과도 영웅(transitional heroes)이다. 사람은 나이가 들어감에 따라 가치체계, 정서 상태, 인지능력 등이 변하는데, 이를 흔히 생애주기효과라고 부른다. 앨리슨과 고설즈는 영웅에 대한 선호도가 생애주기효과와 긴밀한 관련이 있다고 생각하였다. 예컨대, 어린 시절에는 파워레인저를 영웅으로 생각했지만 성인이 되면 더 이상 영웅으로 생각하지 않는 것이 그런 일례이다. 생애주기효과를 통해 설명하면, 사람들은 나이가 어릴수록 슈퍼히어로와 같은 가상 인물을, 나이가 많을수록 야구를 잘하는 것과 같은 물리적인 능력보다는 간디나 킹 목사처럼 도덕적으로 사회에 의미 있는 공헌을 한 인물에게 영웅 칭호를 부여하는 경향을 보인다.

네 번째로는 비극 영웅(tragic heroes)이 있다. 어머니와 결혼하고 아버지를 살해할 것이라는 신탁을 믿고 그것을 피해 도피하지만 성급한 성격과 고지식함으로 인해 결국 스스로 그 예언을 실현한 고대 그리스의 오이디푸스가 전형적으로 이 유형에 속한다. 비극 영웅은 일반적으로 성격상의 결함이 몰락을 초래하는 위대한 개인으로, 셰익스피어 희곡의 등장인물인 리어왕, 햄릿, 맥베스,

브루투스 등을 들 수 있다. 또한 정치가로 눈부신 카리스마를 선보였지만 바람기라는 비극적 결함으로 탄핵 위기까지 겪은 미국의 빌 클린턴과 골프계의 황제라는 칭호에 걸맞게 수많은 우승 실적을 쌓았지만 문란한 성적 비행 때문에 몰락한 타이거 우즈가 현대의 비극 영웅이라 할 수 있다.

다섯 번째는 전치 영웅(transposed heroes)이다. 영웅이 악당으로 바뀌거나 그 반대가 되는 유형이다. 〈배트맨〉에서 고담시의 뛰어난 검사 하비 덴트가 전형적인 사례로, 그는 처음에는 부패와 악을 척결하는 영웅이었지만 얼굴의 절반을 잃은 후에는 이성을 잃고 범죄조직의 우두머리가 되어버린다. 이와는 대조적으로, 죄인에서 성인으로 전환된 영웅은 기독교 철학자 성 아우구스티누스를 들 수 있다. 전치 영웅은 몰락한다는 점에서 비극 영웅과 비슷하지만 계산된 선택을 통해 철저하게 위상을 전환하기 때문에 비극 영웅과는 구별된다.

여섯 번째는 투명 영웅(transparent heroes)이다. 대중의 스포트라이트 바깥에서 조용히 영웅적 행동을 수행하는 유형의 영웅이다. 자식을 위해 엄청난 희생을 감수한 부모, 학생들의 인격 형성에 크게 기여한 교사, 규율과 근면을 가르친 코치, 환자를 치유한 보건전문가, 응급상황에서 인명을 구조한 사람, 적으로부터 국민을 보호하는 군인 등이 이 유형에 속한다. 이러한 영웅들은 대체로 과소평가된 우리 사회의 구성원들로, 앨리슨과 고설즈의 연구에 의하면 전체 영웅 중 65%를 차지할 만큼 가장 많지만 거의 주목받지 못하고 있다.

일곱 번째는 전통 영웅(traditional heroes)이다. 캠벨이 원질신화로 설명한 '영웅의 여행'을 떠나는 고전적인 원형 영웅이다(〈프롤로그〉 참조). 이 유형의 영웅은 보잘것없는 가문 출신으로 어린 시절에는 좌절을 겪지만 있을 법하지 않은 힘의 도움을 받아 역경을 극복하고 사회로 돌아와 혜택을 베푼다. 대부분은 소설이나 신화 속에서 가장 순수한 형태로 발견되며 〈스타워즈〉의 루크 스카이워커, 배트맨, 해리 포터 등이 전형적이다. 그렇지만 에이브러햄 링컨이나 오프라 윈프리, 아놀드 슈왈츠제너거, 버락 오바마와 같은 실존 인물도 이런 영웅 유형에 속한다.

여덟 번째 유형은 거품 영웅(transfigured heroes)이다. 사람들은 영웅을 갈망하는데, 이런 욕망이 때때로 사람들을 자극해 영웅을 만들거나 실제로는 있지도 않은 영웅적 요소를 실제 있는 것으로 인식하게 하거나 빈약한 영웅이야기를 극적인 영웅이야기로 바꿔 놓게 한다. 이렇게 인위적으로 만들어지거나 과장된 유형이 거품 영웅이다.

2010년 8월 5일 칠레에서 광산이 붕괴해 33명의 광부가 70일 동안 지하 갱도에 갇혀있다 구조된 일이 있었다. 구조된 광부들의 이야기는 언론을 통해 전 세계에 소개되었고, 구조 과정에서 모든 광부, 구조에 참여한 사람들, 칠레 대통령, 심지어 칠레라는 국가가 영웅으로 묘사되었다. 광부들은 식량과 물을 쪼개 나누며 힘겹게 생존하였고 전 세계의 수많은 사람이 언론 매체를 통해 구조 과정을 숨죽이며 지켜보았다. 전체로서 광부들의 행동은 결함이 없는 것처럼 보여 그들은 영웅으로 찬사되었다. 하지만 광부들의 이야기는 실제로는 그렇게 단순하지 않았다. 구조의 손길이 도달하기 전 처음 17일 동안 식량이 바닥나자 그들은 소규모로 의견이 나뉘며 불화가 시작되었고 일부는 자체의 탈출 계획을 짰으며 심지어는 주먹싸움까지도 일어났다. 구조의 손길이 도달한 이후에야 불화가 사라지고 집단은 하나로 단결했다. 대중은 영웅이야기를 퇴색시킬 이런 구체적인 사실에 대해서는 관심이 없었다. 부풀려진 내용이 영웅에 대한 대중의 갈증을 풀어주었기 때문이다.

아홉 번째는 변화촉발 영웅(transforming heroes)이다. 기여 또는 공헌을 통해 사람들과 사회의 변화를 이끌어내는 영웅이 변화촉발 영웅이다. 이런 유형의 영웅은 다른 유형의 영웅들보다 그 영향력이 크다. 이들은 뚜렷한 비전을 제시하고, 그 비전을 달성할 수 있게 하는 계획을 짜내며, 사람들에게 확신을 심어주고 몸소 실천함으로써 사람들이 그 비전을 현실로 바꿔놓게 한다. 킹 목사가 이상적인 사례이다. 이 유형은 둘로 나눌 수 있는데, 첫째는 전체 사회, 더 나아가 전 세계를 변화시키는 유형과 둘째는 사회 속의 작은 하위문화를 변화시키는 유형이 그것이다. 킹 목사, 넬슨 만델라, 마하트마 간디, 버락 오바마가 첫 번째 하위유형에 속하며, 물리학계를 변화시킨 알베르트 아인슈타인, 대중음악계를 변화시킨 엘비스 프레슬리, 개인용 컴퓨터 환경을 변화시킨 스티브 잡스가 두 번째 하위유형에 속한다.

마지막 열 번째 유형의 영웅은 초월 영웅(transcendent heroes)이다. 기여나 공헌이 복잡성이나 범위 면에서 앞의 아홉 가지 유형을 뛰어넘는 유형을 가리킨다. 나사렛 예수가 가장 확실한 초월 영웅이다. 예수는 서양 문화에 지대한 영향을 미쳤다는 점에서 변화촉발 영웅이며, 생애가 캠벨의 영웅의 여행의 본질적 요소 대부분, 즉 소명 속에서의 출생, 말구유에서 태어난 미천한 출신, 당시 시대적 상황과의 격동적인 대립, 가혹한 박해, 세상을 구하기 위한 부활 등을 포함하고 있다는 점에서 전통 영웅이고, 또한 사람들이 그의 생애에 관한 성경의 설명이 정확한 사실이라고 믿고 있으므로 거품 영웅일 수 있다. 문학에서는 해리 포터가 가장 대표적인데, 그는 마법 학교 호그와트와 마법 세계의 전체적인 지형을 변화시켰다는 의미에서 변화촉발 영웅, 영웅의 여행의 주요 요소를 포함하고 있으므로 전통 영웅, 일부의 사람들, 특히 어린이들이 더 성숙한 독자로 성장하는 과정에서 선호도가 바뀐다는 점에서 과도 영웅이다.

앨리슨과 고설즈의 분류는 영웅이 아닌 사람도 포함하고 있을 뿐더러 예수처럼 영웅이라기보다는 종교적 의미에서의 신이나 성인이라는 호칭에 더 적합한 인물도 포함하고 있다. 그래서 영웅을 찾아 나선 우리의 여행을 더 헷갈리게 만들고 있다. 그 이유는 두 학자의 분류 방식이 일반인이 생각하는 영웅을 모두 영웅으로 받아들인 데 있다.

앞 장에서 설명했듯이, 앨리슨과 고설즈의 분류법을 따르게 되면 영웅은 개인과 사회에 따라 지나칠 정도로 다양해진다. 사실, 미국인 중 3분의 1이 가족 구성원을 영웅으로 지칭한 것은 영웅이 없거나 일반인들이 영웅에 대한 일정한 기준조차 가지고 있지 않다는 사실을 반증한다. 영화배우 아놀드 슈왈츠제너거나 〈배트맨〉의 하비 덴트를 영웅으로 부를 수 있겠는가? 또한 이런 유형들 속에서는 너무나 많은 영웅이 존재하게 되며, 이는 결과적으로 영웅의 존재 가치마저 의심케 한다. 영웅은 적어도 성인, 롤 모델, 지도자, 유명인, 스타 등과 구별될 수 있어야 하고 사람들 대부분이 수긍할 수 있는 개인이어야 한다.

이렇게 영웅을 찾는 우리의 목적과는 다른 연구결과를 먼저 제시한 근본 이유는 이런 유형들을 통해 어느 정도는 누가 진정한 영웅인지, 그렇지 않은지를 구별할 수 있다는 데 있다. 그리고 또 다른 이유로는 누가 영웅인지를 정하는 데에 우리의 일시적이며 감상적인 감정을 벗어나 냉철한 기준이 필요함을 역설하기 위해서이다. 그런 의미에서 이제 앞 장에서 제시한 영웅의 정의에 입각해 영웅을 분류해보도록 하자.

영웅은 사람이나 사회의 보호 속성이나 목적, 위험이나 희생의 사전 인지, 자발성, 희생의 적극적 수용, 외적 이익을 기대하지 않는 것 등을 특징으로 한다. 이런 특징들은 온전히 행동의 측면에서 영웅적 행동을 분석한 결과였다. 그래서 영웅에 대한 너무나 다양한 개인의 생각, 즉 주관성으로부터 이탈하여 객관성을 유지하는 데 유리하다. 프랭크 팔리라는 학자가 영웅을 어떻게 유형화했는지 살펴보자.

팔리는 타인을 위해 자신의 생명을 자발적으로 내어줄 수 있는 희생이라는 궁극적 행위가 영웅적 행동을 구성하는 중심이라고 생각했다. 그래서 그는 희생의 크기 또는 정도에 따라 영웅적 행동을 두 가지로 분류했다. 그것이 '대(大) 영웅적 행동'(Big H Heroism)과 '소(小) 영웅적 행동'(small h heroism)이다.

'대 영웅적 행동'은 우리가 흔히 알고 있는 원형적인 영웅적 행동으로서 일반적으로 극적일 뿐만 아니라 누가 봐도 대단한 것임을 쉽게 알 수 있다. 따라서 '대 영웅적 행동'에는 죽음, 부상, 투옥과 같이 심각하거나 중대한 결과를 포함하는 엄청난 위험이 뒤따르며 자신이나 타인, 또는 역사 자체의 진로에 커다란 영향을 미칠 수 있다. 이런 행동들은 드문 상황에서만 가능하며 고도의 도덕적 인격이나 능력을 요구한다. 그러므로 소수의 사람에게만 가능하다. 팔리는 이런 행위를 세 가지 범주로 나누었다.

첫 번째 범주는 특정 시간, 특정 장소라는 상황과 관련된다. 어떤 청년이 한적한 시골길을 운전하고 가던 중 길가의 농가에서 불길이 치솟는 것을 목격하고 급히 차를 세웠다고 가정하자. 그 청년은 집안에 누군가 있는 것을 발견하고는 본능적으로 집안으로 뛰어 들어갔다. 불행하게도, 그때 갑자기 건물이 붕괴해 청년은 밖으로 나오지 못했다. 살면서 이런 극적인 상황을 몇 번이나 접하겠는가. 설령 그런 상황을 접한다고 해도 이후의 삶에서 비슷한 상황을 또 경험하는 것은 극히 이례적이다. 이처럼 긴급한 상황이 발생해야 비로소 영웅적으로 행동할 수 있기 때문에, 그리고 자신의 생명까지도 위험할 수 있기 때문에, 이런 상황 속에 뛰어든 사람은 드물 수밖에 없으며 그래서 거의 모든 사람이 그 사람의 행동을 영웅적이라고 생각한다. 흔히 우리는 이런 유형의 사람을 시민 영웅이라고 부른다.

'대 영웅적 행동'의 두 번째 하위유형은 평생에 걸쳐, 적어도 장시간에 걸쳐 일어난다. 어떤 사람은 격심한 논쟁을 불러일으키는 사회 문제에 깊숙이 개입하거나 인권 신장과 같은 사회적 이상을 위해 자신의 일생을 바치기도 한다. 그런데 그런 행동에 늘 생명의 희생 가능성이 뒤따른다면, 이렇게 행동한 사람을 영웅으로 부를 수 있다는 게 팔리의 생각이다. 비폭력영웅으로 칭할 수 있는데, 직접적으로 물리력을 행사하지 않은 독립운동가나 인권운동가가 이런 유형에 해당하며 역사적 인물로는 간디와 킹 목사가 대표적이다.

세 번째는 직업과 관련하여 일어나는 영웅적 행동이다. 소방관, 경찰, 군인, 응급구조사 등은 스스로 자신의 직업을 선택했다. (여기서 군인은 미국의 경우를 가리킨다.) 그리고 이런 직업은 위험을 동반한다. 이들은 생명을 희생하며 누군가를 구조하는 직업인으로, 팔리는 이런 유형을 직무영웅이라고 불렀다.

'소 영웅적 행동'은 '대 영웅적 행동'에 비해 위험이 작거나 거의 없지만 사람들 대부분이 하기를 꺼리거나 하지 않는 행동을 가리킨다. 자원봉사처럼 다른 사람을 돕거나 친절을 베푸는 행동으로 고도의 도덕적 인격이나 능력을 필요로 하지 않는다. 일반적으로 일상적인 상황에서 비교적 흔하게 발견되며 심각한 위해나 결과를 초래하지 않아 대중의 주목을 끌지 못한 채 지나치게 된다. 대부분의 일반 시민들도 경험할 수 있을 정도로 빈번하게 일어난다.

팔리는 영웅적 행동의 크기와 그에 수반되는 위험 정도에 따라 영웅을 유형화했다. 하지만 그의 영웅 유형을 그대로 받아들이면, 이토 히로부미를 저격한 안중근 의사나 봉오동 전투에서 일본군을 대패시킨 홍범도 장군처럼 침략자에 무력으로 맞선 인물은 영웅의 지위를 잃고 오히려 단순 자원봉사자가 영웅의 범주에 포함된다. 그러므로 비록 팔리가 영웅의 자질이 아니라 행동을 통해 영웅을 분류했을지라도 그의 유형은 우리 시대의 영웅을 분류하는 데에는 적절하지 않다.

마지막으로 프랑코, 블라우, 짐바르도의 이론에 따라 영웅을 분류해 보자. 이들은 앞서 영웅이 어떤 사람인지를 규정하는 다섯 가지 틀을 제시해 주기도 했다. 이들 학자는 「영웅적 행동: 영웅적 행위와 이타적 행위의 개념 분석과 차이」라는 논문에서 어떤 영웅은 수 세기를 지나는 동안에도 계속해서 사람들에게 경외의 대상으로 남아있는 반면에, 어떤 한 시대의 영웅은 다른 시대에서는 악당으로 밀려나기도 한다고 말한다. 또 자살폭탄테러와 같은 극단적인 야만적 행동은 어떤 특정 집단 내에서는 영웅적 행동으로 받아들여지지만 다른 집단이나 사회에 속한 사람들 대다수에게는 극도로 혐오스러운 행동으로 여겨진다고 한다. 영웅에 대한 이런 간극을 좁히고자 이들은 영웅적 행동이 무엇인지를 분석하여 영웅을 무용영웅, 시민영웅, 사회영웅, 셋으로 분류한 후 12가지 유형을 구체적으로 제시했다.

첫째, 무용(武勇)영웅은 생명의 위험을 무릅쓰고 눈에 띄는 대담한 행동을 한 유형이다. 우리에게 가장 익숙한 영웅으로 국가를 지키기 위해 자신을 기꺼이 희생한 군인, 시민의 생명과 안전을 위해 위험 속으로 뛰어든 경찰관과 소방관이 이에 속한다. 이들 무용영웅은 육체적 위험이 직무와 결합해 탄생한다.

하지만 프랑코 외 2명의 학자가 무용영웅을 직무 또는 직업과 관련될 때로 한정하는 것은 약간 수정이 필요해 보인다. 예를 들어, 무력을 이용해 국가의 자주권을 되찾으려는 독립운동가는 직업과는 상관없지만 거의 항상 육체적 위험에 노출되어 있기 때문이다. 외적의 침입에 맞서 전쟁터를 누빈 강감찬 장군과 이순신 장군, 일제에 무력으로 항거한 안중근 의사나 이봉창 의사 등의 전통적인 호국영웅을 비롯해 6·25전쟁 중 산화한 군인, 재난 등의 응급상황에 능동적으로 대처한 경찰관과 소방대원이 무용영웅의 전형이다.

둘째, 시민영웅은 육체적 위험을 수반한다는 점에서 무용영웅과 비슷하지만, 직무와의 관련성이 없는 일반 시민에 의해 영웅적 행동이 수행된다는 점에서 다르다. 예를 들어, 소방관이 특별한 훈련과 지침에 따라 인명 구조 활동을 벌이는 것과는 대조적으로, 적절한 대응 교육을 받지 못한 대학생이 화재 현장에서 육체적 위험을 감수한 채 인명을 구조하기도 한다. 시민영웅은 과거에는 영웅의 유형으로 인식되지 못했지만, 성숙한 시민 의식을 한층 끌어올려 우리 사회를 살 만한 곳으로 만든다는 점에서 최근에는 가장 많이 사람들의 시선을 끌고 있다. 우리나라에서는 의인(의사자와 의상자)으로도 불리고 있다.

셋째, 사회영웅은 즉각적인 육체적 위험을 수반하지는 않지만, 투옥, 심각한 금전적인 손실, 사회적 지위의 상실, 장기간에 걸친 건강상의 문제, 사회적인 외면, 퇴사, 신용의 소멸, 체포, 가정의 해체와 같은 다른 차원에서의 커다란 위험과 희생이 뒤따를 수 있는 유형이다. 이 유형에서 영웅적 행동은 공동체의 가치나 체제가 위협받는 것으로 판단될 때 실행된다. 어떤 경우, 행위자는 아직은 보편적으로 받아들여지지 않은 새로운 이상을 밀고 나가 공동체의 기준을 새로이 세우거나 보완하려 한다. 예를 들어, 소크라테스는 고귀한 사상과 신념을 위해 기꺼이 죽음을 택하였다. 이들 사회영웅의 행위는 '용기 있는 저항', '이타주의의 수호', '도덕적 반란', '도덕적 용기'로도 불리는 "이상을 좇는 행위"를 가리킨다.

그런데 사회적 이상을 추구하는 행위는 기존 권력 집단이나 가치체계와 이해관계가 다르기 때문에 그들의 입장에서는 종종 일탈적 행위로 간주된다. 흔히 일탈은 도덕적으로 나쁘거나 기껏해야 가치중립적인 행동 정도로 인식되지만, 역사상 중요한 일탈자들 중 일부는 긍정적인 사회 변화를 생산하는 최전방에서 더 정의롭고, 더 공정하며, 더 인간적인 사회를 형성하는 데 기여했다. 이들을 울프와 주커맨 같은 학자들은 '일탈영웅'으로 부르기도 했다.

이들 일탈영웅은 사회통제의 영향에 맞서 부당한 규범과 법에 대항하는 가운데 긍정적인 사회 변화에 크게 영향을 미친다. 우리나라에서는 비폭력 독립운동가로서 유관순 열사 등이 전형적이다. 해외에서는 로자 파크스나 말콤 엑스 같은 흑인인권운동가, 간호사 출신으로 여성의 가족계획 권리를 주장한 마거릿 생어, 천민 출신으로 남성들의 학대와 굴욕에 저항한 인도의 여성 민중영웅 풀란 데비, 브라질의 노동운동가이자 환경운동가인 치코 멘데스, 미국 최초로 성소수자임을 밝히고 정치인의 길을 걸은 하비 밀크, 뉴욕 경찰관으로 경찰의 부패를 세상에 알린 내부 고발자 프랭크 서피코 등이 일탈영웅의 전형이라 하겠다.

사회영웅에게 육체적 위험이 가장 두드러진 특징은 아닐지라도 이들의 행위는 서서히 육체적 위험으로 다가서거나 최종적으로는 육체적 위험을 낳을 수도 있다. 무용영웅과 시민영웅의 행위는 보통은 극적이고 빠르게 일어나며 이들의 행위가 영웅적인지 아닌지에 대한 논쟁을 거의 불러일으키지 않을 뿐만 아니라, 영웅적 행위 이후 살아있게 되면 단기간에 위험이 사라진다. 반면에, 사회영웅의 행위는 이 두 유형보다는 극적이지 않으며 상당히 오랜 시간에 걸쳐 자발적으로 일어나고 희생이 즉각적으로 눈에 띄지 않

프랑코 외의 영웅의 유형

위험 종류	유형	세부 유형	특징
육체적 위험	무용영웅	1. 직무영웅	· 군인 또는 응급 관련 직무 수행자 · 고위험 상황에 반복적 노출 · 직무 범위 초과
	시민영웅	2. 시민영웅	· 직무 관련성 없음
사회적 희생	사회영웅 (일탈영웅)	3. 종교인	· 일생에 걸친 종교적 헌신
		4. 정치참여 종교지도자	· 영적 믿음을 정치적으로 실천
		5. 순교자	· 사회적 부정에 항거 · 생명의 상실
		6. 정치 및 군 지도자	· 재난 및 전쟁 상황에서 국가나 집단 통솔 · 비전 제시 및 공유
		7. 모험가 및 탐험가	· 미지의 세계 탐험
		8. 과학적 (발견) 영웅	· 미지의 과학 영역 탐색 · 가치 있는 과학 지식 발견
		9. 선한 사마리아인 (《다섯 번째 여정》 참조)	· 어려움에 처한 타인에게 도움 최초 제공 · 개입을 꺼리게 하는 상황
		10. 역경 극복자	· 부정적 환경 극복 · 사회적, 도덕적 모델 제시
		11. 조직 내 원칙론자	· 논란 많은 (거대) 조직의 직원 · 강한 압력에도 원칙 고수 · 맹목적 복종 거부
		12. 내부 고발자 (공익제보자)	· 조직 내 불법 및 비윤리 행위 인지와 공개 · 보상 기대하지 않음

은 경우도 상당히 많다. 이런 관점에서 사회영웅은 직접적인 물리적 위험을 동반하는 유형들보다 '더' 영웅적으로 보인다. 세부적으로는 종교인, 정치참여 종교지도자, 순교자, 정치 및 군 지도자, 탐험가, 과학적 발견자, 선한 사마리아인, 장애 또는 역경의 극복자, 거대 조직 내의 원칙론자, 내부 고발자가 사회영웅의 하위유형에 속한다. 프랑코, 블라우, 짐바로도의 분류는 독립운동가를 예로 제시한 것처럼 약간의 수정만 가한다면 거의 모든 영웅을 담아낼 수 있다.

그런데 무수한 영웅들을 몇 가지 유형으로 축약하는 과정에서 두 가지 사실이 눈에 띈다. 첫째로는 아킬레우스나 헤라클레스와 같은 고대의 영웅이나 다른 나라를 정복한 칭기즈칸이나 나폴레옹처럼 아주 오랫동안 사랑받아 온 영웅들이 들어갈 자리가 없다는 점이다. 이들이 영웅의 유형에서 빠진 것은 신화의 인물이 초자연적인 능력을 바탕으로 하기 때문이며, 다른 나라의 영토를 무력으로 침공하는 행위가 침략자의 관점에서는 영웅적일지 모르나 침략당한 나라의 국민들 입장에서는 파국 그 자체이기 때문이다. 그러므로 이들은 우리 시대의 영웅으로는 적합하지 않다. 이런 결과가 일반인들의 기대와 다를 수는 있으나 적어도 영웅을 현대적으로 재정의한다는 관점에서는 불가피하다.

　　두 번째는 군인, 소방관, 경찰관 등이 '자발적으로' 영웅적 행동을 했느냐의 문제이다. 최근, 우리나라의 많은 청년이 경찰관이 되기 위해 경찰공무원 시험에 매진하고 있다. 부사관시험이나 소방공무원시험을 준비하는 청년들도 부지기수다. 이 청년들은 자신들이 선택한 직업이 위험한 직업임을 이미 알고 있다. 이런 직업들은 예외 없이 육체적 위험에 노출되어 있고, 위험이 동반되는 누군가를 보호하는 행위는 그들의 직무이다. 그렇다면 이들이 누군가를 구조하다가 다치거나 사망했다고 영웅으로 부를 수 있겠는가? 그들이 한 행동은 '자발적'이라기보다는 직업이 요구하는 일종의 '의무' 아닌가? 실제로, 부상과 같은 희생 가능성에도 불구하고 위험한 화재 현장에서 인명을 구조한 소방관 대부분은 자신의 일을 했을 뿐이라고 말한다. 비록 이 말이 겸손에서 비롯된 것이긴 해도 분명히 그들이 한 일은 직무 안에 있다. 마찬가지로, 군인은 전쟁 또는 전투를 전제로 존재하며, 간호사 등의 의료진이 코로나바이러스와 같은 감염병 환자를 돌봐야 하는 것은 직무의 일부이다.

그러나 우리는 그들의 직무가 업무로 부여된 것이라는 좁은 관점에서 벗어나 '도덕적 요구'라는 보다 넓은 관점이 존재할 수 있음을 깨달을 필요가 있다. 2001년 9월 11일 알카에다의 테러 공격으로 미국 뉴욕의 세계무역센터는 자욱한 연기로 뒤덮인 채 붕괴 직전의 상황이었다. 한 사진기자가 비상계단을 통해 건물을 빠져나가려는 탈출자들을 뒤로하고 계단을 거슬러 올라가는 어떤 소방관을 발견하고는 "왜 올라가느냐"고 묻자 소방관은 "이것이 나의 일"이라는 한마디를 남긴 채 화염 속으로 사라졌고 이후 붕괴한 건물 잔해 속에서 차가운 시신으로 발견되었다. '자신의 일'이라는 한마디로 그 소방관의 희생적 구조행위를 설명할 수 있을까? 무조건적으로 자신의 생명을 희생하고서라도 타인의 생명을 구하라는 직무 수칙이 있다는 말인가? 붕괴의 위험을 알면서도 불길에 휩싸인 건물 속으로 뛰어드는 소방관의 행위는 분명히 자신의 직무를 뛰어넘고 있다.

이와 같은 소방관의 행위처럼, '직무의 범위를 넘어서는' 도덕적으로 칭찬할만한 행동을 초공(超功, supererogation)이라고 부른다. 초공은 윤리적으로 칭찬할만한 행동이지만 의무가 아니어서 하지 않더라도 비난할 수 없는 행위로 정의할 수 있다. 철학자 데이비드 헤이드는 초공에 대하여 좀 더 구체적으로 의무인 것도 금지된 것도 아니며, 하지 않는 것이 잘못은 아니므로 제재나 비판의 대상이 되지 않을 뿐만 아니라 누군가를 위해 자발적으로 행해진 것이므로 도덕적으로 선한 행동이라고 말한다. 또 다른 철학자는 헤이드와 비슷한 견해를 유지하며 자유의지에 의한 선택, 자기 이익이 아닌 타인을 위한 동기, 행위로 인해 동정이나 심리치료 등을 동반할 만큼의 육체적 위해가 발생하는 것을 초공의 조건으로 제시했다.

초공에 대한 이와 같은 개념은 영웅적 행동과 맞닿아 있다. 직업상의 역할과 의무가 아니라 '도덕적 요구'라는 보다 넓은 의미에서 초공을 해석할 수 있기 때문이다. 따라서 초공은 군인, 경찰관, 소방관 등처럼 직무의 위험성을 내재하고 있는 직업의 특성을 이해하는 단초를 제공한다. 이들 직업은 통상적인 직무의 수행 중에 그 범위를 넘어서는 상황과 마주 대할 가능성이 다른 직업들보

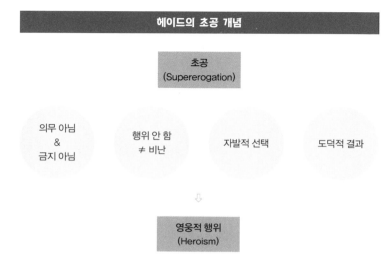

헤이드의 초공 개념

초공
(Supererogation)

| 의무 아님 & 금지 아님 | 행위 안 함 ≠ 비난 | 자발적 선택 | 도덕적 결과 |

⇩

영웅적 행위
(Heroism)

다 월등히 커 초공행위가 일어날 개연성이 상대적으로 크다.

하지만 초공이 영웅적 행동이 아니라는 주장도 있다. 만약 어떤 행위가 선한 것이라면, 그것은 반드시 수행되어야 하는 인간의 보편적인 임무이기 때문에 영웅적 행동이 아니라는 것이다. 빈곤에 찌든 어느 아프리카 국가의 사람들을 돕는다고 생각해 보자. 빈곤을 척결하는 것은 '직무를 넘어서는' 하지 않아도 되는 행위인가, 아니면 인류 모두가 짊어진 의무인가? 완고한 도덕주의자들은 빈곤의 척결을 도덕적 의무로 생각함으로써 당연히 해야 하는 것이지, 칭찬할만한 행동이 아니라고 생각한다.

더 나아가, 이들 도덕론자들은 '상황 논리'를 통해 초공과 영웅적 행동 간의 관계를 부정하기도 한다. 감염병에 걸린 환자를 감염을 이유로 치료를 거절할 수 있을까? 무장하지 않은 경찰관이 흉기를 들고 거리 한복판에서 난동을 부리는 사람을 즉시 제압하지 않고 안전수칙에 따라 소극적인 태도로 일관할 수 있을까? 이들은 그런 '상황'에서는 의사든, 경찰이든 그 상황을 해결하기 위한 행동 외에는 다른 행동을 할 수 없을 것이라고 주장한다. 선택의 여지가 없는 상황이므로 감염병 환자를 치료하고 난동자를 제압하는 것을 '자발적인 행위'로 볼 수 없다는 것이다. 그러므로 초공은 우리 모두가 찬사를 보내는 영웅적 행동과는 관련성이 없으며, 있다고 해도 극히 미미하다는 것이다.

이에 덧붙여, 알프레드 아처라는 학자는 희생이란 행위자에게 선택 가능한 대안적 행동이 존재할 때 적용될 수 있으므로 대안적 행동이 불가능하다면 희생을 수반하는 것으로 간주할 수 없다고 주장하며 초공의 분명한 특징으로 언급되는 희생 또는 희생 가능성에 대하여 의문을 제기하였다. 예를 들어, 부상당한 어떤 병사가 물밀 듯이 밀려오는 적군을 막기 위해 홀로 전쟁터에 남기로 한 전쟁영화 속의 흔한 한 장면을 떠올려 보자. 아처에 의하면, 병사의 행위는 다른 선택의 여지가 없는 '필연'이다. 따라서 희생을 동반하는 초공행위가 아니고 단지 직무 또는 의무라는 것이다.

영웅적 행동의 한 형식으로 초공을 해석하는 것에 대한 이와 같은 반대의 목소리가 있을지라도 초공은 분명히 '자발적인' 도덕적 행위로서 영웅적 행동이다. 초공은 의무와는 일정 거리를 유지한 채 초공과 의무〔직무〕의 경계를 결정지음으로써 의무로서 도덕의 개념을 확장하고 있기 때문이다. 인간이 절대적 기준으로서의 도덕만으로 삶을 이어갈 수 있을까? 이들 도덕론자의 주장을 그대로 받아들인다면 신화 속에서나 등장할 법한 성인군자만이 이 세상에 존재해야 한다. 따라서 초공은 의무로서 도덕과는 구분되어야 하며 우리의 정신을 한층 드높이는 영웅적 행동으로 간주되어야 한다.

상황이 행동을 결정한다는 상황주의적 관점에서 초공 행위가 영웅적 행동이 아니라는 주장 또한 설득력이 약하다. 예를 들어, 화재 현장에 있던 모든 사람이 붕괴 직전의 건물로 뛰어드는 소방관처럼 행동하는 것은 아니기 때문이다. 그 상황 속에는 안타까워하면서도 그냥 지켜만 보는 사람들도 있다. 그 소방관도 다른 소방관들처럼, 구경꾼들처럼, 때로는 방관자들처럼 건물로 뛰어 들어가지 않아도 되는 '다른 선택'이 있다. 초공 행위자들은 비록 상황에 의해 어쩔 수 없이 행동했더라도 타인의 고통을 목격하는 순간 본능적으로 반응했고, 이런 행위는 분명히 그들을 다른 사람들과 구별케 한다. 상황 논리에 공감하는 일부 도덕주의자들이 초공에서 도덕성은 폐기되어야 한다고 주장하지만, 초공 행위자의 인간에 대한 깊은 애정은 초공을 도덕 행위로 해석할 수 있게 하며, 이는 결과적으로 영웅적 행동과 다르지 않다.

초공은 사람들이 생각하는 의무의 개념을 한 단계 상향하는 효과를 가져오기도 한다. 영웅은 우리에게 희생이 정확하게 무엇인지를 들여다볼 수 있는 어떤 특별한 통찰력을 제공한다. 이런 통찰력은 영웅의 희생 행위가 최종적으로는 사회에 긍정적으로 영향을 미칠 것이라는 혜안과도 같다. 영웅의 초공은 직무 또는 의무와 도덕 간의 경계를 한층 느슨하게 만듦으로써 그 행위가 도덕적 의무로 발전할 수 있도록 만든다. 초공은 우리가 이성적으로 우리 자신에게 요구할 수 있는 것보다 더 높은, 더 나아가 우리 자신이라면 할 수 없었을 도덕적 행위가 존재할 수 있음을 깨닫게 하는 이유인 셈이다.

하지만 전쟁이나 최근의 코로나바이러스 창궐과 같은 재난 또는 응급 사태가 발생하면, 전문적 행동과 영웅적 행동은 혼동되어 때에 따라 무차별적으로 합체되는 경향을 보인다. 모든 군인, 소방관, 경찰관, 의료진이 영웅일 수는 없다. 모든 재난 전문가들은 직무의 특성상 영웅이 될 수 있는 잠재력이 있을 뿐이다. 따라서 이들 중 누가 영웅인지를 밝혀내는 기준으로 초공이 필요하다. 초공은 직무상의 행동과 영웅적 행동을 구별하는 유용한 도구일 뿐만 아니라 자칫 묻혀버릴 재난 전문가들의 영웅적 행동을 돋보이게 하는 기준으로도 유용하다. 그들의 영웅적 행동을 당연히 해야 하는 직무라는 잘못된 인식으로부터 구해낼 수 있기 때문이다.

거침없이 화염 속으로 뛰어드는 40대 소방관, 부상 속에서도 동료 병사의 퇴로를 확보하기 위해 전선에 홀로 남기로 결정한 20대 병사, 거리에서 예리한 흉기를 휘두르고 있는 범죄자를 온몸으로 막아서는 50대 경찰관, 기아와 질병으로 얼룩진 모래사막 한가운데를 삶의 터전으로 삼은 30대 간호사. 이들을 '직무'라는 무미건조한 말 속에 그냥 넣어버릴 수 있을까? 영웅적 행동으로서 초공의 개념을 부정하는 사람들이 있을지라도 직무를 넘어서 행동하는 이들이 아니라면 누가 영웅일 수 있겠는가?

지금까지 영웅의 정의와 유형을 살펴보았다. 하지만 영웅인 듯, 아닌 듯한 유형의 사람들도 있는데, 이들을 짚고 넘어가자.

성인, 현인(현자), 롤 모델, 스포츠 스타 등은 사회나 개인에게 영향을 미친다는 점 때문에 종종 영웅이라는 용어로 설명되기도 한다. 긍정적이든, 부정적이든 사회에 미치는 영향력만으로 개인을 평가하게 되면 사실상 이들 용어를 구분하는 것은 상당히 어려운 문제이다. 예를 들어, 패색이 짙은 야구경기에서 홈런 한 방으로 전세를 뒤집은 타자는 동료 선수와 관계자, 팬들에게는 영웅이다. 하지만 상대 팀이나 야구에 흥미가 없는 다른 일반인들에게 똑같은 생각을 기대할 수는 없다. 결론부터 말하면, 성인, 현인, 롤 모델, 지도자(리더)가 특정 개인이나 집단에 의해 영웅으로 칭송될 수는 있어도 이들 모두를 영웅으로 부를 수는 없다. 이들이 진정한 의미에서 현대적 영웅에 해당하지 않는다 하더라도 실망할 이유는 없다. 성인의 예에서 보듯이, 이들은 나름의 가치를 갖고 있기 때문이다.

유사 영웅의 첫 사례로 성인을 들 수 있다. 2001년 일본에서 유학 중이던 고려대생 이수현은 지하철 선로에 떨어진 일본인 취객을 구하기 위해 서슴없이 선로로 몸을 던졌지만 안타깝게도 취객과 함께 목숨을 잃었다. 또한 영화 〈쉰들러 리스트〉(1993)로 우리나라에도 알려진 유태인들의 영웅 오스카 쉰들러는 2차 세계대전 시기에 나치로부터 유태인 노동자들을 구하기 위해 엄청난 위험을 감수했다. 쉰들러의 아내는 한 인터뷰에서 그가 전쟁 전에는 고결한 삶을 살지도 않았으며 전쟁 이후에도 특별히 영웅적 행동을 하지는 않았다고 말한다. 우리는 이들을 영웅이라 칭하지만 성인(또는 성자)이라고는 하지 않는다. 영웅이 되는 것은 경우에 따라 한 번의 영웅적 행동만으로도 충분한 반면에, 성인이 되는 것은 일생에 걸쳐 신뢰할만한 동기와 그것을 실천하는 행동 패턴을 요구한다. 이수현이 안타까운 죽음으로 삶을 마감함으로써 이후의 삶의 궤적을 추적할 수는 없어도, 쉰들러의 사례에서처럼 영웅이 영웅적 행동 이후에 더 보편적인 성인다운 고결성으로 자신의 삶을 바꾼다고 말할 수는 없을 것이다.

우리는 도덕적으로 행동하는 사람, 즉 영웅도 칭송하지만 도덕으로 인도하는 사람들 또한 칭송한다. '성'(聖)은 종교계에서는 세속과 대비되는 개념으로 인식되며 성인은 온갖 시련 속에서도 종교적 신념 또는 교리를 실천하는 종교인의 성격이 짙다. 성인에 대한 동양에서의 전통적인 관념은 도덕과 지혜와의 관련성 속에서 정의되는 현인(또는 현자)으로서의 측면이 강하다. 관념상의 차이가 무엇이든 간에, 성인은 도덕적 이해가 비상하게 높은 일종의 도덕 전문가로서 선생님, 철학자, 의례에 정통한 자, 지식의 보고, 도덕의 안내자라는 역할을 하며 대우주와 소우주 사이에서 일어나는 변화와 관계를 중재한다. 용기, 물리적 또는 사회적 희생 등 가시적 특성이 강한 영웅과는 달리, 성인은 도덕과 지혜의 측면이 강조된다.

현인은 도덕과 지혜가 뛰어나다는 측면에서 성인과 닮았다. 그렇지만 성인이 사람들을 도덕적으로 인도하는 것과는 달리, 현인은 도덕의 안내자 역할을 할 수도, 그렇지 않을 수도 있다. 왜냐하면 대부분의 현인은 사회와는 일정 수준 거리를 유지한 채 은둔자로서 주로 지혜에 집중하는 양상을 보이고 있기 때문이다. 현인은 특정 사안에 대한 혜안을 제공해 줄 수는 있어도 우리가, 우리 사회가 올바르게 행동하도록 만드는 동기 또는 자극에는 크게 관심을 갖는 것처럼 보이지는 않는다.

영웅은 우리 모두가 이수현이나 쉰들러가 처한 같은 상황에 있었더라도 그들이 한 것과 같은 옳은 행동을 할 수 없었을 '예외적인' 사람이며, 성인은 도덕이 실천되도록 항상 동기를 부여하는 사람이고, 현인은 사리 분별이 뛰어난 지혜의 전문가이다.

두 번째 유사 영웅은 롤 모델이다. 〈케임브리지 영어사전〉은 롤 모델을 "존경하며 행동을 본받고 싶은 사람"으로 정의한다. 롤 모델은 사람들에게, 특히 어린이와 청소년에게 진실성, 낙관성, 희망, 결단력, 연민과 같은 친사회적 특징들을 보여줌으로써 개인의 긍정적 발전에 중요한 역할을 한다. 그러므로 개인에게 잠재력을 일깨우는 사람 누구나 롤 모델이 될 수 있다. 그런 의미에서 최고의 직업, 엄청난 사회적 영향력, 이름에 걸맞은 명성은 없을지라도 일상에서 흔하게 마주할 수 있는 교육자, 시민지도자, 어머니, 아버지, 종교인, 일반 시민도 롤 모델일 수 있다. 롤 모델이 개인의 심리에 긍정적인 영향 또는 변화를 이끌어내는 사람일 수 있다는 점은 영웅과 공통분모라 하겠다.

　미국의 심리학자 마릴린 프라이스미첼은 롤 모델의 속성을 마음을 움직이게 하는 열정과 능력, 분명한 가치관, 공동체에의 헌신, 자신과 다를 수 있는 타인의 수용, 역경의 극복이라는 다섯 가지로 설명한다. 그렇지만 이런 속성들 전부가 한 사람의 롤 모델 속에 존재하는 것은 아니다. 롤 모델이라고 생각되는 인물들을 분석해보면 이런 속성들이 개별적으로, 때에 따라서는 여럿으로 중복해서 드러나고 있음이 밝혀진다. 그렇기 때문에 프라이스미첼이 주장하는 롤 모델은 개인에 따라 상당한 편차를 드러내며, 심지어 개인은 자신의 삶의 단면들 속에 각각 다른 롤 모델을 갖기도 한다. 예를 들어, 어떤 직장인은 어떤 상사를 업무의 측면에서 롤 모델로 여기지만 같은 직장의 동료는 다른 상사를 롤 모델로 삼을 수 있으며, 가정과 같은 다른 공간에서의 삶에서는 다른 롤 모델이 있을 수 있다.

　롤 모델의 특징은 외형상 영웅의 특징과 상당 부분 중첩되는 것처럼 보인다. 그럼에도 불구하고 롤 모델과 영웅은 상당한 차이가 있는데, 대표적으로는 보편성의 문제가 그것이다. 어떤 사람의 롤 모델이 다른 사람들에게도 똑같이 롤 모델이 되는 것은 아니다. 물론 개인에게는 롤 모델처럼 남과 다른 '나만의' 영웅이 존재한다. 하지만 '나만의' 영웅이라 하더라도 다른 사람이나 사회에 영향을 미칠 수 있다면, 즉 보편적이라면 타인에게도 영웅이라는 인식이 가능해진다. 롤 모델의 경우에는 어떤 학생이 공부 잘하는 모범생을 롤 모델로 삼는다고 해도 다른 학생들이 그 학생이 주장하는 롤 모델을 롤 모델의 전형으로 생각하지 않을 수 있다. 이처럼 개인의 롤 모델은 종종 다른 사람들로부터 보편적 가치를 인정받지 못하는 경우가 일어난다. 영웅이 개인뿐만 아니라 사회에 보편적으로 영향을 미치는 인물이라면, 롤 모델은 사회보다는 개인에게 훨씬 더 많은 영향을 미친다. 그러므로 영웅을 롤 모델로 삼을 수는 있어도 개인의 삶의 본보기로서 롤 모델을 영웅이라고 부르는 데에는 한계가 있다.

세 번째 유사 영웅으로는 스타가 있다. 스타는 어두운 밤하늘에 떠 있는 반짝이는 별이 특정 분야에서 특별한 재능을 가진 사람이나 유명인을 가리키는 말로 변화된 표현이다. 보통은 대중적으로 인기가 많은 인물을 지칭하고 있는데, 주로 배우, 가수, 운동선수, 모델 등이 대다수를 차지하고 있으며 '스타 교수'나 '스타 의사'처럼 전문직 앞에 일종의 수식어로 사용되기도 한다.

스타가 대중적인 영향력을 행사하고 있는 점에서는 어느 정도 영웅과 비슷한 맥락에 위치하고 있고, 그런 이유 때문에 일부에서는 스타와 영웅을 특별한 구분 없이 사용하기도 한다. 스포츠 분야가 대표적이다. 안용규와 이택균의 연구에 의하면, 사람들은 일상 언어로 스포츠 '영웅'과 스포츠 '스타'를 개념상 구별하지 않고 무분별하게 사용하거나 비슷한 의미로 이해하고 있다고 한다. 실제로 '스포츠 스타'와 '스포츠 영웅'을 인터넷에서 검색하면 비슷한 결과물을 얻을 수 있다.

대한체육회는 2011년부터 매년 스포츠 영웅을 선정하여 발표하고 있다. "스포츠 강국을 유지하는 데 견인차 역할을 하고, 국민에게 기쁨을, 그리고 세계 속에 국위를 선양"하는 것이 스포츠 영웅의 선정 기준이다. 이 기준을 따라 매해 손기정(마라톤)·김성집(역도), 서윤복(마라톤), 민관식(체육계 인사), 양정모(레슬링)·박신자(농구)·김운용(체육계 인사), 김연아(피겨스케이팅), 차범근(축구), 김일(프로레슬링)·김진호(양궁) 등이 스프츠계의 영웅으로 선정되었다. 하지만 이 수상자들의 면면을 면밀하게 따져보면, 사실상 손기정을 비롯한 한두 명을 제외하면 영웅이라기보다는 체육계의 '롤 모델'에 가깝다. 왜냐하면 이들의 '영웅적 행위' 속에는 대부분 '사람이나 사회(적 이상)의 보호'나 '외적 이익 기대하지 않음' 그리고 '위험이나 희생의 사전 인지'가 결여된 채 체육계의 발전이라는 실용적 측면이 더 크게 강조되고 있기 때문이다.

스타는 사회적 영향력을 행사한다는 점을 제외하면 영웅과는 상당한 거리를 유지한다. 우리가 어떤 교수나 의사를 '스타 교수'나 '스타 의사'라고 칭할 때에는 전문가로서 해당 분야의 뛰어난 연구 성과보다는 '유명하다'는 점이 더 크게 작용한다. 더 나아가 스타는 문화산업 속에서 하나의 상품으로서 가치가 규정되고, 그 가치는 수요와 공급의 변동에 따라 변화한다. 다시 말해 이익이나 이윤과 같은 경제적 가치가 스타와는 불가분의 관계에 놓여 있는 것이다. 영웅에게 도덕성과 같은 인간 정신의 고결성이 강조되고 있다면, 스타는 일반적으로 상업성이 그 기저에 자리한다. 최근에 회자되는 케이팝그룹 BTS의 병역면제 논란에는 이러한 배경이 깔려 있다.

마지막 유사 영웅으로는 지도자를 들 수 있다. 공동의 목적을 성취하기 위해 집단을 이끄는 사람으로서 지도자는 사람들을 자극하고 미래의 비전을 제시한다는 점에서 종종 영웅의 관점에서 설명되기도 한다. 일군의 서양 학자들이 지도자가 어떤 점에서 영웅적 요소를 지니며 또 어떤 점에서 영웅과 구별되는지를 파악하기 위해 242명의 성인(18세~66세)을 대상으로 연구를 진행한 바 있다. 이들 학자는 함양(enhancing), 도덕의 구현(moral modeling), 보호(protecting)라는 세 가지 측면에서 연구를 수행하였는데, 영웅과 지도자는 함양과 도덕의 구현에 있어서 공통적이었지만 보호의 기능에 있어서는 지도자가 영웅보다 현저하게 부족하다는 점을 발견했다.

간디나 만델라는 정치지도자로서 분명히 영웅의 범주 속에 놓여 있다. 그들의 정치적 행보는 사람들을 인도하고 자극할 뿐만 아니라 궁극적으로 국민을 정치적 억압으로부터 '보호'하려는 데서 출발한다. 그렇지만 소수의 정치지도자를 제외하면 지도자 대부분은 '보호'의 기능보다는 집단의 목표에 더 많이 집중하는 양상을 보인다. 기업의 지도자는 기업의 성장과 이익에, 스포츠 지도자는 경기에서의 승리에 더 많은 관심이 있으며, 이들이 집단을 이끌어가는 방식 또한 집단의 목표와 맞닿아 있다. 목표의 달성이 집단의 이익에 기여할 수는 있어도 그 자체만으로는 영웅적 행동이라고 평가하기 어려운 경우가 허다하다. 영웅은 세상이나 사람을 돕고 보호하는 가운데 더 좋은 사회를 구현하며 다른 사람이 하지 못할 것 같은 일을 해내지만, 지도자는 집단 내 사람들을 인도하고 동기를 부여하는 힘에 있어서 탁월하다.

영웅은
왜 소중한가

밥도둑이라는 별칭이 따라다닐 정도로 우리 식생활에서 빼놓을 수 없는 것이 '게'다. 보통 게는 우리네 밥상에 오르는 귀한 식재료의 하나로 간주될 뿐만 아니라 서양에서는 예민하고 까다로운 사람에게 '게 같다'라고 표현한다. 특히 이놈들의 습성이 이기적이고 심통 맞은 점이 있기 때문에 '양동이 속 게 증후군'(crab bucket syndrome)이라는 흥미로운 용어도 생겨났다. '양동이 속 게 증후군'은 양동이에 수십 마리의 게를 넣어두면 서로 양동이를 벗어나려고 발버둥 치다 그중 한 놈이 가까스로 탈출할 듯 보이면 나머지 놈들이 모두 달려들어 집게발로 낚아채 버리는 데서 유래한다. 가까스로 양동이를 벗어날 뻔한 그 가엾은 게는 다시 바닥으로 굴러 떨어지고…. 이런 심술 맞은 동료들 덕분에 양동이 속 게들은 단 한 마리도 탈출하지 못한 채 결국 삶아지거나 장 담가져 우리 밥상에 오르는 운명을 맞이하게 된다. 수십 마리가 아니라 수백, 수천 마리의 게를 관찰해도 이 같은 '발목잡기'는 결코 바뀌지 않는다고 한다. 그야말로 '너 죽고 나 죽자'는 꼴이다. 심리학에서는 남 잘되는 꼴을 보지 못해 모두 망하게 하는 게들의 이런 습성을 인간 심리에 은유적으로 적용해 '양동이 속 게 증후군' 또는 '크랩 멘탈리티(crab mentality, 게 정신, 게 심리)라고 하는 것이다.

　깎아내리기, 비난, 기죽임, 거친 말, 불친절 등의 수법을 동원해 다른 사람의 성공을 방해하는 사람들을 우리 주변에서 심심치 않게 목격할 수 있다. 누군가가 성공해 마치 언덕 위의 왕처럼 자신을 내려다보는 것이 싫어서일까? 어떤 학자는 이런 행동이 빚어지는 것이 자기 이익과 기회주의, 때로는 조직적인 반대와 한정된 자원 속에서 성공하려는 욕망 때문이라고 말한다. 또 어떤 이는 현재 상황의 불인정, 핑계, 두려움, 걱정, 교육의 부족, 동기와 열정 및 희망의 결여, 부정적인 사고와 행동이라는 인간의 일반적인 성향이 작용한 결과라고 설명하기도 한다. 그 이유가 무엇이든, '양동이 속 게 증후군'은 인간의 어두운 일면을 반영한다.

　친구 중 한 명이 전액 장학금과 심지어 생활비 보조까지 받고 미국의 명문대학에 입학하게 되었다고 가정해보자. 나는 학비 때문에 대학 진학조차 유보해야 할 상황이라면 그런 친구를 진심 어린 마음으로 축하해 줄 수 있을까? 혹시 그 친구의 성공을 부유한 환경이 가져다준 온갖 혜택 때문이라고 생각하지는 않을까? 또 나도 열심히 공부하고 근면하게 살아왔는데 왜 그 친구에게만 그런 '행운'이 생기냐며 불공정한 세상을 탓하지는 않을까? 비록 부유한 환경이 일부 작용했을지라도 그 친구가 성공한 진짜 원인이 자기 자신을 채찍질하며 부단히 노력한 결과라는 사실을 알면서도 그런 이유를 애써 외면하지는 않을까? 이와 같은 생각이 약간의 위안을 줄 수 있을지는 몰라도 결국은 분노, 실망, 자포자기와 같은 부정적 감정만을 낳을 뿐이라는 것을 우리 모두는 너무나 잘 알고 있다.

양동이 속 게들처럼, 남의 성공을 시기하는 것이 비단 개인과 관련된 상황에서만 발생하는 것은 아니다. 우리나라의 정치를 한 번 생각해보자. 어떤 한 정당이 국민을 위해 제대로 된 법안을 발의하더라도 반대편에 서 있는 정당이 비판만 할 뿐 수용을 거부한 사례는 셀 수도 없다. 상대 정당이 국민적 지지를 얻는 게 싫기 때문이다. 좋은 취지에도 일부 부족한 내용이 있다면 서로 얼굴을 맞대고 상의하는 모습은 특별한 경우가 아니라면 좀처럼 보기 어려운 게 우리 정치의 민낯일지도 모른다. 대중선거를 염두에 둔 고도의 정치공학이라고 부끄러우나마 포장할 수도 있지만, 오늘날 정치현실을 보면 꼭 그런 것 같지는 않다. 사실, '게' 심리는 우리 사회 곳곳에 아주 깊숙이 스며들어 있다.

어쩌면 이런 심리는 태어날 때부터 인간의 내면에 자리한 어두운 그림자일 수 있다. 그 어두운 음영이 개인에게만 영향을 미치고 있다면 그래도 어느 정도는 괜찮다. '양동이 속 게 증후군'이 정말 문제가 되는 것은 공멸하는 경우이다. 감정은 한 개인에게만 머무는 것이 아니라 다른 개인에게도 무의식적으로 전달되기 때문이다. 정신분석학자 지그문트 프로이트는 인간의 감정들이 부모에 대한 애정 또는 증오의 무의식적 표현이라고 믿었다. 감정의 원인이 부모에게서 비롯된다는 프로이트의 주장에 완전히 동의할 수는 없지만 적어도 인간이 스스로에 대해 악마화할 가능성이 있으며 그것이 다른 누군가에게 전이될 수 있음은 충분히 가능하다는 데 동의한다. 그 결과는 공멸이다.

공멸을 가져오는 또 다른 원인 중 하나는 어떤 집단이나 사회 내에서 벌어지는 권력 다툼이다. 기업에 경영진과 이들의 지휘와 감독을 받는 사원들이 있는 것처럼, 한 집단 속에는 힘을 가진 소규모의 지배집단과 그 아래 다수로 구성된 종속 또는 피지배 집단이 있기 마련이다. 그런데 일반사원들은 권력으로 작동하는 많은 권한을 가진 CEO나 이사들이 자신들의 능력과 자질을 과소평가할뿐더러 자신들이 경영진이 되는 것은 현실적으로 불가능하다고 느끼는 경우도 종종 있다. 이런 태도가 고착하게 되면 일반사원들에게 경멸과 자부심 결여 및 낮은 자존감으로 이어져 자기 자신에 대하여 열등감을 갖게 된다. 그런데 이들은 이상하게도 해결책을 찾기보다는 경영진에게 잘 보이기 위해 동료를 경계하고 비방하며 심한 경우 폭력까지도 행사한다. 이와 같은 행동 방식을 '억압집단 행동'(oppressed group behavior)이라고 부른다.

앞의 사원들처럼 피지배집단으로서 억압집단에 속한 사람들은 강자로부터 인정을 받는 것이 성공하는 것이라고 여긴다. 그래서 그들은 고착화한 권력 관계를 개선하고 조직 문화를 변화시키기보다는 자신의 모습을 변화시켜 같은 처지의 동료들에게 자신의 작은 권한(권력)을 때로는 무자비하게 행사한다. 이때 강자들이 지배를 더욱 공고히 할 목적으로 자신들을 지지하는 사람들에게 보상으로 작은 권력과 지위를 제공하기라도 하면, 억압집단의 리더는 그것을 유지하기 위해 동료들을 더욱 거칠게 밀어붙인다. 그런 가운데, 권력이 없는 대부분의 사람들은 두려움과 낮은 자존감 속에서 복종적인 태도를 내면화해 침묵하고 자신의 요구를 표현할 수 없게 된다. 이런 현상이 어떤 조직 내에서 일어나게 되면, 권력 하단의 억압집단은 단결의식과 응집력을 상실함으로써 자신들의 상황을 개선할 힘을 잃게 되며, 조직 전체로도 발전은 멀어지게 된다. 양동이 속 게들이 그랬던 것처럼, 이 사람들이 공멸할 것임은 불을 보듯 뻔하다.

모든 게가 양동이를 탈출할 수는 없을까? 이것이 누군가의 영웅적 행동이 절실히 필요한 이유이자 영웅이 우리에게, 우리 사회에 소중한 단적인 이유다. 영웅이 걸었던 길은 우리 자신의 자기중심적 사고 패턴을 뛰어넘어 더 넓은 목표에 이르도록 각성시킨다. 그리고 영웅의 영웅적 행동은 긍정적 감정을 타인과 사회에 전이시킨다. 힘겹게 탈출하려는 게 밑에서 다른 어떤 게가 디딤돌이 되어준다면 그 행동은 다른 게들에게 전파될 수 있고, 이것이 어쩌면 모든 게가 탈출할 수 있는 유일한 방법일지도 모른다. 다른 게들의 디딤돌이 되어주는 게가 영웅이며, 그런 게가 도처에 있을 때 우리 사회는 살기 좋은 곳으로 변화한다.

1961년 7월, 예일 대학의 스탠리 밀그램 교수는 독일 나치 전범 아돌프 아이히만의 재판을 계기로 복종에 관한 일련의 심리학적 실험을 진행했다. 처음 그의 실험 동기는 아이히만과 수많은 공범이 명령이라는 조건에만 의지한 채 어떻게 수백만 명의 유태인을 학살할 수 있었는지, 그리고 100만 명에 달하는 학살 참여자들을 모두 공범이라고 부를 수 있는지를 밝혀내려는 것이었다. 밀그램 교수의 실험은 악의 심리학을 이해하는 계기가 되었고, 그 실험을 통해 인간이 악한 면모로 변화할 수 있다는 것이 그다지 드문 현상이 아니라는 점을 이해하게 되었다. 다시 말해, 어떤 조건과 사회적 압력이 주어지게 되면 평범한 인간이라도 누구나가 평소에는 생각할 수 없었을 행동을 범할 수 있다는 소위 '악의 일상성'에 대한 개념이 싹트기 시작했다.

밀그램 교수는 실험참가자 40명을 모집한 후 그들에게 교사의 처벌이 기억력에 미치는 영향을 조사하기 위한 실험이라고 실험 목적을 설명했고 실험 참여 정도와 관계없이 일정한 보수를 받게 될 것이라고 덧붙였다. 실험참가자들은 '교사'의 역할이 부여되었고, '학습자'는 밀그램 교수가 동원한 배우와 학생들이지만 실험참가자들에게는 그들과 같은 실험참가자라고 설명했다. '학습자'가 질문에 대하여 오답을 말하게 되면 '교사'가 전기충격을 가하는 방식으로 실험이 진행되었다. 물론 전기충격은 실제가 아니어서 '학습자'는 전기충격이 가해질 때마다 고통을 느끼는 척 행동할 뿐 실제로는 어떠한 고통도 없었지만 '교사' 역할을 맡은 실험참가자들은 학습자가 느끼는 고통이 진짜라고 믿도록 실험이 고안되었다.

밀그램 교수는 '학습자'가 오답을 거듭할 때마다 이에 상응하여 전기충격의 강도를 높이도록 '교사' 역할의 실험참가자들에게 요구했고, 또한 학습자들이 비명이나 애원을 하더라도 이를 무시하라고 지시했다. 실험실 가운을 입은 실험주관자들이 압박을 가하자 실험참가자 대부분은 살상 수준인 300볼트에 다다를 때까지도 전기충격을 멈추지 않았고, 충격적이게도 40명 중 26명이 최대 450볼트로 설계된 전기충격기를 한계치까지 올렸다. 대략 3분의 1만이 다른 참여자에게 고통스러운 전기충격을 계속 가하라는 명령에 저항했을 뿐이다. 이 실험을 통해 밀그램 교수는 단순히 자신의 일을 수행하며 특별한 적대적 감정이 없는 평범한 사람들이라도 파괴적인 행위에 동참할 수 있으며 권위의 명령이 부당하더라도 저항하지 않고 복종한다는 사실을 알게 되었다.

　이와 같은 '악의 일상성' 개념은 1971년 스탠퍼드 대학의 필립 짐바르도의 이른바 '스탠퍼드 가상 교도소 실험'(Stanford Prison Experiment)을 통해서도 어느 정도 입증되었다. 짐바르도 교수는 신문광고로 대부분 중산층 백인인 24명의 학생들을 모집해 무작위로 '수형자'(12명)와 '교도관'(12명)으로 분류한 후 약 2주 동안 스탠퍼드 대학 내에 설치한 가상 교도소에 투입했다. 실험의 사실성을 높일 목적으로 (현재로서는 상상할 수 없지만) 관내 경찰서의 도움을 받아 '수형자'는 각자 진짜 경찰관에 의해 자택에서 체포되어 경찰서에서 지문 채취 및 머그샷(범죄자 상반신 사진) 촬영 후 스탠퍼드 대학의 교도소에 입감되었고, 그곳에서 알몸 수색 이후 수형자 옷으로 갈아입고 진짜 교도소처럼 호실이 적혀있는 감방에 수감되었다. 실험의 사실성을 높이기 위해 마찬가지로 교도관 역할이 부여된 실험참가자들에게는 카키색 제복, 선글라스, 곤봉, 그리고 수형자들과 분리된 주거 및 편의 공간을 제공했다.

스탠퍼드 대학의 실험주관자들은 실험 전날 '교도관'을 위한 오리엔테이션을 열었는데, 그 자리에서 교도관들은 수형자들에게 육체적 위해를 가해서는 안 되며 단지 완전히 통제되고 있다는 생각만을 심어줄 것을 요구받았다. 실험 2일째, 실험 설계에 따라 1호 감방의 수형자들이 문을 침대로 봉쇄하며 교도관의 지시에 불응했다. 그런데 이들 교도관 역할의 실험참가자들은 처음 오리엔테이션에서 짐바르도 교수가 지시한 내용과는 다르게 행동하기 시작했다. 교도관들은 비번까지 합세하여 난동을 무력으로 진압하려 들었던 것이다. 그들은 연구 주관자들의 감독이나 허락도 없이 소화기로 수형자들을 잇달아 공격했고, 난동에 참여하지 않는 수형자들에게는 질 좋은 식사와 같은 특별한 보상책을 임의로 제공하기로 결정하기도 했다.

교도관들의 무력 제압에 충격을 받은 한 수형자는 비명을 지르고 욕을 하는 등 통제가 불가능한 것처럼 보이는 분노 상태에 빠져 부득이 감방에서 내보내 실험에서 제외할 수밖에 없었다. 교도관들의 통제 방식은 강압의 강도를 높여갔다. 예를 들어, 지시에 불응하는 수형자에게는 감방 내의 양동이에 소변을 보게 하였고 그 양동이를 비우는 것조차 허락하지 않았으며 심지어 침대 매트리스를 빼앗아버리거나 의복마저 벗겨 알몸으로 지내게 했다. 그런 가운데 수형자들은 점점 더 수동적으로 변해가며 극심한 스트레스 속에서 우울감이 심각해졌다. 교도관과 수형자의 이런 행동 양상이 당초 실험 설계를 크게 벗어나 통제할 수 없다고 판단한 짐바르도 교수는 2주 동안 진행하려던 실험을 결국 6일 만에 중단했다.

　짐바르도 교수는 이런 현상에 대하여 개인의 인격적 특성보다는 가상의 교도소라는 '상황'이 실험참가자들의 행동에 영향을 미친 것으로 해석하였다. 그의 주장처럼, 밀그램 교수의 실험 결과와 마찬가지로 어떤 조건과 사회적 압력이라는 특정한 상황 속에서는 평범한 개인도 악해질 수 있다는 '악의 일상성'은 어떤 의미에서는 인간의 보편적 현상일지도 모른다. 우리는 선과 악이 경계가 분명해 상호 간의 침투가 불가능하기를 바란다. 살인, 반란, 납치와 같은 끔찍한 일을 저지르는 사람들은 악의 편에 서 있고 나머지 우리는 반대편에 서 있지만 그 경계가 분명해 서로 넘어갈 수 없기를 기대한다. 하지만 밀그램 연구와 스탠퍼드 가상 교도소 실험은 그 경계의 허약함을 드러냈다. 단지 상황이 그 경계를 건너도록 강요하거나 유혹하지 않기 때문에 사람들은 선한 편에 서 있을 수 있을 뿐이다.

　프랑코와 짐바르도는 더 나아가 행동이 필요할 때 행동하지 않는 잘못 또한 악의 일상성에 기여한다고 주장했다. 타인에게 고통을 안기는 행위만이 우리 사회의 악을 의미하지는 않는 것이다. 나치 독일이나 이라크 전범 교도소에 무슨 일이 일어나고 있는지를 알면서도 그곳의 많은 사람은 아무 말도 하지 않았다. 부당하게 학대하고 구타하며 죽음에 이르게 하는 고문에 직접 참여하지는 않았어도 그런 행위를 목격했을 때 잘못임을 지적하며 중단을 요구한 사람은 거의 없었다.

우리는 이런 특별한 상황이 아니더라도 일상적으로 행해지는 다양한 종류의 악한 행동을 목격한다. 언론을 통해 보도되는 범죄는 아니더라도 우리가 걷는 길에서, 또 우리가 생활하는 직장이나 학교에서 부당하게 자행되는 행동들을 보게 된다. 골목 한 귀퉁이에서 앳된 여러 명의 청소년이 한 학생을 괴롭히는 모습을 본 적이 있는가? 성희롱하는 직장 상사나 업무 능력이 떨어진다며 동료를 따돌림 하는 직원들을 본 적이 있는가? 아무도 없는 한밤중 거리에서 신호를 위반한 차량이 사람을 치고 뺑소니한 것을 본 적이 있는가? 본 적이 있다면 그때 어떻게 행동했는가? 애써 외면하지 않았기를 바랄 뿐이다. 왜냐하면 이런 묵인이 악이 계속해서 번성하게 하는 토양이기 때문이다. 사실상 방관자야말로 악의 일상성을 키우는 중요한 원인이다.

올바른 마음가짐과 조건이 부여된다면 어느 누구라도 영웅적 행동을 수행하는 것이 가능하지 않을까? '악의 일상성'이 있다면 '영웅적 행동의 일상성'도 있지 않을까? 악이 일상화된 현실은 영웅적 행동을 그리워하게 만들고 영웅의 광범위한 사회적 유통을 통해 악의 일상성과 비례하여 '영웅적 행동의 일상성'이라는 결과를 도출할 수도 있다. 프랑코와 짐바르도는 '악의 일상성'을 바탕으로

'영웅적 행동의 일상성'을 개념으로 정립하여 영웅과 영웅적 행동이 사회 속으로 충분히 확산할 수 있는 발판을 마련했다.

　　영웅적 행동의 일상성이라는 개념은 모든 평범한 사람이 영웅적 행동을 수행할 수 있는 "잠재적" 또는 "대기 중인" 영웅이며 영웅적 행동은 선택받은 소수의 사람만이 드물게 지닌 특성이라기보다는 인간 본성의 보편적 특성이라는 데에 기반을 둔다. 이 개념을 축약하면, 영웅적 행동은 모든 사람이 행할 수 있는 어떤 것으로, 심지어 모범적 삶을 살지 못했던 사람이라도 특정 순간에는 영웅적으로 행동할 수 있다는 것이다. 범죄자였던 어떤 사람이 응급사태에 직면해 타인을 구조한 많은 사례가 보여주듯, 이 시대를 살아가는 모든 사람이 올바르고 정의로운 일을 위해 의연하게 일어서 부정부패와 같은 악과 맞서 싸우는 영웅적 행동을 수행할 수 있다는 게 이 개념의 요지이다.

　　프랑코와 짐바르도에 의하면, '영웅적 행동의 일상성' 개념은 두 가지 기본적인 인간의 성향을 기초로 하는 '특별히 선택받은 영웅'이라는 신화를 해체한다. 첫 번째 성향은 매우 드문 인격적 특성을 특별한 어떤 일을 하는 사람에게 귀속시키는 것, 즉 영웅을 일반인들과는 비교할 수 없는 초인으로 바라보는 것이다. 두 번째 인간의 성향은 때로는 '방관자효과'(bystander effect)로 알려진 무(無)행동의 덫이다. 방관자효과는 응급상황을 목격한 사람들이 다른 누군가가 도울 것이라고 생각해 도움에 나서지 않음으로써 책임이 분산되는 것을 가리키는데, 결국 우리 모두는 돕는 행위를 다른 누군가의 책임으로 돌림으로써 아무런 행동도 취하지 않는 덫에 빠질 수 있게 된다.

첫 번째 인간의 성향에 대하여 살펴보자. 영웅적 행동을 하는 개인에게는 일반 사람들과 다른 특별한 재능이나 자질이 있을까? 인간은 거대한 자연 앞에 나약한 존재이다. 삶을 옥죄고 있는 갖가지 힘으로부터 벗어나고 싶지만 그게 쉽지 않을뿐더러 불가능한 경우도 부지기수다. 사람들은 그런 굴레로부터의 해방을 동경하며 영웅적 지도자라는 '환상'을 만들어 통제 불가능한 현실을 극복하려 해왔다. 영웅이 나, 우리 대신에 난국에 빠진 현실을 극복해주기를 기대한 것이다. 그러면서 영웅에게 평범한 사람이 가지지 못한 갖가지 특별한 속성을 부여해왔다. 한 가지 대표적인 속성이 카리스마다.

고설즈와 앨리슨은 사람들이 영웅을 존경과 경외로 바라보는 데에는 영웅에게는 카리스마가 있기 때문이라고 주장한다. 카리스마가 '깃발'을 들고 '나를 따르라!'를 외칠 수 있게 하는 주요 힘이라는 것이다. 그런데 전통적으로 카리스마는 현대 사회사상에 지대한 영향을 끼친 베버의 주장처럼 "초자연적, 초인적, 또는 적어도 예외적" 자질로서 평범한 사람이 가질 수 없는 '천부적'인 것으로 생각해 왔다. 카리스마가 천부적인 것일 수도 있다. 그렇지만 정말로 카리스마가 영웅적 행동을 하게 하는 가장 중요한 요소일까? 영웅의 정의를 논의한 〈첫 번째 여정〉으로 돌아가 보자. 24가지의 자질을 통해 영웅을 검증한 개쉬와 콘웨이는 그 자질들 중

하나로 카리스마를 제시하지도 않고 있으며, 다른 연구자들 또한 비슷한 견해를 취하고 있고, 고설즈와 앨리슨조차도 카리스마가 영웅의 여덟 가지 자질 중 하나일 뿐이라고 인정한다. 학계 전문가들이 이런 시각을 갖는 것은 왜일까?

영웅에게 평범한 사람과 구별되는 특별한 자질이 있는지를 과학적으로 증명하는 것은 불가능할지도 모른다. 있을 수도 있고, 그렇지 않을 수도 있다. 하지만 분명한 사실은 세상을 움직여 온 주체가 예외적 능력을 소유한 소수의 사람만이 아니라는 것이다. 절대다수의 평범한 국민과 시민이 사회를 발전시키고, 어려움에 처한 누군가를 돕고, 세상의 문젯거리를 해결해 왔다. 그러므로 우리가 영웅적 행동은 누구나가 할 수 있다는 '영웅적 행동의 일상성' 개념을 받아들이게 되면, 영웅이 초인이라는 환상은 깨지게 되고 모든 사람이 대기 중인 영웅일 수 있다는 생각이 고개를 들고 나와 영웅적 행동의 사회적 확산을 도모케 할 것이다.

다음으로 상황 자체를 방관하며 개입하지 않으려는 성향을 살펴보자. 길가에 어린아이가 불안한 표정으로 서 있고, 근처에는 어른 서너 명이 있지만 아이에게는 눈길조차 주지 않은 채 자신들 이야기에 열중하고 있는 장면을 상상해보자. 만일 그때 여러분이 그 길을 걷고 있다면 아이에게 다가가 무슨 일인지 물어보겠는가? 아마도 대부분은 다른 어른들이 있기 때문에 그냥 지나쳐 갈 것이다. 이런 현상이 왜 일어나지를 규명하기 위해 네덜란드의 유트레히트 대학교에서 흥미로운 실험을 한 적이 있었다.

유트레히트 대학의 실험주관자들은 대학생 52명(남 21명, 여 31명)을 모집해 참가자들에게 여러 가지 사탕을 먹고 맛을 평가하는 설문조사라고 설명했다. 사실, 실험은 맛 평가가 아니라 방관자 효과를 측정하기 위한 목적의 실험이었다. 실험은 두 가지 방식으로 진행되었는데, 하나는 대형 둥근 탁자 한쪽에 실험참가자(26명)가 앉고 다른 한쪽에는 다른 학생 한 명(실제로는 실험주관 측에서 투입)이 앉아있는 상태에서 실시되었고, 다른 하나는 한쪽에 실험참가자(26명)와 다른 한쪽에 서로 모르는 다른 학생 2명(실제로는 실험주관 측에서 투입)이 같이 앉아 각각 맛을 평가하고 있는 상황을 연출한 상태에서 실시되었다. 실험참가자가 맛을 평가하며 설문을 작성하는 동안 반대편에 앉아 맛을 평가하고 있는 다른 학생(실험주관 측)이 사탕에 기도가 막힌다면 실험참가자가 도움을 제공할 것인지 여부와 도움을 준다면 얼마의 시간이 걸리는지를 측정했다.

　　어떤 결과를 얻었을까? 다행스럽게도 실험참가자 절대다수(88.5%)가 기도가 막힌 다른 학생을 도왔다. 탁자의 반대편에 다른 학생이 혼자 앉아 맛을 평가하던 조건에서는 참가자 전원이 도움을 제공했고, 두 번째 조건에서는 참가자의 76.9%(20명)가 도움을 제공했다. 그리고 도움을 주는 데 걸린 시간은 첫 번째 조건은 28.15초, 두 번째 조건은 43.39초가 걸렸다.

　　이 실험이 시사하는 것은 무엇일까? 왜 두 번째 조건에서는 도움을 제공하는 사람이 상대적으로 적고, 반응 시간도 오래 걸렸을까? 그것을 결정한 것은 방관자의 존재 유무로 추정되었다. 두 번째 조건에서는 두 명의 학생이 옆에 같이 있었고 그중 한 명이 기도가 막힌 상태였다. 실험참가자는 기도가 막힌 학생 옆에 다른 학생(방관자)이 이미 있었기 때문에 도움을 주는 데 주저하거나 지체한 것이었다.

　방관자가 인간 심리에 미치는 효과에 대한 사회심리학자들의 연구를 촉발시킨 계기는 1964년 3월 미국 뉴욕에서 키티 제노비스라는 28세 여성이 연쇄 강간 용의자에 의해 살해된 사건에서 비롯되었다. 제노비스가 일을 마치고 자신이 거주하는 아파트 주차장에 도착한 시각은 새벽 3시 15분경이었다. 그녀가 30여 미터 떨어진 아파트 출입구로 걸어가고 있는데 한 남성이 사냥용 칼을 들고 다가와 등을 두 차례나 찔렀다. 그녀는 절망적으로 살려달라고 소리쳤고 그 소리를 들은 아파트 주민 한 사람이 거실 창밖으로 "그 여자를 내버려둬!"라고 소리를 질렀다. 용의자가 움찔하며 현장에서 도망치자, 제노비스는 간신히 부상당한 몸을 일으켜 아파트 건물 출입구 쪽으로 느리게 걸어갔다. 그러나 용의자는 그녀를 돕기 위해 아파트 밖으로 나온 사람이 한 명도 없다는 사실을 눈치 채고 10분 뒤 돌아와 그녀를 무참히 살해했다. 수십 명의 사람이 그녀의 도와달라는 소리를 들었지만 경찰에 신고한 사람이나 건물 밖으로 나와 도움을 건넨 사람은 없었다. 처음 공격받을 당시, 누군가 실질적인 도움을 주었더라면 제노비스는 살 수 있었을 것이다.

　방관자효과는 누군가가 개입할 것이므로 내가 끼어들면 오히려 더 많은 혼란을 키울 것이라는 생각에서 비롯된다. 하지만 이런 태도는 행동하지 않는 것을 하나의 관행으로 자리 잡게 만듦으로써 더 많은 사람이 개입할 수 있는 여지를 막아 더 많은 방관자를 양산하는 악순환을 불러온다. 이런 이유 때문에 짐바르도를 비롯한 많은 영웅학자와 활동가들은 영웅의 반대말이 악당이 아니라 방관자라고 말한다. 이런 맥락에서 누구나 영웅적 행동을 할 수 있고 또 해야 한다는 생각이 일상화된다면 책임을 미루는 방관자효과는 설 자리를 잃게 될 것이다.

2차 세계대전 동안 5만 명에서 50만 명의 사람들이 방관자가 되기보다는 자신과 가족의 생명의 위험을 무릅쓰고 나치 박해로부터 유태인들을 구한 것으로 알려져 있다. 그들의 행위는 분명히 도덕적으로 가치 있는 일이지만 실재적이며 잠재적인 대가(예, 투옥)를 수반하였다. 그런 의미에서 이런 행위 상당수는 우리가 도덕적으로 요구할 수 있는 이상의 것이었다. 그들은 유태인의 탈출을 돕지 않기로 선택했다면 선행 행위와 관련된 위험을 피할 수도 있었다. 그렇다면 이 사람들은 왜 그런 위험을 선택했는가? 알프레드 아처는 '도덕적 불능'으로, 브라이언 스마이쓰는 '존재론적 불능'으로 그 이유를 설명하였다.

유태인 구조자들처럼 어려움에 처한 타인을 도왔던 사람들 대부분은 그런 상황에서는 돕는 것 외에 다른 선택의 여지가 없었다고 말한다. 다시 말해, 도덕적으로 행동한 이 사람들은 종종 도와야 한다는 내적 충동을 경험했다고 주장한다. 유태인을 도와야 하는 것 외에는 다른 대안이 없었다고 주장하는, 도덕의 모범적 실천자들은 도덕적으로 그렇게 행동할 수밖에 없는 상태에 이르게 된 것이다. 비슷한 의미에서 어떤 상황에서 인간은 존재론적으로 하나의 행위 외에는 다른 행위를 수행할 수 없다. '존재론적 불능'은 '도덕적 불능'과 마찬가지로 영웅적 행위의 대체선택 가능성을 부인하는 것이기 때문에 영웅적 행동의 자발성이나 자기희생 개념과는 상충될 수 있을지라도, 이는 결국 영웅적 행동이 일상적으로 일어날 개연성이 큰 인간의 보편적 특성임을 반증한다. 문제는 보편성이 작동할 수 있는 계기가 부족하다는 것인데, 그 촉발제의 핵중 하나가 영웅의 내면화이다.

우리는 위기에 놓인 누군가를 목격하게 되면, 그것이 도덕적이든 존재론적이든, 자신도 모르게 그 사람을 구하기 위해 행동한다. 악이 일상적이라면 인간의 보편성으로서의 영웅적 행동 또한 일상적이다. 악의 일상성이 방관자를 낳는 가운데, 그 반대편에서 영웅적 행동의 일상성은 영웅을 낳는다. 모든 사람이 마음 한구석에 책임을 회피하려는 본성만큼이나 다른 한편에서는 책임을 다하려는 본성을 갖고 있다. 영웅적 행동의 일상성은 우리의 어두운 일면을 밝은 세계로 끌어내야 하는 당위성을 제공하며 영웅 또는 영웅적 행동을 사회 깊숙이 내면화시켜야 하는 이유가 된다. 무관심과 방관, 그리고 자기이익과 자기유지에 골몰하는 사회적 분위기를 해체해 현재를 좀 더 나은 세계로 변화시킬 수 있기 때문이다.

영웅적 행동은 인간이라면 누구나가 수행할 수 있는 보편적 특성이다. 평소 모범적인 삶을 살지 못했던 사람들이라도 특정 상황에서는 영웅적으로 행동할 수 있으며, 그런 행동은 그것을 목격한 사람에게, 그것을 듣게 된 사람에게, 또 그것을 글을 통해 알게 된 사람에게 중요한 심리적 효과를 발휘한다. 영웅은 우리에게 자아발전의 동기를 부여하고 그들이 걸었던 길을 함께하려는 열정을 만들어내며 단순히 영향을 미치는 도구 이상으로 '자기변화'마저 유발할 수 있다.

사람들은 달려오는 기차로부터 아이를 구하는 것과 같이 비범한 행동을 하는 사람을 적극적으로 인정하고 영웅 칭호를 부여해 공개적으로 예우하려 한다. 이런 태도가 널리 퍼져있다는 것은 영웅이 인류에게 미치는 심리적 중요성을 우리 사회가 이미 알고 있음을 의미하며, 수많은 작가, 철학자, 심리학자들도 이에 동의한다. 예를 들어, 어떤 학자는 시민들이 자신의 이상, 용기, 지혜를 발견하는 데 있어서 영웅이 필수적이라고 주장했고, 또 다른 학자는 실증연구를 통해 영웅으로 알려진 사람들이 사랑하는 사람이나 동료가 그런 것처럼 개인의 자아에 상당한 영향을 미친다는 사실을 발견했다.

가령 할아버지, 아버지, 아들 삼대가 해병대원으로 자원입대한 어떤 집안이 있다고 치자. 아들이, 그리고 아버지가 해병대원이 된 것은 할아버지에게서 영향을 받았기 때문이다. '나'라는 존재는 이처럼 중요한 타인과의 관계나 상호작용을 고려하지 않고는 이해될 수 없다. 우리 인간은 본래 중요하다고 생각하는 타인의 인격,

성향, 태도, 업적 등을 우리의 자아 속에 끌어들이려 한다. 그런 가운데 그 '중요한' 타인의 행동과 생각은 나의 행동과 생각이 되고, 때에 따라 그 사람이 마치 나 자신인 양 행동하기도 한다. 영웅이 바로 나에게, 우리에게, 우리 사회에 그러한 '중요한' 사람이다.

심리학자 설리반과 벤터는, 63명의 대학생을 대상으로 영웅에 관한 정보를 제공하고 자신의 자아관을 서술하게 하는 방식과 정보를 제공하지 않고 서술하게 하는 방식으로 나누어, 영웅이 자아에 미치는 심리적 영향에 관한 연구를 했다. 데이터를 측정한 결과, 실험참가자들의 자아관 서술 속도는 영웅에 대한 일정한 정보를 제공했을 때 더 빨랐다. 이런 결과는 영웅이 사람들로 하여금 자기 자신을 뒤돌아보게 하는 유용한 매개로서 자아 인식과 밀접히 관련됨을 나타낼 뿐만 아니라 더 나아가 사람들의 자아를 발전시키는 데 도움이 될 수 있음을 방증한다. 사람들에게 미치는 심리적 영향의 측면에서 영웅이 왜 우리에게 소중한 존재인지에 관해 조금 더 살펴보자.

통계의 차이는 조금 있지만 미국의 대학생 50% 이상이 학교에서 시험을 볼 때나 리포트 작성 시 부정행위를 한 경험이 있는 것으로 알려져 있다. 부정행위는 이유도 다양할 뿐만 아니라 방식도 다양하다. 최근에는 스마트폰과 같은 새로운 IT기술의 출현으로 말미암아 더 쉬워지고 더 교묘해지고 있다. 부정행위는 학생이 미래에 도둑질이나 사기와 같은 다른 종류의 일탈 행동을 범할 수 있게 하는 부정적인 인격 형성의 기초가 된다. 그리고 자신과 다른 학생들에게 피해를 주는 데에만 그치지 않고 학교의 위상마저 실추시킨다. 이처럼 학생 개인의 즉각적인 이득에서 시작한 부정행위가 끼치는 악영향은 적지 않다.

그렇지만 모든 학생이 부정행위를 하는 것은 아니다. 이에 스타츠를 포함한 4명의 연구자가 용기, 공감, 정직이 영웅의 특성들이라는 데 착안하여 383명의 미국 대학생들을 상대로 영웅과 부정행위 간의 관계를 추적하였다. 그 결과, 용기, 공감, 정직과 같은 영웅적 특성들과 관련된 인격상의 기준에 높은 의미를 부여한 학생들이 그렇지 않은 학생들보다 부정행위를 저지를 의도가 적은 것으로 드러났다. 또 불가피한 나름의 이유로 부정행위를 저지르게 될 때에는 죄의식이 많이 느껴질 것이라고 답했다. 부정행위를 하지 않는 학생들은 일반적으로 우리가 인식하고 있는 극적인 영웅적 행동보다는 일상적인 작은 영웅적 행동을 영웅의 특성으로 간주하고 있으며 용기의 부족을 부정행위를 목격하고도 알리지 않는 원인으로 지목하였다.

이와 같은 연구결과는 영웅이 개인의 자아개념에 영향을 미칠 수 있다는 설리반과 벤터의 주장을 뒷받침한다. 영웅이 개인으로서 우리 자신뿐만 아니라 우리가 몸담은 조직을 개선하는 데에도 도움이 되는 것은 분명하다.

학교 생활에서의 영웅과 자아관의 관계를 실험한 연구도 있다. 학생들은 학교에서 난관이 겹겹이 쌓여있고 성공할 가능성이 희박하다고 느낄 때가 종종 있다. 학생들이 느끼는 이와 같은 절망감이 심리에 위험 요소라는 것은 잘 알려진 사실이다. 하지만 그 반대로, 효과적으로 감정을 조절하고 만족스러운 학업 성취가 가능하다고 생각하는 것은 정신 건강을 포함해 많은 긍정적 결과를 산출하게 한다. 일반적으로 자아효능감이 높은 학생이 수업에서의 성취도와 대학입시에서 좋은 결과를 나타내는 것이 대표적이다. 이런 맥락에서 데이비스와 3명의 연구진은 개인의 능력이 고정된 것이라고 믿는 학생들에 비해 발전할 수 있다고 믿는 학생들이 학교에서 직면한 어려움에 더 효과적으로 대처할 것이라고 가정하고 실험을 진행하였다.

실험은 미국에서 수학(數學) 평균이 70% 정도인 한 중상위권 대학의 학생 165명을 실험대상자로 삼았다. 이 대학생들에게는 일주일 뒤에 수학 시험을 치른 후 다른 대학들의 학생들과 성적을 비교하는 실험이라고 실험 목적을 설명했다. 이때 학생들은 두 부류로 나뉠 것인데, 한 부류는 수학 평균이 40%에 불과한 하위권 대학의 학생들과 비교할 것이며 다른 한 부류는 상위 1%에 해당하는 최고 수준의 대학생들과 비교할 것이라고 설명을 덧붙였다. (실제로 시험은 없었다.) 이렇게 두 부류로 나눈 것은 하위권 대학교 학생들과 성적을 비교하게 될 학생들은 절망감을 크게 느끼지 않고 자아효능감도 상실하지 않을 것이며 반대로 최상위권 대학교 학생들과 비교 대상이 되는 실험참가자들은 절망감 속에서 자아효능감을 상실할 것이라는 생각에서였다. 그러고는 실험 목적과 방법 등을 소개한 후 5일째 되는 날에 이메일 설문조사를 통해 학생들이 느끼는 절망감과 자아효능감을 수치로 측정했다.

　그 결과는 처음 예상과 맞아떨어졌다. 하위권 대학 학생들과 경쟁하기로 한 학생들은 절망감이 낮고 자아효능감이 높은 반면에, 최상위권 대학 학생들과 비교하기로 한 학생들은 절망감이 높고 자아효능감은 낮은 것으로 조사되었다. 이런 결과에 대해 이들 연구자는 예상되는 난관이 극복 불가능하다고 느낄 때 사람들은 자신의 능력을 축소하는 경향이 있으며 극복 가능하다고 느낄 때에는 실패와 도전을 학습과 성장의 기회로 삼게 된다고 해석하였다.

　그러면 스스로 자신의 능력을 제한하는 이런 사람들에게 무엇이 필요한가? 데이비스 외는 소위 '약자 효과'(underdog effect)를 통해 극복 가능하다고 믿었다. 최악의 환경에도 불구하고 성공을 이룬 '약자'에 관한 이야기는 세계 곳곳의 문화에서 아주 풍부하게 발견되는데, 사람들은 그런 인물에게 지지를 보낸다. 난관을 극복하는 '약자'가 사람들에게 희망을 주고, '나'도 삶에서 그 '약자'처럼 발전할 수 있다는 동기를 부여해주기 때문이다. '약자', 곧 영웅은 수학 포기자에게도, 경기에서 진 운동선수에게도, 구직에 실패한 취업준비생에게도 영향을 미칠 수 있다. 비록 우리가 약자에서 시작할지라도 능력과 자질을 축소 또는 제한하기보다는 골리앗을 이긴 다윗처럼 자신을 믿고 행동할 수 있는 것 같이 '약자'로서의 영웅도 우리 삶의 지표로 작용할 수 있고 그래서 우리에게 소중하다.

　영웅적 행동은 우리의 행동 모델로 기능하는 가운데 우리에게 사회적 행동에 있어서 비교 기준을 제공하며, 영웅은 시민의 전형으로서 자아발전 및 사회 응집과 통합을 고취시킨다. 이런 점이 타인들에게 심리적 영향을 발휘함으로써 더 나은 자아와 더 나은 사회로 나아가는 데 기여하는 영웅이 우리 사회에 필요한 이유이자 사회 속으로 깊숙이 스며들어야 하는 이유일 것이다. 영웅은 개인과 사회에 역동적인 발전의 기폭제이며 우리가 서로에게 요구할 수 있는 것보다 더 높은 사회적 가치를 구현토록 인도하는 특별한 존재이다. 그래서 영웅은 소중하다.

네번째 여정

영웅이
죽어간다

안타깝게도 우리나라에서 영웅이라는 말은 점차 존재 가치가 희미해지고 있으며 의미 또한 탈색되고 있다. 심지어 "이 시대의 영웅을 말하라면 언뜻 떠오르는 인물이 없다"는 어떤 신문 기사의 제목처럼 어쩌면 영웅을 만날 확률이 0에 가까워졌는지도 모르겠다. 또 영웅을 만난다고 해도 본래 영웅의 것이었던 신성성이나 순수성은 종종 의심의 따가운 눈초리를 받기 십상이다. 영웅은 왜 점점 죽어가고 있을까? 그것은 아마도 영웅적 행동이 타인이나 사회를 위한 것으로 존경받기보다는 어떤 특정 목적을 위해 각색되고 조작되었던 사례가 빈번하였던 데에 일차적인 원인이 있을 것이다.

우리나라 사람들 대부분은 영웅이 민족의 욕망이 투영된 결과로서 우리의 희망 또는 기원과 밀접한 연관성을 맺고 있다고 생각한다. 혼란과 암울이 지배하는 시공간일수록, 대내외적인 위기의식이 팽배할수록 영웅이 출현하기를 간절히 바라고 있어서이다. 코로나바이러스가 창궐하면서 전 세계를 공포로 몰아넣은 2020년 전반기에 언론을 비롯한 각종 매체가 누가 영웅이라며 너도나도 한껏 목소리를 드높였던 것을 기억해보라. 그렇다, 영웅은 위기 속에서 태어나 위기를 먹고 성장한다. 위기가 사라지면 영웅도 죽는다.

영웅은 우리의 욕망에 부합할 때 확대되고 강조되며, 그렇지 않을 때에는 우리의 기억 속에서 사라진다. 그런데 사회적으로 영웅을 찾는 목소리가 커질수록 영웅을 이용하고 악용하려 드는 사람들이 생겨나기 마련이며 그 과정에서 왜곡은 심심치 않게 일어난다. 그리고 이용 목적도 다양해, 누군가는 경제적인 이익을 위해, 누군가는 사회적 입지를 위해, 또 누군가는 권력을 잡거나 유지하기 위해 영웅을 이용한다. 영웅을 이용하고 왜곡하는 과정에서 영웅은 본질적 의미를 잃게 되고 최악의 경우에는 부정적인 뉘앙스마저 띠게 된다. 그래서 우리는 종국에는 영웅에게 등을 돌린다. 그러면 영웅은 죽는다. 그럼 이렇게 영웅을 죽어가게 만드는 사람들은 누구일까?

우리가 목격해왔듯이, 과거에 정치권력이나 정당 등의 특정 정치집단은 자신들의 이념이나 가치에 봉사하도록 영웅을 조직적으로 이용하였고 심지어 역사적 사실마저 서슴없이 왜곡하였다. 이와 더불어 대중매체는 정치권력과 유착하여 영웅을 무분별하게 오용, 악용, 남용하였다. 더 심각한 것은 이런 일이 과거에 국한되지 않고 지금 이 시간에도 계속되고 있다는 점이다. 사회로부터 배제 또는 격리되는 일련의 과정 속에서 영웅은 이제 우리 사회에서 재미와 흥미를 목적으로 하는 판타지 소설이나 게임의 주요 소재에 불과하게 되어 버렸다. 여기서 논의의 시작으로 우리에게 너무나 유명한 『삼국지』의 관우가 평범한 장수에서 영웅으로 거듭나는 과정을 살펴보자.

중국뿐만 아니라 우리나라와 일본 등 동아시아에서 널리 추앙받는 관우(?~219)는 이제 전 세계적으로도 유명한 영웅이다. 충의의 화신으로서 그는 2미터에 달하는 큰 키에 세 갈래의 수염을 멋지게 휘날리며 적토마 위에서 80근(약 50kg)에 달하는 청룡도로 불충한 적의 머리를 가차 없이 베어버린다. 관우의 이런 형상은 실로 영웅의 풍모 그 자체이다. 하지만 역사적 사실을 추적해가면 그가 정치권력에 의해 '만들어진 영웅'임을 쉽게 알 수 있다.

중국 송나라(960~1279) 때 백성들 사이에서 위, 촉, 오 삼국의 이야기는 큰 관심사 중 하나였다. 늘 그렇듯 평범한 내용과 저급한 수준의 이야기 구조로는 대중의 욕구를 만족시킬 수 없었기 때문에 그런 요구에 부응하기 위해 삼국에 관한 역사적 사실과는 별개로 가공의 내용이 더해지기 시작했다. 다음 왕조인 원나라에 이르러서는 가공된 내용이 더욱 정교해졌고, 이를 바탕으로 명나라 초에 나관중이 지은 것으로 알려진 『삼국지연의』는 가히 폭발적인 인기를 누리게 되었다. 관우가 의리와 용맹의 대명사로 오늘날 우리가 알고 있는 모습으로 형상화된 데에는 이 '역사소설'이 커다란 역할을 하였다.

중문학자 차미경은 『삼국지연의』의 내용이 7할의 사실과 3할의 허구로 구성되었는데, 관우만 놓고 보면 사실이 2할이고 허구가 8할일 정도로 그에 관한 이야기 대부분이 꾸며낸 것이라는 이

마이즈미 준노스케의 연구를 인용하며 관우의 허구성에 대하여 다음과 같이 설명한다

> 정사(正史)인 진수(陳壽)의 『삼국지』에 의하면 그는 생전에 충용과 의리가 있었던 것은 분명하나 그저 평범한 무장(武將)으로 짧은 생을 마감했다. 종교적 가르침을 설파한 적도 없을 뿐 아니라 지략이 그렇게 대단하지도 못했고 심지어 결정적 순간에는 자기 자신의 목숨도 유지하지 못하고 머리와 몸이 따로 묻혀야 했던 그런 평범한 '보통사람'이었다.

영웅 관우의 신화화 과정은 적어도 처음에는 민간 차원에서의 자생의 결과였다. 송·원대의 백성들은 왕조가 뒤바뀌는 각종 전쟁으로부터 비롯된 어지러운 현실에서 의리와 용맹, 즉 영웅을 필요로 하였고 나관중을 포함한 민간 문예인들은 '평범한 무장'에게 더 선명하고 생동적인 이미지를 부여함으로써 백성의 그런 욕구에 부응했다.

　하지만 민간에서 자발적으로 구축된 관우의 이미지는 민간을 떠나 점차 정치권력에 의해 이용되기 시작했다. 관우의 인기가 백성들 속으로 널리 퍼져나가자, 송나라에서는 충혜공(忠惠公)이라는 시호를 비롯해 의용무안영제왕(義勇武安英濟王)으로 봉해 관우를 영웅으로 공인해 버렸다. 후대 왕조들은 더 심했다. 명나라는 그를 관성제군(關聖帝君)에 봉했고, 전국 곳곳에 사당을 지어 신으로 본격 숭배하기 시작했다. 청대에는 국가권력에 의한 관우 숭배가 극대

화되었는데, 2대 황제 홍타이지는 대신들을 상대로 관우의 '충의' 정신을 가르치기까지 했다. 이처럼 관우가 중국을 대표하는 영웅이 된 이유는 관우를 통해 황제와 국가에 대한 충성과 의리를 강조하려는 데 있었다. 황실은 관우가 평생 한 사람의 주군을 섬겼다는 사실이 마음에 들었으리라. 영웅으로서의 관우 이미지가 중국인들에게 각인된 것은 충성심을 자극하기 위한 현대적 의미의 소위 '정치공작적 발상'이 작용한 결과였다.

이와 같은 관우의 정치적 이용은 중국에 그치지 않고 우리나라 조선왕조로 이어졌다. 현재 서울 종로구의 동묘처럼 관우의 사당인 관왕묘(關王廟)가 우리나라 곳곳에 세워진 것은 임진왜란 때 원군으로 참여한 명나라 장수들 때문이었다. 명나라 장수들은 출정에 앞서 관왕묘에서 제사를 지내며 승전을 다짐하는 것이 하나의 의식이었다. 이런 이유로 그들은 조선 조정에 관왕묘를 세워줄 것을 요구했고 우리나라 곳곳에 관우 사당이 들어섰다.

임진왜란이 끝나자 그 후 100여 년 동안 국가나 지방 관청에 의한 관왕묘 제례는 없었고, 관우와 관련한 공적 논의는 사라졌다. 이때까지만 해도 공적 영역에서 관우는 외래 영웅에 불과했던 것 같다. 그런데 관우는 사라지지 않고 엉뚱한 곳에서 영웅 이상의 지위를 누리고 있었다. 민간신앙과 결합하여 신이 되었던 것이다. 현재도 '장군신' 하면 관우를 지칭하는 것처럼, 민간에서는 영험함과 복을 기원하는 대상이 되었다.

하지만 공적 영역에서 잊히는 듯했던 관우는 정치적 의미 속에서 조선 후기 숙종에 의해 부활하였다. 숙종은 관우를 '충의와 존주(尊周)의 아이콘'으로 해석하여 도성 밖에 있던 동관왕묘와 남관왕묘에 직접 행차하여 예를 올렸다. 이와 같은 행동의 기저에는 왕 중심의 권력 체제를 구축하여 왕권을 강화하려는 시도가 깔려 있었다. 이후 관왕묘 제례는 조선왕조의 의식적 제의로 점차 굳어져 갔다.

영조는 1727년 동관왕묘에 들러 배례를 행한 후 동관왕묘와 서관왕묘에 관리를 보내 제사를 지내게 하였고 1739년에는 남관왕묘에서 예를 표하는 등 여러 차례 관우 사당을 방문했다. 영조는 관우의 충의를 존주, 천추의기, 대명의리와 연결 지어 해석했는데, 이는 조선의 나아갈 길을 정치적으로 표명하는 것과 동시에 관우의 충의를 신하와 백성들에게 요구하기 위함이었다. 영조에 이어 등극한 정조 또한 여러 차례 관왕묘에서 관우에게 예를 표했다. 그 의도는 인의에 기초한 수많은 자발적 관우를 만들어내려는 정조의 의지가 반영된 것이었다.

'영웅' 관우는 역사의 흐름 속에서 평범한 무장에서 명장으로, 그리고 다시 왕과 신으로 변모하였다. 그런 변모가 민간에서 먼저 시작되었을지라도 정치권력은 이를 놓치지 않고 포착하여 권력을 공고히 하려는 수단으로 이용했던 것이다. 이처럼 그의 이야기 대부분이 허구이고 그가 영웅으로 신화화되는 과정에 정치권력이 개입한 것은 부정할 수 없는 사실이다.

윤리적 이데올로기가 일상의 사건을 평가하고 개인의 도덕성에 영향을 미치는 윤리적 기준을 제공하는 반면에, 편의적 이데올로기는 이익을 목적으로 도덕의 원칙들을 자의적으로 수정한다. 영웅은 전통적으로 하나의 도덕 기준이 됨으로써 윤리에 있어서 사람들의 사고와 심리에 영향을 미쳐왔지만, 관우처럼 영웅이 편의주의적 관점에서 지배집단이나 정치권력에 의해 흡수되어버린 사례를 역사에서 발견하는 것은 그리 어렵지 않다. 정치인들은 거의 예외 없이 영웅의 한 단면, 즉 자기희생만을 모방하여 국가와 국민을 위해 희생하겠다고 끊임없이 목소리를 높여왔다.

대중의 지지를 확보하는 데 정치인들의 정치적 선택이나 행동은 반드시 정당성을 필요로 한다. 그런데 그들의 정치적 정당성이 국민의 이해와 이익에 반드시 부합하는 것만은 아니어서 때로는 그런 목적성을 달성하기 위해 불법이나 조작과 같은 비이성적 방식을 통해 정치담론을 형성하기도 한다. 특히 서구가 오랜 전통 속에서 쌓아온 민주주의 또는 대의정치를 일제강점기 이후에야 경험하기 시작한 우리나라 정치는 6·25전쟁, 5·16군사정변, 유신헌법 제정, 12·12쿠데타 등과 같은 격동의 사건 속에서 조작, 은폐, 폭력 등이 정당성 확보에 일상적으로 자행되었다.

우리나라의 정치는 거의 항상 민족, 국가, 국민, 민주주의 등의 용어에 분명한 설명이나 이해 없이 절대성을 부여하고 그 속에서 정치권력은 자신들의 선택이나 행동의 정당성을 주장하는 경향이 뚜렷하게 나타나고 있다. 정치적 입지가 좁아지거나 소멸하고 있을 때에는 더욱 그렇다. 정치인들은 자신들의 말과 행동은 늘 옳고 선하며 그것을 부정하는 행위는 국가를 위태롭게 하는 사회악이라고 손쉽게 규정하기 일쑤였다. 그리고 그런 과정에 영웅은 다양한 형태로 거의 항상 한자리를 차지해왔다.

영웅이 정치에 이용되기 시작한 역사적 배경을 살펴보자. 우리나라 역사에서 영웅으로 불리는 인물을 현재의 시각이 아니라 당대의 관점으로 들여다보는 작업은 쉽지 않다. 과거 특정 시대의 우리 조상들이 어떤 사람을 영웅으로 생각하고 칭송했는지를 파악하기 위해서는 전제조건으로 사료 등과 같은 구체적인 증거들이 있어야 한다. 하지만 그런 증거를 남길 수 있는 사람은 글을 아는 극히 적은 수의 엘리트 계급이었고 기록이 있다고 해도 그들의 자의적 해석에 기초함으로써 당시 사람들 전체의 의사를 반영하는 것은 아니었다. 게다가 얼마 안 되는 기록마저도 시간의 부침 속에서 소실되어 영웅으로 불리는 사람들의 흔적을 찾아내는 것이 거의 불가능하다. 따라서 현재까지 비교적 많은 자료가 남아있는 조선 시대를 기점으로 영웅을 추적할 수밖에 없다.

조선조 한시(漢詩)를 통해 영웅의 형상을 연구한 윤재환 교수에 따르면, 영웅이 형상화된 사례가 당시의 한시에서는 그리 많이 발견되지 않는다. 조선이 임진왜란과 병자호란과 같은 국가 존립을 위협하는 수많은 환란을 겪었는데도 영웅이 필요 없어서 그랬던 것은 아닐 것이다. 그 이유에 대하여 윤재환 교수는 조선조 한시 작자들이 자신들의 목적의식과 정치적 의도에 부합하도록 영웅상을 규정한 데 따른 것이라고 말한다. 다시 말해 조선조에도 이미 관우의 사례처럼 정치적 목적에 따라 영웅이 규정되고 이용되었지만 민간 영역이 아닌 지배층에서의 정치적 이용은 한시의 경우처럼 제한된 수준에 머물러 있었다. 왜냐하면 전통적으로 영웅은 육체적 용맹을 기초로 한 무(武)에 바탕을 두고 있었기 때문이었다. 영웅은 근본적으로 문을 숭상하는 조선의 분위기와는 어울리지 않아 숭배되고 칭송되는 인물이 적었던 것이다.

　우리나라에서 영웅이 사회 일반에 보편화된 것은 일제강점기 전후였다. 대외적으로 근대 서양에서 태동한 '민족'이라는 개념이 대내적으로 일제의 무력 침탈과 맞물려, 영웅의 사회적 필요성은 독립을 역설하는 계몽주의자들을 통해 확대되었다. 일제 강점이라는 시대적 상황의 타개는 민중의식을 계몽하려 했던 지식인들에 의해 민족주의로 나타나게 되었고, 이에 따라 그들에 의해 출간된 역사서, 전기(傳記), 소설, 신문기고문 등을 통해 영웅이라는 개념이 사회 속으로 급속히 전파되었다. 독립운동가 박은식 선생은 영웅을 "나라의 방패와 창이요 인민의 지휘관"으로 묘사했고, 신채호 선생은 "그 지식이 만인을 넘어서고 기개가 세상을 덮어 한 나라가 저절로 복종하게 만드는 자이자, 태양이 만물을 유인하듯 수많은 이들이 그를 향해 노래하고 울며 사랑하고 사모하고 절하고 존경하는 자"가 영웅이라며 민중의식을 계몽하는 지렛대로 삼았다. 이들 계몽주의자들은 일본 제국주의에서 벗어나기 위해서는 무력으로서의 힘이 필요하다고 역설했으며, 민중들에게 민족을 위해 희생을 감수하고 그 힘을 발휘하는 영웅의 발자취를 따라가라고 외쳤다.

독립과 계몽을 주창했던 민족주의자들은 영웅을 통해 당시의 시대적 상황을 반전시켜 극복하려 했고, 이는 사람들의 의식을 변화시키는 데 긍정적으로 크게 영향을 미쳤다. 하지만 이들이 주장한 영웅에는 두 가지 문제가 있었다. 그리고 그 두 가지는 특이하게도 당대보다는 그 이후에 표면화되었다. 첫째는 영웅을 연개소문, 을지문덕, 이순신 등 무인으로 한정한 것이며, 둘째는 민족이나 국가라는 거대 담론 속에서 영웅을 자의적으로 해석하고 이용할 수 있는 여지를 남겼다는 점이다. 이 두 문제를 좀 더 살펴보자.

1905년 조선의 외교권을 박탈한 을사늑약이 일제에 의해 강제 체결되었다. 이를 계기로 많은 지식인이 조선 민족의 자주를 위해 분연히 일어서기 시작했다. 대표적인 사람이 사학자이자 언론인이었던 단재 신채호였다. 신채호 선생은 민족을 구원할 영웅의 출현을 기원하며 일련의 영웅전을 저술했는데, 그것이 『을지문덕전』(1908), 『이순신전』(1908), 『최도통(최영)전』(1909)이었다. 그런데 이들 영웅은 모두 무장이라는 공통점이 있었다. 신채호 선생이 "일국강토는 그 나라 영웅이 몸을 바쳐서 위엄이 있게 된 것이며 일국의 민족은 그 나라 영웅이 피를 흘려서 보호한 것이리라"라고 말한 것만 보더라도 그에게는 문보다는 무에 기반을 둔 영웅이 시국을 타개하는 데 절실했다.

문치주의를 거부하고 영웅으로 용맹스러운 무장의 출현을 기대하는 입장은 백암 박은식도 마찬가지였다. 그는 "오로지 용맹과 큰 수완으로 이를 청소하여 깨끗이 몰아내고 이를 개혁하여 새롭게 펼치는 외에 다른 길이 없다. 그러하지 않으면 그 나라가 망하지 않을 수 없는 것이다"라고 말한다. 박은식 선생도 신채호 선생처럼 1910년 조선이 강제 병합된 이듬해 『명림답부전』(고구려 명장 명림답부에 관한 역사소설)과 『천개소문전』(천개소문은 연개소문을 가리킴)을 통해 무력에 의한 방법이 아니고는 혁신을 가져올 수 없다고 판단했다.

　　신채호 선생과 박은식 선생이 영웅을 무인으로 설정한 것은 당시의 사회적, 역사적 환경에서는 불가피한 선택이었을 것이다. 무력이 아니고는 국권의 빠른 회복을 기대할 수 없었기 때문이다. 하지만 '영웅＝무인'은 일제에서 벗어난 이후에도, 그리고 현재에도 영웅을 결정하는 주요 기준으로 자리 잡았다. 그런데 우리가 '영웅＝무인' 구도에서 눈여겨보아야 할 점은 무력으로써 제압해야 할 대상이 있어야 한다는 것이다. 그 당시는 일본이 바로 그런 대상이었다. 일본 제국주의를 제거하는 것이 문제일 리는 없다. 당시의 상황을 기준으로 보면, 지극히 옳고 타당할 뿐더러 현재에도 유효하다.

　　하지만 영웅을 무인으로 한정할 수는 없다. 왜냐하면 그런 주장이 완전히 굳어지게 되면, 영웅이 가는 길은 항상 누군가의 피와 희생으로 얼룩지기 때문이다. 또 외적의 침입과 같은 특수한 상황에서는 '영웅＝무인'이 충분히 설득력이 있지만 평화로운 시기에는 같은 등식을 적용할 수도 없다. 그래서 무인은 '태극전사'처럼 싸우는 사람이 되고, 상대방은 적이 된다. 상대 정당의 정치인은 적이 되고, 정치인으로서 나는 그 적을 무찌르는 영웅이 된다. 국제대회에 나서는 운동선수에게는 상대국가가 적이 되고, 운동선수로서 나는 그 적을 무찌르는 영웅이 된다. 새로운 과학적 사실을 찾아낸 과학자도 영웅이 된다. 과학적 사실을 찾아내지 못한 다른 나라의 과학자들보다 뛰어났기 때문이다. 어떤 정치인이 "택배 노동자도 영웅"이라고 말한 것처럼 농민도, 노동자도, 회사원도, 학생도 싸움을 은유적으로 적용하면 영웅이 된다. 누군가는 이게 잘못은 아니지 않냐고 말할지도 모른다. 하지만 무한정 늘어나는 영웅은 더 이상 영웅이 아니다. 이렇게 계속해서 확장하면 우리의 영웅은 죽는다.

그래서 어떤 사람들은 확대를 경계하며 장군이나 군인과 같이 전문적인 무인만을 콕 찍어 영웅이라고 생각한다. 영웅을 무인이라는 좁은 테두리 속에 넣을 수 있다고 해도 문제는 여전하다. 타도해야 할 적이 없을 때에는 영웅도 함께 사라진다. 물에 빠져 곧 죽을지도 모르는 어린이를 구한 사람에게는 영웅 칭호를 부여할 수 없게 된다. 더 심각한 것은 무인의 강인함이 남성의 전유물처럼 여겨지는 경향이 있는 한 여성 영웅은 출현할 수도 없으며 출현한다고 해도 극히 소수일 수밖에 없다.

두 번째 문제는 민족주의자들이 영웅을 국가나 민족 속에서만 정의한 데 있다. 신채호 선생도, 박은식 선생도 무장으로서 영웅이 출현하기를 기대한 것은 오로지 국가와 민족을 구하는 데 있었다. 당시의 시대적 상황을 고려하면, 국가나 민족이 가장 중요한 가치임은 분명하고 그 대의에 동의할 수밖에 없다. 그러나 국가 속에서 영웅을 바라보는 태도는 특정 정치권력이나 집단에 의해 손쉽게 이용될 위험성이 있다. 국가라는 이름으로 자신들의 이익이나 생각을 다른 사람에게 강요하거나 주입하는 데 영웅이 이용될 여지가 생겨나기 때문이다. 그리고 이것은 자칫 국가 분열의 한가운데에 영웅을 몰아넣어 오히려 사람들로부터 영웅을 멀어지게 하는 결과를 낳기도 한다.

현대사의 인물 백선엽 장군의 사례를 들여다보자. 1920년 일제강점기에 태어난 백선엽은 조선인 독립군을 토벌하기 위해 창설된 일본군 간도특설대의 장교로 청년 시절을 보냈다. 해방 이후 민족주의 운동을 이끌던 조만식을 찾아가 얼마 간 비서로 일한 후 국방경비대(지금의 국군)의 장교로 다시 군 생활을 시작했다. 능력을 인정받아 진급을 거듭했고 6·25전쟁이 일어나기 직전에는 대령으로 사단을 지휘했으며 전쟁 중에는 준장, 소장, 중장을 거쳐 1953년 1월 대한민국 최초의 대장이 되었다. 1960년 군을 떠난 이후에는 여러 나라의 대사, 교통부 장관, 기업의 CEO로 활발하게 사회활동을 했다.

백선엽은 2020년 사망과 동시에 우리 사회 논란의 중심이 되었다. 국가가 국립 서울현충원 장군묘역에 안장을 결정하자, 진보적인 시민단체를 중심으로 "나라의 역사와 영예가 깃든 현충원에 안장되면 미래세대는 친일파 일본군 장교에게 머리 숙여 묵념하게 될 것"이라며 안장을 취소하는 요구가 빗발쳤다. 반면에 보수단체들은 집회를 열고 "백선엽 장군은 대한민국을 살려낸 은인"이라며 현충원 안장을 반대하는 단체와 사람들을 향해 구국영웅조차 분간하지 못한다고 몰아세웠다. 그러자 국민일보의 〈"친일파" vs "구국영웅" 백선엽 논란에 쪼개진 나라〉와 유사한 언론기사들이 봇물처럼 쏟아져 나왔다.

백선엽이 영웅인가, 아닌가와 같은 논란에서 간과하고 있는 것은 두 개의 국가관이 상호 충돌하고 있다는 점이다. 친일파라고 비난하는 측은 일제강점기의 우리나라를, 구국영웅이라고 찬사를 보내는 측은 6·25 당시의 우리나라를 배경으로 한다. 양측 모두 국가가 중심에 있다. 나라가 두 개라도 된다는 말인가? 이런 충돌이 빚어진 것은 영웅을 국가나 민족 속에서만 정의하려든 데 있고, 더 깊숙한 곳에는 영웅의 가치나 국익과는 상관없이 자신의 국가관이 절대타당한 기준이라는 심정이 밑바탕에 깔려있다. 그 때문에 객관적 증거에 바탕한 합리적 논의나 설득은 설 자리를 잃는다. 이처럼 영웅이 국가라는 이름으로만 우리에게 다가오게 되면 손쉬운 이용 대상으로 전락해 버린다. 그런 가운데 사람들은 영웅이라는 말 자체에 염증을 느껴 관심 밖으로 천천히 밀어낸다. 영웅은 그렇게 죽어갈지도 모른다.

일제강점기의 민족주의자들로부터 비롯된 민족(국가)이나 민중(국민)

과 같은 제도적 관점에서 물리적 힘을 바탕으로 영웅을 규정하고 정치적으로 이용해왔던 사례는 그 이후에도 끊임없이 이어졌다.

1961년 5월 16일 무력으로 정권을 장악한 박정희는 8월 15일 광복절 제16주년 기념사에서 군의 행동을 "기울어가는 조국의 운명을 좌시할 수 없어" 특단의 조치로 단행한 '혁명'이라며 집권 내내 역사 속의 영웅들을 교과서를 통해, 그리고 각종 언론 매체를 통해 국민 곁으로 불러들였다. 그에게는 화랑, 을지문덕, 이순신, 전봉준 등과 같이 혼란과 빈곤을 떨쳐내고 역사 앞에 분연히 일어선 무인들이 영웅이었다. 어떤 학자는 박정희 정부가 '민족'의 발전과 부흥을 위해 일어섰다는 정치적 이해를 정당화하기 위해 "그때그때 필요에 따라" 민족사의 영웅들을 선별적으로 활용했을 뿐이라고 비판한다. 그 학자의 주장이 옳을 수 있다. 하지만 실제로 빈곤 탈출과 조국 근대화라는 역사적 당면 과제를 해결하기 위해서 일제강점기의 지식인들이 그랬던 것처럼 과거 역사로부터 영웅을 소환했다면 이를 반드시 부정적으로 평가해야만 하는가? 오히려 문제는 순수하지 못한 의도로 영웅을 남용한 데 있지 않을까?

우리가 주목해야 할 점은 영웅 자체가 아니라 다른 곳에 있다. 그것은 이해관계, 좀 더 구체적으로는 정치적 이데올로기에 따라 영웅의 평가가 완전히 달라질 수 있다는 데 있다. 관우처럼 평범한 무장이 영웅으로 둔갑하는 사례는 논외로 치더라도, 영웅이 정치라는 편의주의 속으로 들어오는 순간, 순식간에 인간 행동의 모범적 상징체로서의 모습은 보편적 가치를 잃고 의심의 대상으로 내몰리기 십상이다. 박정희 정부가 발굴한 전봉준을 예로 들어보자.

박정희 정부는 '혁명'의 당위성을 설득하기 위해 소위 '관변적 영웅서사'의 주인공으로 전봉준을 내세웠다. 당시 국가 소유의 출판사 어문각은 다수의 민족영웅을 주인공으로 한 〈한국 인물 소설 전집〉을 출간했는데, 제1권에 수록된 영웅이 최인욱의 『전봉준』이었다. 이 소설 속에서 박정희는 조선말 참담한 현실을 타파하기 위해 농민으로 대변되는 민중들 속에서 들고 일어선 "체구는 작지만 녹두처럼 야무진" 전봉준으로 치환되었다. 하지만 같은 시기 서기원은 『혁명』이라는 소설을 통해 전봉준의 위상을 부정하며 박정희 정부의 '혁명'이 국민과는 상관없는 허위라고 주장했다. 백선엽과 마찬가지로 전봉준은 한쪽에서는 영웅이었고, 다른 쪽에서는 반영웅이었다.

어떻게 같은 인물에게 완전히 다른, 극단적인 평가가 내려질 수 있다는 말인가? 영웅이 정치라는 매개를 통해 소환될 때에는 따가운 시선을 피할 수 없다. 정치가 이해관계를 바탕으로 하기 때문이다. 어느 정부나 정당이 국가라는 이름으로 특정 영웅을 부각하면 그 정부나 정당을 지지하지 않는 사람들은 영웅이라는 인물 자체보다는 왜 갑자기 그 인물이 출현했는지 그 배경에 더 많은 관심을 기울이며 의심스러운 눈빛을 보내곤 한다. 게다가 단순히 정치적인 이용을 넘어 왜곡으로까지 확대된다면 영웅은 존재 의의를 완전히 상실해 버릴지도 모른다.

북한을 한번 보라. 북한에서는 김일성을 '백두산 정기를 받고 태어난 민족의 태양이자 천하의 명장으로서 백두산의 전설적 영웅'이라고 한다. 얼마나 많은 북한 주민이 이 말을 믿는지 모르겠다. 적어도 우리나라에서는 영웅으로서의 김일성을 완전히 부정한다. 영웅이 국가와 민족을 구하기 위한 구실로 정치적 목적을 위해 첨예하게 이용될수록, 사람들은 영웅이라는 말만 들어도 불신하며 쉽게 피로감을 느낄 수밖에 없다. 그러므로 영웅의 정치적 이용이 권력의 획득과 유지에 있는 한 영웅은 죽어갈 수밖에 없다. 권력이 집중되는 국가일수록, 권력을 특정 개인이나 집단이 독점할수록, 정치적 이해관계가 첨예하게 맞서는 사회일수록 이런 현상은 심화된다.

더 나아가 영웅이 권력을 유지하기 위한 선전 도구로 활용 또는 악용되지 않더라도 일단 정치 속으로 들어오게 되면 의도와는 달리 왜곡 가능성은 상당히 커진다. 2014년 7월 설립되어 3년간 활동한 대통령 직속 국민대통합위원회의 〈생활 속 작은 영웅〉 발굴 사업이 대표적인 사례다. "우리 사회의 내재된 상처와 갈등을 치유하고, 공존과 상생의 문화를 정착하며, 새로운 대한민국의 가치를 도출"할 목적(국민대통합위원회 설치 및 운영에 관한 규정 제1조)으로 출범한 국민대통합위원회는 핵심 역점 사업으로 '작은 영웅'의 실천 사례를 발굴하고 이를 널리 알려 친사회적 문화를 확산시키기 위해 일상 속에 숨겨진 영웅을 드러내는 사업을 3년에 걸쳐 시행하였다. 사업 목적만 놓고 보면 비판할 게 없다. 이 사업은 정치

선발 기준	세부 내용(예시)
'생활 속 작은 영웅' 선발 기준	
통합(화합)	• 층간 소음, 아파트 내 흡연 등 마을공동체의 소소한 다툼을 조정 또는 해결 • 지역, 종교, 계층, 세대 간 갈등 조정 또는 해결 등
정의(공정)	• 왕따, 폭력, 비리 등 사회 불의 극복 • 수급자, 조손가족 자녀, 장애 등 본인의 열악한 환경을 극복, 사회적 약자에 희망 부여 등
신뢰(질서)	• 교통, 안전 등 생활 질서 관련 규칙과 규범 준수 • 약속 실천 등을 통해 믿음과 신뢰 제공 등
나눔(배려)	• 재능 기부(예술, 한글, 영어, 독서 등) • 봉사, 나눔 등 선행

출처: 국민대통합위원회 (2016)

색을 거의 띠지 않았기 때문에 정치적 목적이 있다고 해도 순수성을 의심받을 정도는 아니었다. 이 때문에 한국정책학회는 긍정적 사회 문화 확산과 국민 화합에 기여한 공로를 인정해 이 〈생활 속 작은 영웅〉 발굴 사업을 '2016년 제5회 정책대상'으로 선정하기도 했다.

작은 영웅 발굴 사업은 영웅의 정치적 이용보다는 정작 다른 곳에서 문제점을 드러냈다. 좌익과 우익, 진보와 보수가 첨예하게 대립하는 우리 사회에서 갈등의 치유는 중요한 과제이다. 이런 상황에서 한시적으로 설립된 국민대통합위원회가 대통령 임기 5년 안에 재빨리 실적을 내야만 하는 것은 당연한 수순일 것이다. 그런 조급함의 결과로 '작은 영웅'이 탄생했다. 영웅에 대한 정의조차 학문적으로 제대로 정립되어 있지 않은 환경에서 통합(화합), 정의(공정), 신뢰(질서), 나눔(배려)이라는 선발 요건이 영웅의 기준으로 제시되었다. 그리고 이런 기준에 따라 '작은 영웅' 발굴이 각 지방자치단체로 하달되었다. 그런데 미사여구로 치장된 네 가지 선발 기준을 세부적으로 살펴보면 전통적인 개념의 영웅도, 현대적 개념의 영웅도 아닌, 생뚱맞은 영웅이 자리를 차지하고 있음을 쉽게 알 수 있다.

2014년에는 10명, 2015년에는 24명, 2016년에는 44명의 '작은 영웅'이 그렇게 선정되었다. 예시로 2014년 국민대통합위원회가 밝힌 영웅패를 수여 받은 사람들을 살펴보자. '생활 속 작은'이라는 수식어가 붙기는 했지만 이들 수상자 모두를 영웅으로 부를 수 있겠는가? 이들의 선행에 폄하가 아닌 찬사를 보내는 것이 마땅하다. 그럼에도 지하철 흉기 난동자를 제압한 서울도시철도공사 직원을 제외하면 나머지 9명이 영웅적 행동을 수행했다고 보기는 어렵다. 희생 가능성에도 불구하고 이들을 영웅 대신에 봉사자 또는 선행자로 표현하는 것이 더 적절하다.

국민대통합위원회의 영웅 발굴 사업은 전통적으로 '희생'이나 '위험'을 기초로 이해되었던 영웅의 경계를 단시간 안에 허물어뜨렸다. 당시 정부의 역점 사업이라는 점 때문에 광역시도로, 지자체로 급속히 전파되었고 언론 매체가 이에 가세함으로써 영웅이 봉사와 같은 단순 이타적 행위의 수행자라는 인식을 가능하게 만들어버렸다. 이것은 영웅의 질적 가치를 하락시킬 뿐만 아니라 왜곡

2014 생활 속 작은 영웅(10명) 세부 활동 내용

작은 영웅	직업	활동 내용
강**	관광버스 기사	10년째 소년원 아이들에게 제주도 관광 봉사를 자비를 들여서 수행함. 노인, 장애인을 위한 관광 봉사도 함께 함. 아이들에 대한 믿음을 가지고 소년원 아이들에게 용기를 줌.
김**	대학생	미술 재능으로 장애인들을 위하여 캐릭터를 만들어 천정에 붙이는 봉사활동을 시작으로 재능기부가 미술동아리의 전통이 됨. 쓰레기장 벽화 및 꽃밭 조성, 카드 판매하여 기부 등 활동.
김**	서울도시 철도공사	지하철 묻지마 흉기 난동자를 제압, 인계. 응급환자에게 인공호흡과 심폐소생술을 통한 생명 구조 노력. 투철한 직업의식과 사명감으로 안전문화 조성을 위해 노력.
김**	음반사 대표	최고의 기술로 우리 소리를 기록하기 위한 활동으로 국악음반 90여 종 제작. 우리 문화유산과 인재들을 직접 기록하고 유통하고 알리기 위해 꾸준히 활동함.
박**	고등학생	토요일 새벽에 아파트에 불이 났으나 화재경보기가 고장이 난 상황에서 침착하게 이웃주민들을 깨우고 대피시키기 위하여 노력함.
서**	극단 대표	교통사고예방캠페인 퍼포먼스 기획, 어린이 교통사고 예방 뮤지컬 연출 및 전국 순회공연을 진행하는 등 교통사고 예방 및 각종 안전사고 예방에 노력.
이**	주부	선천성 왜소증이라는 장애에도 불구하고 원주시새마을회의 자원재활용 사업의 일환으로 종이컵 모으기 운동에 동참하여 장학금 기부, 정기 기부 활동 수행.
이**	종갓집 며느리	전국의 생활사 자료 1천여 점을 수집하여 박물관에 기부, 우리 문화재 사랑으로 우리의 전통을 알리기 위한 노력을 지속적으로 함.
이**	소방관	소방관으로 온몸 35%에 화상을 입었으나 14년째 장애인들을 위한 봉사활동을 하며 고아원 아이들을 돌보고 장기기증 서약.
이**	중학생	초등학교시절부터 특수 학습반, 왕따 친구들을 돌보는 역할을 하고 중학교에서는 또래 상담부 동아리 활동 및 소외된 친구의 돌보미 역할을 함.

출처: 국민대통합위원회 (2016)

하는 행위와 다르지 않다. 인류가 왜 그 오랜 세월 영웅을 숭배해 왔는가? 목적이 아무리 순수해도 정치라는 옷을 입는 순간, 영웅은 존립 기반이 무너질 위험에 처해진다.

영웅을 정치적 목적의 직접적 수단으로 이용하는 것만큼이나 위험한 것은 정치인이 자기 자신을 영웅으로 치환하는 행위이다. 우리나라 정치사에서 정치인들이 자신의 정치적 목적을 위해 삭발이나 단식 등의 다소 극단적인 방법을 동원하고 있음은 널리 알려진 사실이다. 다음은 삭발식에서 나온 비장한 어조의 정치인들의 말을 언론기사에서 발췌한 것이다.

> **정치인 A:** "대한민국과 어린아이들을 위해 모든 것을 다하겠다. 하지만 머리밖에 깎을 수 없는 미약함에 죄송스럽다."
>
> **정치인 B:** "○○○정권은 자신들만이 정의이자 절대선이라는 망상에 사로잡혀 대한민국의 자유민주주의와 시장경제를 뿌리까지 무차별적으로 훼손하고 있다. ○○○정권의 퇴진에 국민들이 함께해 달라."
>
> **정치인 C:** "국민들은 정말 있을 수 없는, 이제껏 한 번도 경험하지 못한 나라를 경험하고 있다. 우리는 ○○○정권의 이 독선과 위선을 결코 용납할 수 없다. 국민과 국회를 무시하는 ○○○정권에 대항하여 ○○○의원들이 앞장서서 끝까지 저항할 것이다."

이 정치인들은 공통적으로 삭발의 당위성을 '국민'을 위한 행위에 두고 있다. 다시 말해 영웅에게서 발견되는 자기희생과 고통을 통해 대한민국의 민주주의를 일으켜 세우겠다는 '충정'이 삭발의 이유라는 것이다. 이들의 주장 속에는 당시 집권자와 싸워나가는 것이 절대선(善)이며 그 선을 지켜내기 위해 고통을 자발적으로 받아들이고 인내하는 자신이 바로 '영웅'이라는 프레임이 내재한다. 이 모습은 어딘지 일제강점기 지식인들이 주장한 영웅과 닮아 있다. 정치인들은 자신들이 항상 옳고 선하기 때문에 이를 부정하는 행위는 국가와 국민에게 해를 끼치는 사회악이라고 주장한다. 현재의 상황은 애국과 매국, 수호와 파괴라는 대결 양상으로 규정되고, 자신은 그 난국을 해결하려고 '모든' 것을 서슴없이 내던지는 영웅이라는 것이다. 우리가 익히 알고 있던 신화나 고전 속의 초현실적 공간에서 벌어지는 신과 악마의 싸움 그 자체이다. 정치학자 정성원은 한국 정치인의 영웅신화적 태도에 대해 다음과 같이 말한다.

> 한국의 정치인들은 사실상 우리의 일상적인 삶과 밀접히 관련된 정치적 문제들을 자꾸 규범적인 문제로 정의하는 경향을 보여준다. 그리고 그 규범성의 근원을 국가, 국민, 민주주의 등의 상당히 추상적인 개념에서 추구한다. 그럼으로써 이들은 한국정치에서 절대선과 절대악이 맞부딪치는 장엄한 신화적 세계관을 생산하고 또 재생산한다. 이러한 신화적 세계에서 정치인들 스스로는 거룩한 역사적 사명을 띤, 마치 절대이성을 지상에서 구현하는 헤겔(Hegel)의 나폴레옹(Napoleon)과 같은 영웅으로

한국의 정치에서 자리매김할 수 있게 되는 것이다.

정치인들은 끊임없이 '영웅' 프레임을 통해 대중적 지지를 끌어내려고 시도해왔다. 삭발과 같은 행위가 "순수한 의도보다는 공천"과 같은 사익을 위한 것이라는 비판에도 불구하고 어쩌면 이들은 자신들이 정말로 '영웅'이라고 생각하는지도 모르겠다. 그렇지 않다면 이들이 자신을 영웅과 동일시하는 태도에 대하여 비판을 넘어선 수많은 비난 속에서도 어떻게 대중을 향해 나를 따르라고 목소리를 한껏 높일 수 있겠는가? 객관성이나 합리성과 같은 이성은 이미 사라진 지 오래인 것처럼 보인다. 이들은 국가와 민족 이데올로기에 마비된 채 전쟁터의 무인이 정말로 바로 자신이라고 생각한 게 아닌지 모르겠다.

지배층의 횡포가 최고조에 달하거나 지속될 때, 그리고 전쟁과 같은 수난기에, 민중들은 영웅이라는 존재를 더욱 크게 갈망한다. 영웅은 민중에게 한 줄기의 빛처럼 난국과 역경을 극복할 수 있는 희망 그 자체이기 때문이다. 정치인들은 이런 점에 주목한다. 그들은 정권의 작은 실수 또는 실정조차 놓치지 않고 포착하여 현 상황을 '위기'로 규정하고 그 작은 실수를 확대 재생산함으로써 국가 전체를 파국과 연결 지으며 이를 해결하는 영웅으로 자신을 각인시키려 한다. 주지하다시피 짧은 현대 한국정치사에서 이런 사례들은 비일비재했고, 거칠게 표현하면 거의 매일 반복된다.

그러나 우리는 정치인들이 국가와 민족이라는 이름으로 영웅을 내세우지만 이들 대부분이 영웅과 상관없음을 잘 알고 있다. 스스로를 영웅으로 치환 또는 치장하려는 한국 정치인의 과거와 현재의 모습은 영웅의 존재의미와 더 나아가 영웅 자체를 우리 사회에서 소멸시키는 파괴적 행위에 불과하다. 왜냐하면 정치인들이 영웅을 이용하는 동안, 그리고 영웅을 흉내 내는 동안, 우리는 누군가를 영웅으로 부르는 데 주저하게 되고, 영웅을 그저 신화나 이야기 속의 힘센 사람 정도로 생각하는 게 마음 편하기 때문이다.

대중문화가 대중의 욕망을 담아내는 그릇이라는 점에서 신화든, 전설이든, 역사든 간에 이야기로 함축된 대중문화 속의 영웅은 우리 시대가 안고 있는 사회문제를 사유케 하고 척박한 현실을 인내하며 살아갈 수 있게 하는 용기와 지혜를 선사한다. 대중문화 속에서 영웅은 우리 개인의 정신적 성장을 뛰어넘어 사회 전체에 새로운 가치를 탄생시키는 중요한 존재임에 틀림없다. 그러나 이런 원론적인 말과는 달리, 대중문화도 정치에 연계되어 영웅을 위태롭게 만드는 경우가 있다.

　　대중의 자연스러운 욕망의 분출로서 영웅이 긍정적으로 기능하기 위해서는 영웅은 대중과 대중매체 간 대등한 관계 속에서 하나의 문화 현상의 결과로 나타나야 한다. 하지만 권력과 연대한 문화 주체들이 자신들의 자기이익 또는 자기보존의 수단으로 영웅을 정치적으로 이용하게 되면 영웅은 특정 정치 세력의 이데올로기와 권력을 치장하거나 공고히 하는 역기능을 하게 된다. 이런 가운데 영웅은 왜곡되고 그들의 영웅적 행동은 의심의 대상이 되고 그것이 심각할 경우 대중의 관심으로부터 완전히 사라져버리게 된다. 단적인 사례로, 정치색이 판이하게 다른 정권하에서 탄생한 2007년 개봉작 〈화려한 휴가〉와 2016년 개봉한 〈인천상륙작전〉을 살펴보자.

〈화려한 휴가〉는 1980년 5·18 광주민주화항쟁을 배경으로 소시민들의 자유와 민주주의를 지키기 위한 영웅적 행동을 다루었다. 따라서 민주화운동을 뿌리로 한 당시 여당인 열린우리당 지도부와 노무현 정부가 즉각 반응하여 단체관람을 하는 등 직·간접적으로 지원했다. 한편, 한 포털의 영화 서비스 채널이 "전쟁의 역사를 바꾼 인천상륙작전을 성공시키기 위해 모든 것을 걸었던 숨겨진 영웅들의 이야기를 그린 전쟁 액션 블록버스터"로 소개한 약 10년 뒤 제작·상영된 〈인천상륙작전〉도 〈화려한 휴가〉의 상황과 별반 다르지는 않았다. 총 제작비 180억 원 중 국책은행인 기업은행, 보훈처, KBS 미디어 등 국가기관과 공공기관 관련 투자액이 106억 원을 넘어섰을 뿐만 아니라 당시 대통령 박근혜와 여당인 새누리당 지도부의 단체관람, 각 지구당 차원에서의 단체관람을 비롯해 정권과 이해관계가 얽힌 각종 단체로부터 전폭적인 지원을 받았다.

그 결과는 어떠했는가? 이 두 영화에 대한 관람객의 평가는 극단적이었다. 〈화려한 휴가〉에 대해서는 "우린 폭도가 아냐. 이 개새끼들아"와 "광주사태는 폭도들의 대규모 시위를 진압하기 위한 화려한 작전이었을 뿐이다", 〈인천상륙작전〉에 대해서는 "6·25 영웅이신 분을 좌빨들 니들이 왜 편하게 밥을 쳐먹고 있는 지나 아니?"와 "수꼴빨갱이 자위용 닭그네 헌정영화"라며 상호대립적인, 입에 담기조차 민망한 표현들이 수두룩하였다. 이런 거친 반응은 주로 영화의 완성도가 떨어진 데서 기인한 것이겠지만 정치권력의 개입, 즉 당시 정부와 여당의 전폭적인 지원과 지지에서 하나의 원인을 추출할 수 있을 것이다.

〈화려한 휴가〉의 독재에 항거한 소시민들과 〈인천상륙작전〉의 국가를 수호한 해군 첩보부대원들이 영웅이 아니라는 말인가? 그들은 자기희생을 바탕으로 가족과 시민, 그리고 국가를 보호하기 위해 방법은 다르지만 분명히 영웅적 행동을 수행한 영웅들이다. 그들이 영웅이라는 불변의 사실은 대중문화와 정치권력의 연대 앞에서 어느새 무기력하게 관심 밖으로 밀려나 버려지고 불필요한 소모적인 논쟁만이 남게 되었다. 통합의 상징으로서 우리 사회의 빛이 되어야 할 영웅은 '불순한' 대중문화를 거치면서 우리의 머리와 가슴으로부터 죽어가고 있을 뿐이다.

영웅은 대중문화를 구성하는 한 축으로서 스포츠계에도 크게 한자리를 차지하고 있다. 대중매체가 테크놀로지의 발전 속에서 영향력을 키워가는 동안 특정한 기준은 차치하고 객관성이나 사실성과는 상관없이 그저 소비자의 심리에 의지해 수많은 스포츠 '영웅'을 양산하고 있으니 말이다. 스포츠계가 경제적 이익을 목적으로 때로는 권력과 연대하고 때로는 국가나 민족이라는 대중 심리를 이용하여 무차별적으로 영웅을 남발해 온 것은 부인할 수 없는 사실이다. 국민의 기본권이 침해받던 암울했던 1980년대 초 걸출한 운동선수들이 영웅으로 떠받들어졌던 프로야구 출범을 필두로 올림픽과 월드컵과 같은 국제대회에서의 우승과 승리는 국가의 승리로 증폭되었다. 국위선양이라는 애국주의에다 개인의 외모, 근면성실, 선행 등이 덧씌워지기라도 하면 어느새 평범한 선수는 국민의 '영웅'이 되었다. 2009년 3월 세계피겨스케이팅 선수권대회에서 우승한 김연아를 두고 한 신문은 온갖 감상적 문구를 동원하며 다음과 같이 '영웅'의 출현을 노래했다.

> 황홀한 봄이었다. 김연아는 연어처럼 민첩했고, 백조처럼 우아했다. 집중하고 몰입하는 과정은 열광의 퍼포먼스이자 강력한 액션 페인팅이었다. 관중들은 기립박수를 치며 새 챔피언에게 경의를 표했고 국민은 영웅의 출현에 환호했다. 늘 생글생글 웃던 김연아도 시상식장의 애국가 선율 속에 눈물을 흘렸다. 개인의 감격이 국민에게는 희망의 선물로 다가선 순간이었다.

어떤 이들은 스포츠 영웅이 희생을 바탕으로 월등한 재능, 지력, 용맹, 담력 등을 지녀 사람들의 존경의 대상이 되고 있다고 말한다. 대중매체와 연계된 스포츠 스타를 영웅으로 불러도 무방한 듯 보이지만 〈첫 번째 여정〉에서 이미 설명한 것처럼 영웅의 핵심 조건으로 제시된 희생이 누구를 향한 것인지 살펴보게 되면 얘기는 달라진다. 영웅의 척도로서 희생은 '타인'을 위한 것이며 보상과도 상당한 거리를 유지한다. 하지만 대다수 스포츠 스타들이 운동을 처음 시작할 때부터 '보상없는 희생'을 염두에 두었을까? 그들은 혹독한 훈련에 따르는 신체적 희생을 무엇과 맞바꾸려 했을까? 대중매체가 상품화를 위해 그들의 희생을 다소 과장하지는 않았을까?

대부분의 스포츠 영웅은 대중매체가 만든 상품화의 결과로서 기업 민족주의 이데올로기를 반영한다. 영웅은 상품으로서의 이미지와 애국주의적 이미지가 교묘하게 결합된 결과물인 것이다. 상품이 높은 가치를 가지려면 뭔가 독특한 것이 첨가되어야 하는데, 그래서 애국에 의지한 국제대회에서의 성적이 중요하고 우승을 위한 노력이 희생이라는 이름으로 바뀌고 외모는 금상첨화의 효과를 발휘한다. 사실상 우리가 스포츠 영웅으로 부르고 있는 상당수 인물이 대중매체가 만든 상품이라는 사실을 간과할 수는 없다. 각종 언론 매체는 구독자의 눈길을 사로잡기 위해 국제대회에 출전하는 거의 모든 선수에게 거침없이 영웅 칭호를 부여해 버린다. 그렇게 운동선수들이 대중문화 속에서 영웅의 자리를 차지하고 있지만, 그런 가운데 우리의 진짜 영웅은 영웅이라는 이름을 빼앗긴 채 관심 밖으로 밀려나며 죽어가고 있다.

텔레비전이 급속히 보급되었던 1970년대 미국의 한 여론조사 기관은 미국인들이 생각하는 영웅에는 어떤 인물들이 있는지 조사한 바 있었다. 10위권 안에는 대중매체로부터 영향을 받은 인물이

8명이나 포진했다. 1위는 배우이자 영화감독인 제리 루이스, 4위와 5위에는 TV 탤런트 폴 글레이저와 〈600만불의 사나이〉로 우리에게도 익숙한 리 메이저스, 6위에는 서부영화의 간판스타 존 웨인이 선정되었다. 그리고 2위는 루마니아 체조선수 나디아 코마네치, 7위는 피겨스케이팅 선수 도로시 해밀, 8위는 10종 경기 선수 브루스 제너, 9위는 미식축구 선수 오제이 심슨이 차지했다. 종합하면 미국인이 생각하는 영웅 10명 중 8명이 대중매체에 영향을 받은 연예계 종사자와 운동선수였다. 이런 현상 때문에 당시 미국의 각종 잡지는 〈왜 우리는 영웅을 죽이는가〉, 〈사라지는 영웅들〉, 〈미국 영웅의 종말〉, 〈영웅 결핍〉 등의 수많은 제목 속에서 영웅이 미국에서 죽어가고 있다고 한 목소리로 외쳐댔다고 한다. 미국만의 현상일까?

마음을 움직이는 영웅이 아니라 감각을 자극하는 영웅이 대중문화 속에서 새 둥지를 틀고 있다. 그 원인이 신물 날 정도의 정치적 이용이나 연대에서 비롯되었는지, 아니면 새로운 사회현상으로 보아야 할지는 논의가 더 필요하겠지만 대중문화는 분명히 영웅과 영웅적 행동 상당 부분을 변질시키고 있다.

마지막으로, 영웅을 지칭하는 용어들이 너무 많아 영웅을 진부한 존재로 만들고 있음을 지적하지 않을 수 없다. 예를 들어 인터넷에 의사(義士), 열사(烈士), 지사(志士)를 검색어로 검색해보면 특히 3·1절이나 현충일을 전후로 각 용어의 차이를 질문하거나 설명하는 글을 심심치 않게 발견할 수 있다. 다음은 '치유글쓰기'라는 웹사이트에 게재된 글이다.

> 참, 그런데요. 제가 방금 유관순 누나(?)에게 '열사'라는 말을 썼습니다. 그러나 다들 안중근 의사에게는 '열사' 대신 '의사'를 씁니다. 그 이유를 아십니까? 늘 써 오는 말이지만, 정확한 의미를 아는 사람은 많지 않은 듯합니다. 제가 주변 기자들에게 물어봐도 제대로 의미를 구분하는 사람이 없더군요.

이 웹사이트의 글에서처럼 독자 여러분은 각 용어의 차이를 구분할 수 있는가? 그리고 굳이 구별할 필요가 있을까?

〈다음백과〉에 따르면, 의사는 안중근이나 이봉창처럼 '나라와 민족을 위해 성패에 관계없이 목숨을 걸고 무력적인 행동으로 항거하며 죽은 사람'으로, 열사는 민영환이나 이준처럼 '나라를 위해 절의를 굳게 지키면서 의로운 죽음을 통해 굳은 의지를 내보인 사람'으로, 지사는 '나라와 민족을 위하여 제 몸을 바쳐 일하려는 뜻을 품은 사람'으로 정의한다. 한 걸음 더 나아가 어떤 학자는 사료를 통해 의사와 열사의 의미를 추적하여 각각의 용어를 올바로 이해하고 제대로 사용할 것을 주문하였다.

또 법률을 살펴보면 〈독립유공자 예우에 관한 법률〉(약칭 '독립유공자법')에서는 광복을 기점으로 생존 여부에 따라 적용대상을 세분해서 일제의 국권침탈(國權侵奪) 전후로부터 1945년 8월 14일까

한국에서 영웅의 다른 이름 24가지	
구분	이름
민간 / 학계	의사, 열사, 지사, 선생, 의인 등 5가지
법률	순국선열, 애국지사 등 2가지 (독립유공자법 제4조)
	순국선열, 애국지사, 전몰군경, 전상군경, 순직군경, 공상군경, 무공수훈자, 보국수훈자, 6·25참전 재일학도의용군인, 참전유공자, 4·19혁명사망자, 4·19혁명부상자, 4·19혁명공로자, 순직공무원, 공상공무원, 국가사회발전 특별공로순직자, 국가사회발전 특별공로상이자, 국가사회발전 특별공로자 등 18가지 (국가유공자법 제4조)
	의사자, 의상자 등 2가지 (의사상자법 제2조)

지 국내외에서 일제의 국권침탈을 반대하거나 독립운동을 위하여 일제에 항거하다가 그 반대나 항거로 인하여 순국한 자를 '순국선열'로, 일제의 국권침탈 전후로부터 1945년 8월 14일까지 국내외에서 일제의 국권침탈을 반대하거나 독립운동을 위하여 일제에 항거한 사실이 있는 자를 '애국지사'로 규정한다. 〈국가유공자 등 예우 및 지원에 관한 법률〉(약칭 '국가유공자법')은 순국선열, 애국지사, 전몰군경, 전상군경, 순직군경 등등 18개 항목을 통칭해서 '국가유공자'로 부르고 있고, 〈의사상자 등 예우 및 지원에 관한 법률〉(약칭 '의사상자법')에서는 직무 외의 행위로 위해(危害)에 처한 다른 사람의 생명·신체 또는 재산을 구하다가 사망하거나 부상을 입은 사람을 '의사상자'로 정의하고 있다.

복잡하기 이를 데 없다. 사실상, 의사라고 부르든, 순국선열이라고 부르든, 전몰군경이라 부르든, 분명히 이들은 우리 사회를 위해 자신을 희생한 사람이다. 입법목적을 달성하기 위해 적용대상을 유형화할 필요는 부정하기 어렵다. 하지만 일반시민들까지 어려운 법률용어를 정확하게 구사하도록 요구할 필요도 크지 않다. 법률상 세분화된 구분은 법률로 국한하고 일반시민에게는 단순하게 영웅이라는 호칭으로 통일시키는 것은 어떨까?

정치권력과 대중문화에 의해 영웅이 본래의 힘을 잃고 진부한 존재로 전락함으로써 사람들은 영웅이라는 고유 호칭보다는 의사, 열사, 의인, 애국지사처럼 다른 이름을 사용하는 것을 선호하게 되었는지도 모른다. 그 이유가 무엇이건 간에, 다양한 이름으로 영웅을 호명하는 것은 용어의 복잡성 때문에 혼란을 키울 뿐만 아니라 이에 그치지 않고 영웅을 입에 올리는 것조차 꺼려하게 만들 수도 있다. 안중근은 의사인가? 열사인가? 애국지사인가? 아니면 그의 직위 그대로를 붙여 안중근 장군이라고 불러야 하는가? 호칭이 무엇이든 그의 애국심이나 영웅적 행동의 본질은 달라지지 않는다.

초등학생들에게 6·25가 북침에서 비롯되었는지, 남침에서 비롯되었는지 두 가지로 물었더니 63%가 북침으로 대답하였다고 한다. 언뜻 이 사실만으로는 학교에서의 안보교육이 매우 걱정될 수 있다. 하지만 좀 더 세분화한 질문으로 다시 물었더니 96%의 학생들이 6·25를 북한이 일으킨 것으로 정확히 대답했다고 한다. 북침을 '북한에서의 침략'으로도 '북으로의 침략'으로도 해석하는 언어의 혼란에서 비롯되었을 뿐, 내용상의 문제는 아니었다. 이처럼 언어는 불안정하다. 마찬가지로 영웅의 다른 많은 표현들은 복잡성과 논란으로 인해 영웅의 사회적 확산에 방해요소가 될 수 있으며, 더 나아가 영웅을 거론하는 데에도 조심하게 만들 수 있다. 이것이 오랫동안 지속된다면 영웅은 본래 이름을 잃고 다른 모습으로 변형될 수 있다. 영웅에게 영웅이라는 고유의 이름을 다시 찾아주는 것은 어떠한가?

영웅도
보호가 필요하다

1994년 A군은 물놀이 도중 튜브를 놓쳐 허우적대던 친구를 구하려다 목숨을 잃었다. 그때 나이 열일곱이었다. 보건복지부는 10년이 지나서야 A군을 의사자로 인정하고 부모에게 국가가 정한 일정 금액의 유족보상금 등을 지급했다. 아들이 잊히는 게 안쓰러웠던 부모는 또 약 10년 뒤인 2019년 국가보훈처에 아들의 위패를 국립묘지에 봉안해달라고 신청했다. 보훈처는 명확한 사유를 밝히지 않고 거부했다.

국가보훈처가 A군의 위패를 국립묘지에 봉안할 수 없었던 데에는 〈국립묘지의 설치 및 운영에 관한 법률〉이 정한 안장 대상에 해당되지 않는다는 판단 등 여러 사정이 작용했을 것이다(제5조 제1항). 이 사안은 우리 사회가 영웅을 어떻게 대해야 하는지 뒤돌아보게 한다. 국립묘지 안장 대상을 살펴보면 '국가'를 위해 희생한 사람들이 주를 이룬다. 국가가 아닌 다른 사회적 가치를 실천하려한 영웅을 국립묘지에 안장할 수는 없을까? 영웅적 행동이 사회 속으로 좀 더 퍼져나가는 데 국립묘지의 상징성이 도움을 줄 수 있다면 유연하게 고려해볼 수 있지 않은가? 영웅을 칭송만 할 것이 아니라 지극히 현실적인 관점에서 보호할 수 있는 방안도 마련되어야 한다. 영웅을 찾는 이번 여정은 더 많은 영웅의 탄생을 기약하며, 법률의 측면에서 우리가 영웅을 어떻게 보호하고 있는지, 개선점은 없는지를 살펴보는 것이다.

'보호'는 사전을 찾아보면 '위험이나 곤란 등이 미치지 않도록 잘 지키고 보살핌' 또는 '잘 지켜 원래대로 보존되게 함'으로 설명되어 있다. 그런 점에서 '보호'가 가리키는 의미를 가장 잘 나타내는 사람이 영웅이다. 영웅은 희생을 두려워하지 않고 우리 사회와 그 구성원들을 보호하는 사람이기 때문이다. 하지만 누군가의 생명을 구하거나 사회적 가치를 보호하는 행위는 영웅 자신뿐만 아니라 그 행위의 대상에게도 종종 부상, 죽음, 물적 피해와 같은 어두운 결과를 가져오곤 한다. 또한 영웅적 행위의 과정이나 결과가 심리적 충격이나 위축감을 주는 경우도 많다.

　푹푹 찌는 한여름, 주차된 승용차 안에 아기 혼자 땀을 뻘뻘 흘리며 잠들어 있는 것을 발견했다고 가정해보자. 시동이 꺼져있는 것을 보니 에어컨도 작동하지 않는 게 분명하다. 한시라도 아기를 구하는 것이 급선무라 생각해 무작정 차문을 열어보지만 열리지 않는다. 급한 마음에 바닥에 떨어져 있던 돌을 주워 간신히 차 유리를 깨고 아기를 안전하게 옮긴 후 119에 신고한다. 그리고 나서야 자신의 손과 팔이 피로 흥건해진 것을 깨닫는다. 얼마 뒤 허겁지겁 달려온 부모가 아기를 구해준 것은 고맙지만 차 유리 깬 것은 잘못이라며 배상을 요구한다. 아기를 구한 사람이 입은 피해는 누가 보상해야 할까? 아기 부모의 차량 수리비는 누구의 몫일까? 물에 빠진 사람을 구하고 나니 보따리 내놓으라는 우리 속담이 생각난다.

　　최근 빈발하는 개물림 사고도 마찬가지이다. 맹견이 노약자를 공격하는 급박한 상황에서 인명을 구하기 위해 맹견을 때리거나 불가피하게 죽인 경우 견주가 심하게 항의하거나 심지어 민·형사상 책임을 추궁하는 경우가 많다. 맹견으로부터 인명을 구조한 사람이라도 형법과 민법이 정한 긴급피난이나 정당방위의 복잡한 요건을 제대로 갖추지 못하면, 자신이 입은 예기치 못한 피해를 감수하거나 오히려 재물손괴에 따른 형사처벌을 받고 손해배상까지 해줘야 하는 경우가 종종 발생한다. 심지어 소방관이 화재를 진압하기 위해 골목에 불법주차된 차량을 파손하거나 인명구조를 위해 건물 출입문을 제거해야 하는 경우 자비로 손해배상을 해줘야 하는 경우도 있다. 2017년 제천 스포츠센터 화재사고 이후 소방기본법(제25조)과 도로교통법(제32조) 등이 개정되어 소방차 긴급출동 과정에서 불법주차 차량을 강제처분했을 때라면 민사책임까지 면제받을 수 있게 되었지만, 실제로는 까다로운 면책요건과 민원 때문에 주저하는 경우가 대부분이다.

　　우리 판례는 긴급피난이나 정당방위의 경우에 까다로운 면책요건을 충족하는지를 객관적이고 사후적인 시각으로 판단하려 한다. 영웅적 행동은 본질적으로 인명과 재산의 위험이 촌각을 다투는 급박한 상황을 전제한다. 이런 때에도 항상 객관적 시각으로 냉정하게 모든 상황을 관찰하고 최선의 행동을 취했을 때에만 법적 보호를 허락한다면, 특별한 능력을 갖추지 못한 보통 사람들은 어떻게 하라는 것인가?

위의 사례는 영웅적 행동이 긍정적 결과만을 낳는 것이 아님을 단적으로 나타낸다. 독립운동 중에, 적과의 전투 중에, 흉악범을 제압하던 중에, 산불을 진압하던 중에 죽거나 다치는 사람은 부지기수다. 또 위의 아기 구조 사례처럼 일반 시민이 영웅적 행동을 하던 중 죽거나 다친 사례도 많다. 우리는 이런 사람들을 영웅으로 부르는 데서 그칠 것이 아니라 그 사람이 입은 피해, 그 사람이 사망했다면 그 사람 가족이 겪을 고통과 피해에 대하여 실질적으로 보호할 책임이 있다. 더 나아가 영웅적 행동 때문에 영웅적 행동의 대상이나 제3자가 인적, 물적 피해를 입게 되는 경우, 적어도 그 책임이 영웅에게 향하지 않도록 해야 할 책무가 우리에게 있다. 그렇지 않다면 누가 영웅적 행동을 하겠는가? 이런 이유 때문에 개인이 공동체의 이익에 기여하는 행위를 하는 동안 발생한 경제적, 신체적 피해에 대하여 국가가 법률로써 보호하고 있다.

먼저 눈에 띄는 영웅을 보호하는 공적 장치로는 국가의 책임에 기초하여 일정한 보상을 제공하는 제도가 있다. 가령 전쟁 중에 국가는 개인을 징집하여 전쟁터로 보낼 수 있다. 이때 만약 그 개인이 부상 등의 신체적 위해를 입게 되면 국가가 국민을 대표해 이를 보상한다. 대표적인 법이 〈국가유공자법〉이다. 그리고 이에 더해 의무가 없는 개인이 위험에 처한 사람을 선의로 구조하는 도중에 그 사람에게 발생한 재산상 손해나 부상이나 사망 등 신체상

피해에 대하여 흔히 '선한 사마리아인 법'(Good Samaritan Law)으로 알려진 법적 장치로써 행위자에게 법적 책임을 물을 수 없도록 하는 것이 세계적으로 일반화되어 있다.

영웅을 공적으로 보호하는 이런 법적 장치들을 마련하고 시행하는 이유는 단순히 영웅적 행위 자체를 보호하기 위한 것뿐만 아니라 공개적 보호가 가져오는 사회적 영향이 큰 데 있다. 영웅에게 발생한 피해를 사회가 외면한다면 영웅적 행위는 위축되거나 소멸할 수밖에 없다. 반대로 영웅적 행위를 보다 적극적으로 보호한다면 영웅적 행위는 그에 고무되어 확대될 것으로 기대할 수 있으며, 이는 최종적으로 공동체에 더 큰 이익을 가져오는 선순환효과를 불러일으킬 것이다. 구체적으로 영웅을 보호하는 법적 장치와 그 한계를 살펴보자.

전쟁이나 군사훈련 등으로 인한 피해에 대하여 국가가 국민을 대신하여 보상하거나 예우하는 제도는 전 세계적인 추세이다. 미국은 1944년 〈제대군인원호법〉, 호주는 1994년 〈군인보상법〉, 캐나다는 2006년 〈캐나다군 현역 및 제대군인의 사회복귀 및 보상법〉, 중국은 2018년 〈영웅열사보호법〉 등을 각각 제정하여 군 관련 영웅에 대한 각종 보훈정책을 시행하고 있다. 우리나라도 1984년 〈국가유공자법〉을, 1994년에는 〈독립유공자법〉을 제정하여 시행함으로써 우리 사회에 봉사한 결과로 발생한 피해 등에 대해 보상 및 지원과 예우를 하도록 하는 제도적 장치를 마련해놓고 있다.

〈국가유공자법〉은 '국가를 위하여 희생하거나 공헌한 국가유공자, 그 유족 또는 가족을 합당하게 예우하고 지원함으로써 이들의 생활안정과 복지향상을 도모하고 국민의 애국정신을 기르는 데에 이바지함'을 목적으로 한다(제1조). 이 법이 제정된 배경은 '대한민국의 오늘은 온 국민의 애국정신을 바탕으로 전몰군경(戰歿軍警)과 전상군경(戰傷軍警)을 비롯한 국가유공자의 희생과 공헌 위에 이룩된 것이므로 이러한 희생과 공헌이 우리와 우리의 자손들에게 숭고한 애국정신의 귀감(龜鑑)으로서 항구적으로 존중되고, 그 희생과 공헌의 정도에 상응하여 국가유공자와 그 유족의 영예(榮譽)로운 생활이 유지·보장되도록 실질적인 보상'이 필요해서였다. 순국선열, 애국지사, 전몰군경 등 18가지로 적용대상을 세분화하고 있으며, 상이등급에 따라 보상금, 수당 및 사망일시금 등의 보훈급여금 지급과 교육 및 의료 등을 지원하고 있다. 국가가 법률로 국가를 위해 희생한 이들을 영웅으로서 국가유공자로 지정하고 지원 및 예우하는 것은 상당히 고무적이라 할 수 있지만 어떻게 보면 너무 당연한 일이다.

하지만 영웅의 보호 정책으로서 국가유공자에 대한 실질적인 지원은 매우 제한적이다. 예를 들어 기초생활수급자인 독립유공자(손)자녀에게 지급되는 생활지원금이 1인 가구 월 최저 생계비에도 크게 못 미치는 최대 월 47만8000원이라는 점만 봐도 그렇다. 그나마 중위소득 70% 이하의 차상위 계층에게는 월 34만5000원을 지급하고 있으며, 그 이상에게는 생활지원금을 일체 지급하지 않고 있다. 대상자 상당수가 생계에 어려움을 겪는 노령·빈곤층인데도 말이다. 또한 참전유공자에게는 국가 지원금은 일체 없고, 일부 시도 지자체가 자체 예산으로 고작 10~20만 원 안팎을 지원하고 있을 뿐이다. 할아버지의 독립운동 때문에 집안은 풍비박산이 나고 그로 인해 아버지는 학교도 제대로 다닐 수 없었다. 그런 환경 속에서 손자가 제대로 자랄 수 있겠는가? 영웅이 보호받지 못한다면 영웅적 행동의 사회적 확산은 불가능하다.

구한말 대표적 명문가이자 부호의 하나였던 이시영 선생 6형제는 1910년 경술국치 직후 전 재산을 처분하여 만주로 이주하고 신흥무관학교를 설립하여 훗날 봉오동과 청산리 전투의 주역들을 배출하는 등 치열한 독립운동을 펼쳤다. 해방 후 이시영 선생은 부통령을 역임하였지만 그 형제와 후손들은 생활고로 굶어죽거나 생활고에 시달렸다. 끝까지 선생의 묘를 지킨 며느리는 기초생활수급자로 힘들게 살다가 2013년 작고하였다. "친일하면 3대가 떵떵거리고 독립운동하면 3대가 망한다"라는 말이 사람들 입에 거리낌 없이 오르내린다면 나라가 위태로울 때 어떻게 구국의 영웅적 행동을 기대할 수 있겠는가? 사태가 불리하면 앞다퉈 적에 투항하거나 외국으로 도피하는 것이 자신과 가족을 위한 현명한 행동으로 인식된다면 우리의 미래가 밝을 수 있을까?

앞의 〈세 번째 여정〉에서 우리는 심야 교통사고의 유일한 목격자가 침묵하는 방관자 문제를 살펴보았다. 그런데 방관자효과가 단순히 다른 사람이 나설 것이라는 기대에서만 비롯되는 것은 아니다. 범죄현장의 목격자로 인정되면 경찰서에 가서 참고인 조사를 받고 진술조서에 날인하거나 때로는 뜻하지 않게 형사재판에서 증인으로 출석하여 신문받게 되는 경우도 있을 수 있다. 생업에 바쁜 사람이 생면부지 사람의 일에 끼어들어 시간을 빼앗기고 상대방으로부터 비난까지 받는 것은 결코 유쾌하지 않다. 아무런 보호장치 없이 누구나 이런 수고를 감수할 것을 기대하기는 쉽지 않은 것이다. 이런 사회에서 무고한 피해자는 정당한 법적 보호의 기회를 박탈당하기 일쑤이고, 정직하고 건강한 사회는 요원한 일이 될 수밖에 없다.

한 가지 덧붙일 말은 신체상의 사상(死傷) 정도에 따라 영웅을 차별하는 것이 과연 정당한가이다. 이를테면 〈국가유공자법〉은 사상의 정도를 나타내는 상이등급에 따라 지원을 달리한다. 그 취지가 일상의 회복과 필요 정도에 따라 지원을 달리할 수밖에 없다는 현실적 문제라는 점을 감안한 것이라고는 해도 부상 없이 국가를 위해 희생정신으로 화답한 영웅에게도 지금보다 나은 합리적인 보상이 필요하다. 현재는 대중교통비 감면이 실질적으로 가장 큰 지원이며, 그 외는 공원입장료 감면 또는 면제처럼 사실상 생색내기에 불과하다. 미국의 경우를 잠깐 들여다보자.

1944년 6월 22일에 발효된 미국 〈제대군인원호법〉의 골자는 제대군인을 광범위하게 지원하는 것이었다. 제대군인이 대학에 진학할 경우 재학 중에는 교육비와 주거 비용을 지원하고, 졸업한 뒤에도 주택 마련 자금을 지원하는 것이 주요 내용이었다. 이 법은 당시 백인 하층민에게는 중산층으로 올라설 수 있는 징검다리가 되었고, 소외계층인 흑인에게는 대거 대학에 진학해 백인사회와의 격차를 좁힐 수 있는 기회가 되었다. 참전해서 신체상의 피해가 발생하지 않았더라도 국가의 지원을 받을 수 있도록 한 이 법은 다치거나 죽지 않은 자도 영웅일 수 있다는 인식을 바로 세웠다는 점에서 의의가 크다.

영웅의 기준이 부상 등의 신체적 사상일 수는 없다. 부상 유무와는 상관없이 영웅적 행동을 수행한 자는 모두 영웅일 수 있다는 인식이 필요하다. 다치거나 죽은 사람만 영웅이고 건강한 사람은 관심 밖으로 밀어낸다면, 앞으로 비슷한 일이 일어났을 때 어떤 상황이 연출될 것인지는 불 보듯 뻔하다. 영웅적 행동의 사회적 확산이라는 명제를 생각해본다면 우리나라 국가유공자법의 법리는 보다 유연해져야 하며, 그에 따른 실질적인 지원 및 예우가 강구되어야 할 것이다.

앞서 언급한, 생명을 위협할 만큼 푹푹 찌는 자동차 안에서 아기를 구조한 상황으로 돌아가 보자. 실제 2014년 미국에서, 이런 상황을 목격할 경우 어떻게 행동할 것인지 묻는 설문조사를 실시한 적이 있었다. 결과는 부정적이었다. 많은 사람이 개입하지 않겠다고 답했다. 이유는 소송에라도 휘말릴까 염려되었기 때문이다. 잠긴 차문을 열기 위해서는 유리창을 깨야 하고 구조하는 동안 아기가 다치기라도 한다면 혹시 그 책임이 나한테 돌아올까 두려운 거다.

이런 경우를 대비하여 우리나라를 비롯한 많은 나라는 응급상황에 생명을 보호하기 위해 행동한 사람에 대하여 민형사상의 책임을 면해주는 법률을 시행하고 있다. 영웅적 행위 도중 발생한 피해에 대하여 행위자에게 면책을 부여하여 영웅과 영웅적 행동을 보호하는 법리를 통칭해서 〈선한 사마리아인 법〉이라고 한다.

〈선한 사마리아인 법〉은 기독교 성경의 누가복음 속에 등장하는 한 우화에서 유래한다. 어떤 나그네(유태인)가 강도의 공격을 받아 물건을 빼앗긴 채 거리 한쪽에 쓰러져 있었다. 때마침 그곳을 지나던 한 성직자가 쓰러져 있던 나그네를 발견하지만 못 본 체 그냥 지나쳐 버렸다. 곧이어 나타난 레위인 역시 그냥 가버렸다. 세 번째로 당시 증오와 멸시의 대상이었던 사마리아인 한 사람이 그곳을 지나치다 못 본 체할 수 없어서 쓰러진 나그네에게 다가가 옷과 먹을 것을 주며 돌봐주었다. 게다가 나그네를 유태인 마을의 여관까지 데려가 자신의 돈으로 쉴 수 있게 해주었다. '선한 사마리아인'은 도움을 필요로 하는 사람에게 상황과 상관없이 도움의 손길을 내미는 사람을 가리키는 말로 자리 잡았고, 이 우화처럼 다른 사람을 돕다가 발생한 문제 때문에 고소당하는 것을 막기 위해 많은 나라에서 〈선한 사마리아인 법〉이 제정되었다.*

---

* 그런데 프랑스, 독일, 핀란드 등의 일부 국가에서는 자신이나 다른 사람이 위험해지지 않는데도 위험에 처한 사람을 구조하지 않았을 때에는 처벌할 수 있는 조항을 이 법에 두기도 한다. 쉽게 말해, 방관자를 처벌할 수 있는 법으로도 활용되고 있는 것이다. 개인의 자유와 도덕을 법으로 강제할 수 있는지에 대해서는 논란이 많다.

'선한 사마리아인 법리'에 기초하여 영웅과 영웅적 행동의 보호를 명확히 명문화한 법이 앞서 간략히 언급한 영국의 〈사회적 행동, 책임, 영웅적 행동에 관한 법〉이다. 2015년부터 시행된 이 법은 위험에 처한 개인을 돕기 위해 구조행위에 뛰어든 당사자가 '사회적 행동'으로서 사회나 구성원의 편익을 위한 목적으로 책임 있게 행동했다면 피해 발생 시 소송에서 법적 책임을 면해주어야 한다는 것이다. 처음 입법 논의가 시작되었을 때, 이미 구조행위에 대한 면책을 규정한 다른 법률들이 있었기 때문에 별도로 제정할 필요까지 있겠냐고 비판받았다. 하지만 영국 의회는 논의 끝에 영웅적 행동을 법률로 규정하는 것이 사회적으로 영웅과 영웅적 행동을 촉진할 수 있을 것이라는 결론에 이르러 마침내 이 법을 제정하게 되었다.

영국의 경우처럼 영웅적 행동의 보호를 직접 '영웅'이나 '영웅적 행동'이라는 표현을 빌려 명문화하지는 않지만, 미국을 비롯한 많은 나라들이 법률을 통해 선의로 응급상황에 개입하여 생명을 구하는 도중 피해가 발생하더라도 특별한 위법사항이 없는 한 소송을 제기할 수 없도록 하고 있다. 우리나라도 마찬가지인데, 〈응급의료에 관한 법률〉이 대표적이다. 응급의료에 종사하지 않으며 종사하더라도 업무 수행 중이 아닐 때에는 '생명이 위급한 응급환자에게 (…) 응급의료 또는 응급처치를 제공하여 발생한 재산상 손해와 사상에 대하여 고의 또는 중대한 과실이 없는 경우 그 행위자는 민사책임과 상해에 대한 형사책임을 지지 아니하며 사망에 대한 형사책임은 감면한다'고 규정하고 있다.

'선한 사마리아인 법'에 대한 법적 논의는 실익이 크지 않을 수 있다. 실제로 이 법리에 기초한 소송은 거의 없을 만큼 아주 적다. 예컨대 영국, 캐나다, 호주 등에서는 선한 사마리아인으로서 손해배상책임이 면제된 사례도 발견되지 않는다. 그럼에도 불구하고 선한 사마리아인을 법률로 규정하여 특별하게 취급하는 것은 영웅과 영웅적 행위의 상징성이 크다는 판단에서이다. 보상 등 대가에 대한 아무런 기대 없이 타인을 돕는 영웅적 행동이 보호되어야 하는 것은 재론의 여지가 없을 만큼 당연하다. 영웅에게 소송이라는 고통, 더 나아가 배상책임까지 안길 수는 없지 않은가? 그런데 한 가지 더 생각할 점이 있다. 누군가를 구하기 위해 응급상황에 자발적으로 개입한 영웅 자신에게 재산상의 피해나 신체적 사상이 발생했을 때 그것을 보상하는 법적 보호 장치는 있을까?

영미권이 일반시민의 영웅적 행동에 대한 면책을 법률로 보장하고 있지만 영웅 자신이 입은 피해에 대해서는 그렇지 않다. 정부 차원의 보상을 규정하고 시행하는 나라는 전 세계에서 단 한 곳뿐이다. 바로 우리 대한민국이다. 선한 사마리아인 법의 '소극적 행위'를 고려할 때, 우리나라의 〈의사상자법〉은 전 세계적으로 유례가 없는 입법 사례로 주목할 만하다.

〈의사상자법〉은 당초 1970년 〈재해구제로인한의사상자구호법〉으로 제정되었다가 현재의 법체계에 이르렀다. 이 법의 주요 골자는 영웅적 행동을 한 사람에게 보상금 지급, 영전 수여, 취업 보호 등 다양한 보상을 제공하여 구조행위로서 영웅적 행동을 적극적으로 보호하고 장려하는 데 있다. 즉, 이 법은 응급상황에 자발적으로 개입하여 타인의 생명을 보호하는 영웅적 행동으로 인해 일어날 수 있는 피해에 대하여 책임을 면제하는 내용에서 더 나아가 행위자 자신을 적극적으로 지원함으로써 일반 시민의 영웅적 행동을 사회적으로 확산시키려는 데 제정 목적이 있다. 내용을 간략히 살펴보자.

〈의사상자법〉의 목적은 '직무 외의 행위로 위해(危害)에 처한 다른 사람의 생명·신체 또는 재산을 구하다가 사망하거나 부상을 입은 사람과 그 유족 또는 가족에 대하여 그 희생과 피해의 정도 등에 알맞은 예우와 지원을 함으로써 의사상자의 숭고한 뜻을 기리고 사회정의를 실현하는 데에 이바지하는 것'(제1조)으로 규정되어 있다. 좀 더 쉽게 얘기하면, 시민이 자발적으로 영웅적 행동을 하다 죽거나 다쳤을 때에는 국가가 일정한 보상을 해주자는 것이다. 〈국가유공자법〉이 국가를 위해 희생한 영웅에게 보상하는 것이라면, 이 법은 엄밀하게 국가와는 상관없지만 타인 등의 구조행위를 사회라는 보다 넓은 관점에서 해석하여 영웅으로 인정하고 있는 셈이다.

의사상자 지정은 주소지 또는 구조행위지의 지방자치단체장이 상급의 특별시장·광역시장·도지사 또는 특별자치도지사를 거쳐 보건복지부장관에게 인정 여부를 결정해 줄 것을 청구하는 데서 시작한다. 의사자 인정 신청을 받은 보건복지부장관은 의사상자심사위원회의 심사·의결을 거쳐 60일 이내에 의사상자 인정 여부를 결정하고 의사상자의 예우 및 부상 등급(의상자로 인정한 경우)도 함께 결정하게 된다.

의사상자로 지정된 사람에게는 국가가 다음과 같은 예우 및 보상을 하도록 하고 있다. 먼저, 강제성을 띠지는 않지만 국가는 〈상훈법〉에 따라 영전 수여 등에 필요한 조치를 취하고, 의사자를 추모하는 동상 및 비석 등의 기념물 설치사업을 수행할 수 있다. 직접적인 보상책으로는 현금으로 보상금(의사자의 경우 대략 2억 원)을 지급하며 구조행위로 인해 의사상자의 물건이 멸실·훼손된 때에는 그 손해액을 보상해야 하고, 〈의료급여법〉에 따라 의료비도 지급해야 한다. 또한 의사자의 자녀 및 의상자와 그 자녀에 대해서는 〈국민기초생활 보장법〉에 따라 교육급여를 실시하며, 가족의 생활 안정을 위해 대통령령으로 정하는 바에 따라 취업보호를 실시하도록 되어 있다. 그 외, 의사자의 경우 유족에게는 장례비용을 지급하며 의상자·의사자유족 및 의상자가족 중 대통령령으로 정하는 사람에게는 국가나 지방자치단체가 관리하는 고궁과 공원 등의 시설을 무료로 이용하게 하거나 그 요금을 할인할 수 있도록 규정하고 있다. •

이상에서 살펴본 것처럼 〈의사상자법〉은 실체적으로, 또 절차적으로도 비교적 정교한 법률이다. 이 법이 적극적으로 적용되고 홍보된다면 전형적인 '착한 사마라아인 법'보다 영웅적 행동을 촉

의사상자 인정 현황

(2019년 4월 기준, 단위: 명)

구분	계	'03이전	'04	'05	'06	'07	'08	'09	'10	'11	'12	'13	'14	'15	'16	'17	'18	'19
계	785	328	38	44	53	27	39	31	27	37	38	21	25	21	17	27	5	7
의사자	510	226	29	33	43	16	26	14	15	20	22	13	20	11	10	10	1	1
의상자	275	102	9	11	10	11	13	17	12	17	16	8	5	10	7	17	4	6

출처: 보건복지부 (190423 정보공개청구자료)

진하는 데 더 크게 기여할 수 있을 것으로 기대된다. 하지만 이와 같은 의의에도 불구에도 안타깝게도 〈의사상자법〉의 적용 사례가 위의 〈표〉에서처럼 조금씩 감소하고 있다.

보건복지부의 공식적인 통계 발표가 없어 의사상자 인정 신청 건수와 인정률 등을 정확히 알 수 없다는 한계에도 불구하고 의사상자 인정 감소가 영웅적 행위의 감소와 직결된다고 볼 수는 없다. 다시 말해 의사상자로 인정되는 건수가 줄어들고 있다고 해서 영웅적 행동이 우리 사회에서 줄어들고 있다고 단언할 수는 없다. 그것보다는 오히려 인정 기준의 엄격함에서 그 원인을 찾는 것이 합리적이라고 생각한다.

2010년 3월 26일 서해에서 조업 중이던 제98금양호는 침몰한 천안함 선체 수색작업을 도와달라는 해경의 요청에 따라 주저 없이 뱃머리를 돌려 현장으로 출동했다. 하지만 곧 캄보디아 상선과 충돌해 침몰하며 선원 9명 전원이 죽거나 실종됐다. 유가족들이 의사자 지정을 신청했지만 심사는 더디게 진행되었다. 그러자 이

듣해 2011년 국회 보건복지위원회는 금양호 희생자들을 의사자로 인정하지 않는 보건복지부를 질타했다. 다음은 회의록에서 발췌한 내용이다.

> **위원(국회의원):** 제 의견은 우리나라는 보면 어떤 잘못을 저지른 사람 있지 않습니까? 뭐 살인을 했다든지 이런 범죄를 저지른 사람에 대해서는 우리가 거의 잡아내서 아주 무겁게 처벌을 합니다. 정말로 무겁게 처벌을 하는데 실제로 지금 의사상자의 법률이 이렇게 필요한 이유는 그 반대로 자기의 목숨이 위험하더라도 남을 구해 주기 위해서 적극적으로 나선 사람에 대해서는… **고의로 사람을 죽인 경우는 반드시 처벌하는 것에 비해서 우리 사회에서는 그렇게 목숨을 걸고서라도 남을 구하는 사람이 우리 사회에 굉장히 많은데도 불구하고 그 사람에 대해서는 굉장히 인색해요, 우리 사회가.**
>
> (중략)
>
> **보건복지부차관:** 그런데 이게 구조행위라는 것 전체적으로 문장을 한번 보십시오. '구조행위란 자신의 생명 또는 신체상의 위험을 무릅쓰고 급박한 위해에 처한 다른 사람의 생명·신체 또는 재산을 구하기 위해서' 앞에 그런 여러 가지 상황이 정리가 되어 있지 않습니까? 그렇게 하는 직접적인 적극적인 행위인데 거기다가 '전후 인과관계에 있는 행위' 이러면 전후 인과관계 그것 참… **물론 다 케이스 바이 케이스로 판단은 하기는 해야 되지만 이게 너무 범위가 아주 포괄적이지 않아요?**

정부가 구조행위 해석의 확대를 경계한 것이 금양호 희생자들을 의사상자로 인정하지 않은 이유의 하나로 드러난 것처럼, 최근의 의사상자 감소 추세는 인정 자체를 엄격하게 적용한 데 따른다. 물론 영웅적 행동의 기준에 대한 엄격성이 영웅과 영웅적 행동의 질적 가치 저하를 막는 데 중요한 것은 사실이다. 하지만 정부 측의 태도는 이런 우려 때문이라기보다는 한 국회의원의 지적처럼 다양한 이유로 법령상 요건규정의 "해석을 자꾸 너무 협소하게 하기 때문"이다. 신체적, 물적 피해를 보상받는 데에 각종 서류를 작성하고 또 심사를 받는 데에도 상당한 시간이 소요된다는 사실은 제외하더라도 인정조차 받지 못한다면 누가 영웅적 행동을 하겠는가? 전 세계에서 유례를 찾아볼 수 없을 정도로 선진적인 이 법이 영웅적 행동의 확산을 도모하고자 탄생했다는 점을 기억해야 할 것이다.

공익제보는 공공에 대한 신뢰와 투명성, 그리고 효율성을 높여 사회적으로 그 가치가 크다. 그러나 공익제보자는 조직의 배신자라는 낙인과 함께 동료로부터 외면당하고 조직으로부터 쫓겨나기 일쑤이며 그에 따라 심각한 경제적 위기를 겪으면서 건강을 잃거나 가족이 해체되는 등 다양한 고통을 겪는다. 그래서 공익제보는 영웅적 행동의 한 유형으로 인식되고 있으며, 많은 국가에서 법률로 보호와 지원을 받고 있다. 최근에는 약간 소극적이었던 유럽의 여러 나라들도 공익제보에 대하여 법적, 제도적 장치를 정착시키기 위해 노력하고 있다고 한다. 우리나라도 예외는 아니어서 〈부패방

지 및 국민권익위원회의 설치와 운영에 관한 법률〉(약칭 '부패방지법')
과 〈공익신고자 보호법〉을 각각 2001년과 2011년에 제정하여 공
익제보자들이 구체적인 보호와 지원을 받을 수 있게 되었다.

〈부패방지법〉과 〈공익신고자 보호법〉은 공익을 침해하는 행
위를 신고한 사람 등을 보호하고 지원함으로써 국민생활의 안정과
투명하고 깨끗한 사회풍토의 확립에 이바지함을 목적으로 한다.
이 두 법의 핵심은 공익을 목적으로 한 내부 고발을 활성화하기
위해 그 행위자를 보호하는 데 있다. 두 법률은 신고자의 비밀보장
과 함께 파면 등 신분상의 불이익, 징계 등 부당한 인사, 성과평가
등의 차별, 집단 따돌림 등 공익제보자에게 가해질 수 있는 다양한
불이익을 상세히 규정하고 있으며 이와 동시에 이를 위반한 자에
게는 이행강제금과 과태료를 부과하는 벌칙조항을 두어 공익제보
자를 보호하고 있다. 또한 보상금, 포상금 및 구조금 지급 규정도
마련하여 실체적으로 공익제보를 보호 또는 지원하고 있다.

영웅으로서 공익제보자를 보호하기 위한 법적 장치에도 불구
하고 현실은 사뭇 다른 양상을 나타내는 경우가 많다. 공익제보자
들이 집단 따돌림은 물론이거니와 현재 살고 있는 지역으로부터
멀리 떨어진 곳으로 발령을 받거나 한직으로 밀려나는 등의 사례
는 널려진 사실이다. 합법으로 위장한 채 심각한 보복이 가해짐으
로써 결국 제보자 스스로 직장을 그만두는 상황이 연출되고 있다.

그런 의미에서 공익제보자에 대한 조직의 불이익조치를 원상
회복하기 위해 규정된 이행강제금은 강화되어야 한다. 불법적인

불이익을 가하고도 원상회복 조치를 하지 않은 자에게 3천만 원이하의 이행강제금만 부과할 수 있도록 한 것은 조직의 편익이 지나치게 고려되었다고 할 수 있다. 거대 기업에게 3천만 원이 무슨 의미가 있겠는가? 게다가 중앙정부나 지방자치단체에는 이행강제금을 부과할 수도 없다. 사회를 위한 영웅적 행위로 인해 영웅의 삶이 완전히 파괴되지 않도록 실효성 있는 조치가 필요하다.

〈의사상자법〉은 의사상자의 희생정신과 용기를 존중하고 일상의 복귀를 돕기 위해 보상금 등의 각종 혜택을 제공하고 있다. 그런데 공익제보자는 어떠한가? 공익제보자가 입는 피해가 의사상자보다 적다고 할 수 있을까? 더욱이 공익신고에 따른 포상금은 일상의 복귀를 위한 수단이 아니라 공공기관이 얻게 되는 이익에 비례하여 지급하고 있다. 이는 영웅을 보호하기 위한 목적이 아니라 제3자의 이익이 고려된 측면이 있다. 영웅적 행위가 직접적인 물질적 이익의 관점으로 뒤바뀌어 버린 것이다. 이 때문에 포상금을 목적으로 한 신고꾼들이 공익제보라는 이름으로 출현하고 있으며 이에 따라 기업 활동이 과도하게 위축된다는 비판이 있다. 결과적으로 '공익제보=물질적 보상'이라는 등식이 성립되면서 영웅적 행동의 사회적 가치는 일정 부분 퇴보하게 된다.

A사 자동차의 일부 차량에 창작된 엔진 결함을 한국과 미국 당국에 제보한 전직 부장이 미국 도로교통안전국으로부터 280억 원에 달하는 거액의 포상금을 받게 되자, 언론이 일제히 포상금 액수에 집중하여 기사를 쏟아낸 사실을 기억해보라. 그런 기사들에

는 영웅적 행위로서 그가 한 공익제보의 본질, 즉 운전자의 생명을 위협할 수 있는 상황을 용기로써 해소했지만 그로 인해 겪었을 고통은 가려져 있다.

물론 포상금의 주된 목적이 윤리적 측면보다 경제적 해악을 제거 내지 억지하는 데 있고 그를 위해 고액의 포상금이 지급된다면, 그러한 경제적 보상을 주된 목적으로 하는 포상금 사냥에 대하여 영웅적 성격을 강조하는 데에는 한계가 있을 수 있다. 대표적예가 〈독점규제 및 공정거래에 관한 법률〉(약칭 '공정거래법')이다. 공정거래법 등은 부당공동행위를 비롯한 15개 불법행위를 신고하는 사람에게, 단계별 포상율을 과징금액에 적용하여 산정한 포상금을 지급하는 제도를 2005년 도입하였다. 이때 단계별 포상율은 시정조치와 신고자료의 증거 수준 등을 반영하여 결정되고, 과징금액은 위반행위자에게 부과된다. 부당공동행위의 경우에는 지급한도가 30억 원인데, 2021년 제강사 고철 담합건에서는 역대 최대 금액인 17억 5천만원이 지급되어 화제를 모았다. 이러한 경우 역시 자동차 엔진 결함 사건에서처럼 시장경쟁질서에 대한 암적 존재를 제거한다는 의미에서 공익성을 갖는 것은 분명하지만, 신고자 개인을 보면 공익적 목적보다는 거액의 포상금이라는 사적 이익이 앞선다는 면에서 영웅적 행위로 단언하는 것은 조심스럽다. 심지어 어떤 담합신고는 조직내부의 이권다툼에서 비롯되기도 한다.

따라서 공익제보에 따른 포상금 등의 예우는 공익신고의 성격이나 효과에 따라 필요한 경우 의사상자와 같은 방식으로 바뀌는 것이 바람직하다. 이익을 기대하지 않고 행동할 때 비로소 그것을 영웅적 행동이라고 부를 수 있기 때문이다. 부당공동행위 신고 포상금과 같이 커다란 이익이 눈앞에 보인다면 공익제보는 영웅적 행동에서 탈락하고 공익제보자가 영웅이라는 인식 역시 사라져버릴 것이다.

영웅과 영웅적 행동을 보호하고 사회적 확산을 목적으로 한 해외 법률 사례와 우리나라 의사상자법 등은 공통적으로 인적, 물적 피해를 전제로 한다. 법률의 차원에서 영웅적 행위를 보호하거나 지원하는 것은 행위자의 피해나 희생이 실제로 발생했을 때에만 비로소 가능하며, 피해가 없을 때의 보상이나 예우는 통상적으로 관련 기관에서의 표창장과 소정의 부상 수여가 대부분이다. 즉, 행위자의 자긍심을 고취시키는 정도에 머물러있다. 영웅적 행위의 결과로 피해가 생긴다면 될 수 있는 대로 빨리 복구해서 다시 일상으로 돌아갈 수 있게 하는 것이 가장 중요하다. 하지만 영웅적 행동이 사회 저변으로 더 폭넓게 뻗어나가려면 영웅의 개념에 부합하면서도 희생 등의 피해가 발생하지 않는 영웅적 행동에 대해서도 적극적인 지원과 예우를 고려해야 한다. 영웅적 행위에서 자기 희생은 결과뿐만 아니라 자신을 희생하고자 하는 의지 또한 중요하다. 영웅적 행동을 고양하기 위해서는 희생이 실제로 발생했는지의 여부가 중요한 요소는 아니기 때문이다.

  희생이나 피해가 발생하지 않은 영웅적 행위에 대한 지원이

가능한지 여부는 사회적, 법적 다툼의 여지가 있을 수 있다. 명예, 칭송, 찬사 등의 '비물질적인' 보상이 영웅을 존재하게 만드는 주요 동력이기 때문이다. 선(善)에 대한 신념이 강한 사람일수록 이타적 행동의 영웅을 칭송하고 숭배하지만 물질이 보상으로 제공되는 데에는 반대한다. 그것은 금전적 보상이 뒤따를 때 영웅적 행동이 더 늘어날 것이라는 생각과는 대조적으로 영웅적 행동의 본질을 침해하기 때문이다. 이런 쟁점과는 별도로 정부의 재정 부담 또한 만만치 않은 현실적인 문제도 있을 것이다.

그럼에도 영웅적 행동의 사회적 확산이 사회적 비용을 크게 줄일 수 있다는 점을 생각해야 한다. 재난이 시시각각 예고 없이 일어나고 있고, 또 최근에는 기상이변이나 코로나바이러스 팬데믹과 같은 새로운 형태의 재난들이 지속적으로 발생하고 있다. 이에 대처하기 위해서는 국가의 엄청난 행정력이 필요하며, 설령 행정체계가 완벽히 갖추어진다 해도 모든 종류의 재난 상황에 즉각적으로 반응하는 것은 불가능하다. 영웅의 궤적이 낳는 더 좋은 사회로의 변모나 시민들의 삶의 만족도가 높아지는 긍정적인 효과까지 고려하면, 법적, 재정적 문제는 상대적으로 작다. 우리 사회의 수많은 문젯거리는 누군가의 '희생' 위에서만 해결되는 것이 아니라 누구라도 자발적 의지만 있다면 해결 가능하다. 따라서 영웅적 행동의 확산 효과까지 고려한다면, 행위 중 피해가 발생한 경우뿐만 아니라 발생하지 않은 경우에 대해서도 진일보한 보상 및 예우를 논의해볼 때이다. 그것이 영웅을 진정으로 대하는 태도일 것이다.

영웅은
길러낼 수 있다

영웅을 연구하는 학자 대부분은 교육을 통해 평범한 사람이라도 영웅적 행동을 할 수 있다는 데에, 즉 영웅적 행동을 길러낼 수 있다는 데에 동의한다. 앞서 '악의 일상성' 부분에서 설명했듯이, 밀그램 교수의 실험과 짐바르도의 스탠포드 가상 교도소 실험을 통해 평소 악한 행동과는 거리가 먼 평범한 사람이라도 특정 상황과 특정 조건 하에서는 악하게 행동할 수 있음을 알게 되었다. 그 반대의 경우도 가능하지 않겠는가. 교육과 학습을 매개로 사람들을 선하게 행동하도록 유도할 수만 있다면 우리 사회에서 악을 완전히 없앨 수는 없어도 지금보다 현저히 줄어들게 할 수는 있을 것이다.

하지만 악의 일상성이 있으면 영웅적 행동의 일상성도 있다는 식으로 막연히 말하는 것은 설득력이 약하다. 영웅적 행동을 배양할 수 있는 구체적인 근거가 있어야 하지 않을까? 영웅을 탐색하는 이번 여정은 그 근거를 찾아보고 어떻게 하면 영웅적 행동을 할 준비가 되어 있는 이른바 '대기 중인 영웅'을 길러낼 수 있는지 살펴보는 것이다.

영웅을 연구하는 사람들 상당수는 악행과 영웅적 행동 둘 다 사람의 타고난 성향에서 비롯되었기보다는 특정한 상황이 악한 행동 또는 영웅적 행동을 하게 한다고 생각한다. 들개가 산책하고 있던 어떤 노인을 공격하고 있는 상황을 상상해보자. 그런 상황을 목격하게 되면 사람은 누구나 본능적으로 무엇인가를 하게 된다. 자신의 안전을 먼저 걱정해 그 자리를 피하든, 노인을 구하기 위해 들개와 맞서든, 재빨리 119에 신고를 하든, 반드시 어떤 행동을 취할 것이다. 결국 상황이 방관자를 만들기도 반대로 영웅을 만들기도 한다. 실제로 영웅적 행동을 했던 사람들은 누구라도 똑같은 상황에 처하게 되면 자신처럼 행동했을 것이라며 자신의 행동을 대수롭지 않게 말하지 않는가. 영웅적 행동을 유발하는 제일의 요건이 상황이라고 결론지어도 큰 무리는 없다.

자신의 의도와는 상관없이 외부에서 일어나는 상황은 직접적인 행동을 끌어낼 뿐만 아니라 직접 행동할 수 없었던 사람의 심리에도 영향을 미친다. 어떤 사람들은 조금 늦게 도착해 여러 사람들이 이미 죽을힘을 다해 노인에게서 들개를 떼어놓고 있는 것을 발견할 수도 있다. 늦게 현장에 온 사람은 자기까지 달려들 경우 오히려 상황을 악화시킬 수 있다고 판단해 안타깝게 바라볼 수밖에 없다. 하지만 들개와 사투를 벌이고 있는 사람들을 보고 있으면 마음 한구석에 어떤 감정이 솟아오르는 것을 느끼게 된다. 이런 정서적인 반응은 그 사람이 그 자리에서 느낀 감정으로 끝나지 않고 이후에 비슷한 상황에 놓이게 되면 들개와 사투를 벌인 사람들처럼 행동하게 하는 자극제가 되기도 한다. 이처럼 상황은 직접적인 행동을 유발할 뿐만 아니라 이후 다른 상황의 행동에도 영향을 미치는 선순환의 고리를 형성한다. 한 번으로 그칠 수 있는 누군가의 영웅적 행동이 다른 사람에게도 일어나게 하는 상승효과로 이어지게 하는 것이 상황인 셈이다.

적절한 때 적절한 장소에서 영웅적 행동이 일어난다는 생각은 영웅이 학습을 통해 길러질 수 있는 길을 열어놓는다. 예를 들어 학교에서는 학생들의 현장학습 일환으로 종종 소방서를 방문하곤 한다. 최근 단순한 강의식 설명을 탈피해 진짜처럼 화재를 연출하고 학생들이 직접 진압할 수 있도록 현장 중심의 훈련 과정을 운영하는 소방 기관들이 늘고 있다. 이런 실습 훈련이 실제로 화재가 일어났을 때 학생들이 효과적으로 대처하는 데 도움이 되기 때문이다.

상황이 영웅적 행동을 유발하는 중요한 요소라는 점은 소방훈련과 같은 상황 훈련을 통해 영웅적 행동을 길러낼 수 있다는 가설이 단순한 가설로 끝나지 않음을 뒷받침한다. 하지만 더 중요한 것은 상황 훈련이 영웅적 행동을 길러낼 수 있다면 교육의 다른 방법들을 통해서도 영웅적 행동을 배양할 수 있다는 점이다. 즉 교육이라는 보다 넓은 틀 속에서 영웅적 행동은 길러질 수 있다는 것이다. 이런 주장은 영웅이 태어나면서부터 결정된 것이라는 종래의 영웅관을 수정해 교육을 통해 누구나 영웅이 될 수 있다는 생각으로 이어지게 한다.

2014년 맥나미와 웨솔릭은 영웅적 행동으로 카네기 영웅상을 수상한 30명을 대상으로 상을 받게 된 동기를 추적했다. 수상자들에게서 부모가 어려서부터 올바른 가치를 교육시켰고, 다른 사람에 대한 공감 능력을 키우려고 노력했으며, 다른 사람을 돕는 데 솔선수범했다는 사실이 공통적으로 발견되었다. 이를 근거로 두 학자는 영웅적 행동이 '학습된 기술'이라는 결론에 도달했다. 이처럼 교육은 영웅을 길러낼 수 있는 중요한 기제이다

코헨, 랭턴, 리치즈 세 명의 심리학자도 사람들이 영웅보다는 방관자가 되는 진짜 이유가 연습이 부족해서라며 영웅적 행동은 맥나미와 웨솔릭의 주장처럼 학습이 가능하다고 생각했다. 이들은 타인을 돕기 위해 생명의 위험을 무릅쓴 사람들의 공통점에 대해 다음과 같이 말한다.

> 그들(영웅들)은 평소에 도움이 필요한 상황을 상상했고 어떻게 행동할 것인가를 생각하곤 했다. 그들은 자신과 처지가 '같을 수 있다'고 생각되는 사람들뿐만 아니라 완전히 처지가 '다르다'고 생각되는 사람들에게도 공감이라는 폭넓은 감정을 느끼고 있었으며, 정기적으로 (봉사활동과 같은) 작은 방식으로 사람들을 도왔고, 영웅적 행동을 하는 데 확신을 갖게 하는 경험이나 기술을 가지고 있었다.

이와 같이 영웅적 행동은 상황의 중요성을 토대로 친사회적 행동

을 수행할 뿐만 아니라 반사회적 행동에 대응할 수 있는 예방적 수단으로서 교육 또는 학습될 수 있다.

그럼, 구체적으로 영웅적 행동은 어떻게 교육할 수 있을까? 이 질문에 대하여 코헨 외는 위의 인용문의 내용을 바탕으로 네 가지를 제시했다.

첫째, 영웅이 될 수 있다고 상상하라!
둘째, 타인과 공감하라!
셋째, 작은 선행부터 실천하라!
넷째, 남을 돕기 위한 기술과 경험을 쌓아라!

우리의 도움을 필요로 하는 상황은 언제든지 일어날 수 있다. 그런 상황에 능동적으로 대처하기 위해서는 평소에 그 상황을 미리 상상하는 훈련이 필요하다. 예를 들어 버스를 이용해 출퇴근하는 직장인이라면 버스가 빗길에 미끄러져 전복되며 출입문을 이용할 수 없는 상황을 자주는 아니더라도 생각해보라는 것이다. '다친 승객들을 밖으로 대피시키기 위해서는 어떻게 해야 할까?', '전복된 버스에 불이라도 나면 제일 먼저 뭐부터 해야 할까?', '두꺼운 버스 유리창을 다치지 않고 재빨리 깨는 방법은 뭘까?' 등 그 상황에 자신이 있다고 생각하고 일어날 수 있는 다양한 문제들을 여러 각도에서 미리 상상해보자는 것이다.

평소에 경험하지 못한 낯선 상황이 주어졌을 때 누구나 여러 행동 가능성을 두고 내적 갈등을 겪게 된다. 결국은 나름의 선택을 하게 마련이지만, 급박한 상황에서는 사전에 했던 일종의 이미지 트레이닝이 빠른 결정과 행동에 도움을 주게 되고 이것이 영웅적 행동으로 이어지는 것이다. 짐바르도는 이를 "영웅적 상상력"이라고 불렀는데, 사람들이 훈련을 통해 이를 배양한다면 위기 상황을 발견하자마자 무관심이나 방관을 걷어내고 창의적으로 행동해 영웅이 될 수 있다는 것이다.

위기 상황을 평소에 상상해보는 훈련은 도움의 손길이 필요한 사람이 '나'일 수 있다고 생각할 때 가능하다. 공동체라는 넓은 관점에서 공감능력을 키우는 것이 영웅적 행동을 하는 데 중요할 수 있다. 또한 평소에 자원봉사활동을 하거나 누군가 내 도움이 필요하다고 생각될 때에는 작은 도움이라도 선뜻 손 내밀어 버릇한다면 영웅이 될 자격을 갖춘 셈이다. 마지막으로, 심폐소생술을 익힌다거나 의용소방대원으로서 소방훈련을 받는다면 응급상황에서는 전문 기술을 익힌 덕분에 머뭇대지 않고 자신 있게 대응할 수 있을 것이다.

평소에 공감 능력을 키운 사람, 봉사활동을 하는 사람, 전문 기술을 익힌 사람이 긴급한 상황에서 영웅이 될 가능성이 높지만 그렇지 않은 사람이라도 '영웅적 상상'을 꾸준히 한다면 영웅이 될 수 있다. 왜냐하면 다양한 응급상황을 상상하고 어떻게 행동하는 게 최선일까 평소에 자주 생각하는 사람이라면 추후에 공감 능력을 키우고 봉사활동을 하고 구조 관련 전문 기술을 배울 가능성이 높기 때문이다.

영웅적 행동을 교육을 통해 기를 수 있다는 생각은 비록 영웅이 되지는 않더라도 삶의 여러 분야에서 유용할 수 있다. 예를 들어, 하인리히 그리고 워든과 로건과 같은 학자들은 캠벨의 '영웅의 여행' 개념을 이용한 영웅 교육이 유능한 간호사를 키우는 데 효과가 있다고 말했다. 이들은 간호 전공 학생이나 간호계에 첫발을 내디딘 많은 간호사가 당초 예상했던 것보다 힘든 근무 환경을 겪게 되지만 유능한 간호사로 가는 다소 고통스러울 수도 있는 힘든 여정을 캠벨이 제시한 영웅의 여행으로 생각하면 순간순간 마주하는 어려운 현실을 더 긍정적으로 해석할 수 있다고 설명하였다.

영웅적 행동이 교육을 통해 배양될 수 있다는 사실은 구체적인 심리학 실험을 통해서도 입증이 되었다. 2019년 심리학자 엘리자베스 하이너는 매트 랜던이 설립한 비영리 영웅 교육 기관 '영웅수립단'의 프로그램에 참가한 미국 미시건 주의 4~5학년 초등학생 62명을 대상으로 영웅적 행동을 자극할 수 있는지 실험하였다.

하이너는 학생들이 캠벨의 '영웅의 여행'을 배우고 자기 자신이 영웅적으로 행동할 것인지, 자신의 영웅은 누구인지, 그리고 왜 그 사람을 영웅으로 여기는지 생각해보는 영웅 교육을 받은 이후에 학생들의 용기가 증가할 것이라는 가설을 세웠다. 그 가설이 맞는지를 확인하기 위해 교육 참여 직전, 직후, 30일 경과 후 셋으로 나누어 학생들의 용기 지수를 측정해보았다. 결과는 하이너의 최초 가설과 일치했는데, 영웅 교육 직후 학생들의 용기 지수는 교육

전과 비교해 상승하였고, 그뿐만 아니라 30일이 지난 후에도 교육 직후의 용기 지수는 그대로 유지되었다.

어린이는 자아에 대한 개념이 유연하기 때문에 청소년이나 성인보다 학습한 내용을 더 깊게 받아들이는 경향이 있다. 하이너는 이 실험을 통해 영웅과 영웅적 행동에 관한 교육이 어린이의 도덕의식을 높이는 데 긍정적일 수 있다는 결론에 도달했다. 영웅 교육이 직접 영웅적 행동으로 이어지게 하지는 않더라도 적어도 윤리의식을 함양하는 데 효과적일 수 있다는 것이다. 이는 영웅이 길러질 수 있을 뿐만 아니라 도덕 일반에 영향을 미칠 수 있음을 의미하며 영웅 교육이 필요한 이유를 설명한다.

분명히 영웅은 교육을 통해 만들어질 수 있다. 하지만 우리나라 학교현장에서는 영웅 교육을 거의 찾아볼 수 없다. 그 이유가 영웅에 대한 개념이 고전적인 데 있든, 영웅이 정치적으로 이용된 데 있든, 학문적인 연구가 빈약한 데 있든, 영웅은 교육 속으로 침투하지 못했다. 영웅의 사회적 가치에 주목하여 지금이라도 교육현장에서 다루어지기를 기대하며 해외 사례로 영웅을 교육하는 대표적인 두 기관 '영웅수립단'과 '영웅적 상상 프로젝트'에 대해 소개하겠다.

미국 미시건 주 브라이턴에 본부를 둔 '영웅수립단'은 2006년 매트 랭던에 의해 설립되었다. 이 기관은 비영리단체로서 "우리는 누구인가?"라는 구호 속에서 초등학교부터 고등학교에 이르는 학생들과 일반인들에게 약자 괴롭히기와 같이 윤리적으로 복잡한 상황을 제시하고 그런 상황 속에서 어떻게 행동하는 것이 적절한지를 스스로 사고하는 커리큘럼을 개발해 영웅 교육에 적용하고 있다. 교육의 큰 틀은 캠벨의 '영웅의 여행'을 기초로 하며 다음과 같다.

○ 유명인은 영웅이 아니다. 우리는 이 둘의 차이를 식별할 수 있다.

○ 우리는 영웅의 여행길에 올라있다. 영웅으로서의 가장 중요한 성공 비결은 팀을 구성하는 것이다.

○ 우리는 위험에도 불구하고 타인들을 위해 뭔가를 하는 영웅이다.

○ 우리는 진짜 영웅으로서 약자 괴롭히기와 같은 학교폭력 문제에 대처할 수 있다.

○ 영웅적 행동은 용기 있는 행동이다. 우리가 용기 있게 행동할 때, 주변의 다른 사람들은 남을 돕는 일에 더 편안하게 느낀다.

○ 우리는 잘못된 뭔가를 보게 되면 그것을 바로잡을 수도, 아무 것도 하지 않을 수도 있다.

본질적으로 영웅수립단의 교육은 학생들에게 자신의 선택과 행동이 중요하다는 사실을 일깨우는 데 있다. 영웅의 여행의 개념을 이해하는 동안, 학생들은 영웅적 행동이 이상주의적인 것이 아니라 삶과 밀접히 관련되어 있고 도움이 필요한 상황에서는 그들 스스로가 타인을 도울 준비가 되어있는 영웅 후보생일 수 있음을 이해하도록 교육받는다.

영웅수립단의 '어린이 영웅 되기'와 '악당과 영웅, 그 차이는 무엇인가?' 두 가지의 교안이 우리에게도 적용 가능한 유익한 내용이라 간략하게나마 소개한다.

교안 1. '어린이 영웅 되기'

- **교육 기본 방향**

  대화, 토론, 구체적 사례 등을 통해 교육 참가자 스스로 '모든 영웅은 타인을 위해 희생이나 위험을 감내한다'는 한 가지 공통점을 최종적으로 이해하도록 다음 세 가지를 교육한다.
  - 영웅의 정의
  - 영웅적 행동의 이해
  - 영웅적 행동의 실생활 적용

- **구체적인 교육 방법**

  영웅적 행동의 훈련 방법을 실생활의 사례를 통해 연습한다.
  - 남의 시선을 두려워 말라

    예: 이상한 옷을 입고 등교하기, 쉬는 시간에 친구들 앞에서 노래 부르기
  - 남이 느끼는 감정을 느껴라

    예: 언짢아 보이는 친구에게 말 걸기, 도움이 필요해 보이는 친구 돕기
  - 남을 칭찬하라

    예: 친구의 옷이나 신발 칭찬하기

– 나 자신이 영웅이라고 생각하라

　예: 영화 속 주인공이 나라고 생각하기

• **저학년 교육 절차**

– 모둠 활동

4~5명을 한 모둠으로 구성한다. 각 모둠은 10~15분 간 "등교하는 동안 주변에 어른이나 선생님이 없는 상황에서 고학년 선배가 저학년 후배를 괴롭히는 장면을 목격한다면 어떻게 하겠는가?"라는 시나리오를 토론한 후 여러 해결 방안을 정리해보며 그중 한 가지 방안을 모둠의 최종안으로 채택한다. 모든 모둠이 모여 각자의 방안을 돌아가며 발표한다.

– 개별 활동

교육 참가자들은 각자 다음 상황들 중 하나만을 선택한 후 그 문제를 해결할 수 있는 한 가지 영웅적 행동을 짧은 글, 파워포인트, 동영상 등의 방법을 이용해 발표한다.

　"전학 온 학생을 반 친구들이 괴롭힌다면 어떻게 하겠는가?"

　"반 친구들이 재활용을 하지 않는다면 어떻게 하겠는가?"

　"급식 중 제일 맛있는 반찬이 빨리 떨어져 먹지 못한다면 어떻게 하겠는가?"

• **고학년~일반인 교육 절차**

저학년과 동일한 방식으로 교육을 진행한다. 하지만 영웅과 영웅적 행동을 정의하는 방식이 상당히 까다로운 과정일 수 있기 때문에, 고학년 학생들에게는 다음과 같은 '어려운' 질문을 통해 비판적으로 사고하도록 유도한다.

"테러리스트들이 신념을 위해 자신을 희생한다면 그들은 영
웅인가?"

"어떤 사회가 테러리스트를 영웅으로 간주하고 있다면 그
사람이 정말로 영웅인가?"

"일상적으로 작지만 중요한 행동을 하는 사람 모두를 영웅
으로 부를 수 있는가?"

"모든 영웅은 싸우거나 생명의 위험을 무릅써야 하는가?"

교안 2. '악당과 영웅, 그 차이는 무엇인가?'

• 교육 기본 방향

많은 악당은 좋은 의도로 시작하며 잘못된 것은 그 의도를
수행하는 방식에서 비롯된다. 이를 기초로 교육 참가자가 악
당과 영웅의 차이를 비판적으로 사고할 수 있도록 유도한다.
동시에 일반인들이라도 자기도 모르게 '악한' 행동에 빠져들
수 있으므로 어떻게 행동하는 것이 이를 예방할 수 있는지
생각해보게 한다. 대화, 토론, 구체적 사례 등을 통해 학습자
스스로 '악당은 쉬운 방법을 택함으로써 타인에게 해악을 끼
치지만 영웅은 남을 돕기 위해 희생과 타협이라는 어려운 방
법을 택한다'는 명제를 이해하도록 다음 세 가지 방향으로 교
육한다.

- 소설 속 주인공과 악당을 나누는 기준 분석

- 실생활에서 영웅과 악당의 차이에 대한 비판적 사고
- 좋은 의도의 잘못된 결과를 통한 올바른 결정 이해

· **구체적인 교육 방법**

- 영웅과 악당 목록 만들기
- 목록을 통해 각각의 공통점 도출하기
- 대중문화 속 악당 사례 분석하기

  예: 〈엑스맨〉의 매그니토는 왜 나쁜가?

· **결론 도출하기: 악당에서 영웅으로**

- 태어날 때부터 영웅인 사람도, 악당인 사람도 없다
- 사람은 좋은 방식과 나쁜 방식으로 원하는 것을 얻는다
- 영웅적 행동은 힘들지만 나중에는 더 많은 것을 준다
- 다음 소재를 활용해 효과적인 해결 방안을 도출한다

  "부모님이 미사에게 친구 생일선물을 사라고 20달러를 주었다. 상점에서 자신이 갖고 싶은 12달러짜리 게임 프로그램을 발견하고 그것을 산 후 남은 돈으로 친구 생일선물을 사기로 결심한다. 미사의 계획은 무엇이 문제이고 어떤 폐해를 일으킬 수 있는가? 또 어떻게 하면 원하는 게임을 살 수 있을까?"

  "켈리는 웅덩이에 빠져 어머니가 새로 사준 재킷을 엉망으로 만들었다. 야단맞는 것을 피하기 위해 친구가 밀었다고 거짓말을 해야겠다고 생각한다. 켈리의 계획은 무엇이 문제인가? 켈리가 취할 수 있는 더 좋은 방법에는 무엇이 있는가?"

· **교육 절차**

– 모둠 활동 1

4~5명을 한 모둠으로 구성한다. 각 모둠은 10~15분 간 다음 시나리오를 토론한 후 여러 해결 방안을 정리해보며 그 중 한 가지 방안을 모둠의 최종안으로 채택한다. 모든 모둠이 모여 각자의 방안을 돌아가며 발표한다.

"네가 교실에 있는데, 선생님이 들어와 벽에 낙서를 하고 있는 친구를 발견하고 벌점을 주고 나가셨다. 화가 난 친구가 선생님께 가서 따지겠다고 말한다면 너는 친구에게 어떤 해결 방안을 제안하겠는가?"

– 모둠 활동 2

모둠 활동 1과 같은 방식으로 진행하며 주제는 다음과 같다.

"책이나 영화에 등장하는 악당 한 명을 선택한 후 그 악당이 정말로 원하는 것이 무엇인지, 어떤 선택 때문에 악당이 되었는지, 악당이 되지 않고도 원하는 것을 얻을 수는 없었는지를 토론한다."

– 개별 활동

학습자는 각자 과거에 자신이 잘못한 일을 떠올린 후 짧은 글, 파워포인트, 비디오 등의 방법으로 다음 질문들에 대한 적절한 답을 발표한다.

"그 일은 어떤 문제를 유발했는가?"

"잘못을 피할 수도 있는 더 영웅적인 방법은 없었는가?"

한편 '영웅적 상상 프로젝트'는 2009년 일상에서 영웅적 행동을 제고할 목적으로 미국 캘리포니아의 샌프란시스코를 근거지로 짐바르도에 의해 설립되었다. 이 비영리기관은 "일상 속 영웅을 양성하라"를 실천목표로 삼아 사람들 스스로가 자신을 영웅으로 상상하도록 자극함으로써 영웅적 행동의 일상화를 사회 저변으로 확대하고자 노력하고 있다. 이 기관의 프로그램들은 평범한 사람 누구나가 영웅적 행동을 수행할 수 있다는 개념을 현 세대뿐만 아니라 미래 세대 속에 불어넣을 수 있도록 설계되었다. 그러므로 이 교육 프로그램에 참여한 사람들은 생명의 보호나 구조를 위한 행동이 필요한 상황에서 상황 인식, 리더십 능력, 도덕적 용기, 효능감 등의 진작을 통해 어떻게 효과적으로 변화하는 상황에 대처할 수 있는지를 배우게 된다.

영웅적 상상 프로젝트의 프로그램들은 개인의 개성이나 자질보다는 일상적인 사회적 상황의 변화를 기초로 개인의 잠재력 확대와 방관자효과 및 편견의 축소에 핵심을 두고 있으며, 구체적으로는 마음가짐, 상황 무지, 순응 또는 또래집단 압력, 적응 속성, 편견 및 집단 갈등, 방관자효과라는 6개의 수업 모형으로 구성된다. 교육은 크게 학생 및 일반인과 교육자를 위한 두 개의 과정으로 운영되고 있으며, 토론, 강의, 시청각, 실습훈련 등을 통해 진행된다.

이미 설명한 것처럼, 영웅이 보여주는 영웅적 행동은 심리적 차원에서 개인과 사회에 긍정적인 영향을 미친다. 교육과 학습이

과정	수업 형태	기간
영웅 훈련 청소년(14–26) / 성인(26+)	워크샵	강의당 2시간 (1일 1~2강)
영웅 전문가 양성 성인 전문가(교육자)	양성 교육	강의당 3.5시간 (1일 1~2강)

www.heroicimagination.org

영웅과 영웅적 행동의 사회적 확산에 기여할 수 있음은 자명하고, 그래서 우리나라에도 영웅 교육 프로그램의 구축과 실행이 절실히 요구된다. 그러기 위해서는 영웅의 적극적인 발굴과 전파가 선행되어야 한다.

우리나라에서 영웅을 발굴하고 전파하려는 노력이 없었던 것은 아니다. 대표적으로는 참여연대 공익제보지원센터의 '의인상' 제정과 수여를 들 수 있다. 참여연대는 2010년부터 매년 공익제보의 가치를 되새기고 공익제보자들의 영웅적 행동과 헌신에 감사를 표하고자 '의인상'을 제정하여 12월에 공모 (추천) 형식으로 수상자를 결정하고 있다. 교사, 회사원, 군인, 간호사, 공무원, 검사, 판사 등 국가나 공공기관 및 기업과 민간기관의 수십 명의 소속원이 조직의 부정부패, 법규 위반, 예산 낭비, 비윤리적 행위, 권력남용 등을 공익을 목적으로 제보함으로써 의인상을 수상하였다.

그런데 수여된 의인 상장과 부상 100만원이 이들에게 어떤 의미가 있을까? 2010년 의인상을 수상한 A씨는 2006년 해군 소령으로 근무 중 해군이 견적을 부풀려 정상가보다 40% 이상 비싸게 가구와 전자제품을 구입한 사실을 외부에 알렸다. 하지만 그는 보복의 일환으로 직제에도 없는 자리로 발령되는 등의 일련의 조치로 지속적인 정신적 스트레스를 받았고, 이로 말미암아 전역을 선택할 수밖에 없었다. A씨에게 영웅적 행동의 대가는 혹독했다. 비록 의인상이 그에게는 작은 위로가 되었고 넓게는 군의 불법 행위를 막는 데 크게 기여했을지라도 그의 영웅적 행동은 이내 우리의 시선 밖으로 밀려나 기억하는 사람조차 거의 없다.

대한체육회와 같은 수많은 공공 또는 공익기관에서도 관행처럼 매년 연말이면 각종 시상식을 거행하고 있다. 사실 해당 기관의 성격을 고려할 때, 참여연대와 같은 몇몇 기관을 제외한 거의 모든 기관의 시상 활동은 기관의 설립과 존재 취지에 부합하는 '공로상'의 형태를 띨 수밖에 없을지도 모른다. 예를 들어 대한간호협회에서는 간호직의 위상정립에 기여하거나 선행과 봉사활동을 펼쳐 간호정신을 구현한 사람을 매년 '올해의 간호인'으로 선정하여 수상하고 있다. 이 상은 간호가 영웅적 행동일 수 있다는 이념을 내포한다는 점에서 상당한 의미가 있다. 그러나 실제 이 상은 대체로 간호계에 오랫동안 종사하며 기여하거나 공로한 사람을 치하하는 관행적 성격으로 흐르고 있다는 비판이 가능하다. 하지만 조직의 발전은 조직 구성원의 오랜 공헌에만 국한할 수 없으며 조직의 사회적 역할과 관련된 영웅적 행동도 고려해야 한다.

그러므로 각 기관 또는 협회, 특히 사회적 역할이 강조되는 조직에서는 시상식이 자신들만의 축제에서 벗어나 사회봉사의 성격으로 보다 파급력을 지닐 수 있도록 시상 기준을 일부 변경하거나 여의치 않을 경우 별도의 상을 신설해볼 만하다. 물론 이런 시도는 영웅적 행동의 정의를 제대로 반영할 수 있어야 한다. 시상 기준이 영웅적 행동에 기초할 때, 조직은 조직의 영웅적 성격을 널리 알림으로써 조직 자체의 발전뿐만 아니라 영웅적 행동을 사회전반으로 확산시키는 데도 기여할 것이다.

영웅의 발굴과 더불어 적극적 전파 또한 중요하다. 참여연대의 경우처럼 의인상을 통한 의인, 즉 영웅의 발굴과 전파 노력이 시민들의 생명과 안전, 그리고 깨끗한 민주사회를 만드는 데 크게 공헌할지라도 이런 행위는 상대적으로 소극적이라 할 수 있다. 왜냐하면 시상 행위 대부분이 언론기관에 보도자료 형태로 배포된 후 일회성 보도로 끝나버리기 때문이다. 따라서 발굴된 영웅이 사회 저변으로 보다 폭넓게 스며들 수 있는 적극적인 노력이 필요하다.

테크놀로지의 발달로 공적 기관, 언론, SNS 등을 통해 무수한 우리 시대의 영웅들이 일상적으로 소개되고 있다. 발굴된 영웅들이 일시적으로 세인들의 관심을 끄는 제한적 범위를 뛰어넘기 위해서는 정기적으로, 그리고 집합적으로 이들의 영웅적 행동을 접할 수 있는 공간이 마련되어야 한다. 다시 말해 정기적으로 영웅 관련 도서의 발간이 모색되어야 하며, 인터넷 공간을 활용한 전문 웹사이트 등의 구축, 커뮤니티 구성, 언론의 정기적인 보도 등과 같은 적극적인 전파 노력이 수반되어야 한다.

특히 영웅의 전파는 영향이 가장 크게 나타나는 어린이나 청소년 단계에서부터 먼저 시작할 필요가 있다. 현재 교과서에 수록된 영웅 관련 내용은 극히 미미할 뿐만 아니라 그 방향성 또한 수정되어야 할 것들이 대부분이다. 예를 들어 5차 교육과정(1987~1992)에서부터는 고등학교 국어과에 '영웅소설'이 수록되기 시작하여 점차 수록 편수가 늘어나고 있지만 〈유충렬전〉, 〈조웅전〉, 〈홍계월전〉, 〈소대성전〉처럼 고전의 비범한 인물을 중심으로 한 무용(武勇)에 집중되고 있다. 교과서에 수록된 작품은 교육현장에서만 의의를 가지는 것이 아니라 사회적으로도 중요한 영향력을 발휘한다는 점을 상기해야 한다. 영웅적 행동은 비범한 인물의 전유물이 아니며 평범한 사람 누구라도 영웅이 될 수 있다는 사실을 학생들이 체득할 수 있다면 성인이 되었을 때에는 영웅적 행동을 수행할 가능성이 커지고, 이는 궁극적으로는 더 정의로운 사회로 나아가게 할 것이다.

또한 현재 교육과정 내의 비교과활동은 주로 봉사나 직업 탐구와 같은 진로활동에 초점이 모아져 있다. 본래 비교과활동은 학생의 재능, 관심, 열정, 이타심, 지도력 등 개인의 성숙과 사회적 공헌을 목적으로 만들어졌지만 현실에서는 대학입시를 위한 '제2의 교과활동'으로 변질된 경우가 대다수이다. 교육현실을 부정할 수는 없지만 실용적 가치 속에 정신적 가치가 숨 쉴 공간은 있다. 비교과과목에 영웅적 행동이 무엇이고, 왜 중요하며, 어떻게 수행할 것인지 등이 포함된다면 나름의 성과가 있을 것이다. 영웅은 교육현장으로 들어가야 한다. '나'만이 이 세계의 중심이라는 태도는 영웅이 우리 곁에 있을 때 '우리'로 바뀔 수 있는 여지를 남기기 때문이다.

　마지막으로 영웅은 대중문화와 손잡아야 한다. 영웅 또는 영웅적 행동의 전파는 대중문화와의 협력 속에서 더 큰 효과를 발휘할 수 있다. 이런 점에서 사회적으로 문제가 되고 있는 어린이들 또는 학생들 간에 빈번히 일어나는 따돌림이나 약자 괴롭히기를 해소하기 위해 미국의 민간공익단체 '괴롭힘 근절 기구'(Stomp Out Bullying, SOB)와 영화사 마블 코믹스 간의 협력 사업은 참고해 볼 만하다. SOB의 지속적인 노력에 화답해 마블 코믹스는 이 단체와 공조하여 자사의 영화, 예를 들어 〈캡틴 아메리카: 윈터 솔저〉, 〈가디언즈 오브 갤럭시〉, 〈어벤져스: 에이지 오브 울트론〉 등에 의도적으로 괴롭힘을 당하는 어린이를 영웅과 함께 등장시킴으로써 약자 괴롭히기라는 사회적 문제를 환기시키고 있다.

　이제 영화계, 인터넷 플랫폼 OTT, 연극계, TV 드라마 제작사 등 대중문화 관련 단체와의 협력을 통하여 영웅적 행동이 사회 곳곳으로 뻗어나갈 수 있게 하는 구체적인 실행 방안에 대하여 적극적으로 고민해 볼 때이다. 그것이 영웅을 길러내는 단초가 될 수 있으며 영웅 교육의 소중한 토대가 되기 때문이다.

고전영웅을
만나다

앤드류 카네기는 동료 인간을 불구로 만들고 살상하는 '야만의 영웅'이 아니라 생명을 살리는 '문명의 영웅'이 존경받는 시대가 되어야 한다고 말했다. 카네기가 이렇게 말한 배경은 오랫동안 '죽임'이 그림자처럼 영웅을 따라다닌 데 있다. 사실 우리나라만 하더라도 영웅으로 추앙받아온 인물 대다수가 전쟁과 불가분의 관계에 있지 않은가. 비록 국가와 민족을 지키기 위한 어쩔 수 없는 선택이었더라도 영웅이 걸어간 길 뒤편에 수많은 죽음의 흔적이 남아있는 것은 분명하다.

이번 여정은 국가, 민족, 전쟁, 죽음(죽임)을 키워드로 한 영웅을 찾아 만나보는 것이다. 이런 유형의 영웅은 이제 현실에서는 예전같이 흔하지 않다. 제1, 2차 세계대전을 겪으면서 UN과 같이 보다 문명화된, 국가 간 분쟁해결수단이 여럿 강구되었기 때문이다. 누군가를 죽일 수밖에 없는 전쟁이 과거만큼 자주 일어나기 어려울뿐더러 일어난다고 해도 예전처럼 수십만, 수백만 군사가 칼 한 자루, 소총 한 정에 의지해 넓디넓은 들판에서 대규모로 맞부딪쳐 서로의 목숨을 빼앗는 것과는 양상이 크게 달라졌다. 게다가 점차 전쟁에서 사상자 발생을 억제하는 것이 군사 작전의 최고 원칙으로 자리 잡아가고 있다. 군사연구가 크리스티안 프리스크가 주목했듯 국가를 위해 전쟁터에서 죽는 것이 품위 있는 최고의 가치라는 종래의 인식에도 변화가 일고 있고 극단적으로는 부상이나 전사를 사회적 낭비로까지 여길 정도가 되었다. 현대에도 아프가니스탄 전쟁이나 러시아-우크라이나 전쟁처럼 대규모 인명희생이 수반되는 전쟁이 없는 것은 아니지만, 인간보다 최첨단 무기체계가 주역이 되는 양상에서 예전과 같은 영웅이 설 자리는 많지 않다. 그 결과 대세는 '탈영웅 전쟁'(post-heroic warfare)이 되었다.

동양과 서양의 영웅이 성격을 달리한다고 말하는 학자들이 있다. 서양의 전통적인 영웅들이 지극히 개인적인 역량과 재주에 기반을 두고 있는 반면에 동양의 영웅들은 국가나 민족을 통해서 정의된다는 것이다(〈첫 번째 여정〉 참조). 이런 주장은 반은 맞고 반은 틀리다. 왜냐하면 서양 영웅에게서 특징적으로 나타나는 개인적인 재주는 동양 영웅에게서도 발견되며 서양 영웅의 국가관이 동양보다 다소 약해도 여전히 국가가 영웅을 따라다니고 있기 때문이다.

　서양의 전통적인 영웅 아킬레우스가 '지극히' 개인적인 이유, 즉 친구 파트로클로스의 죽음에 분노심 속에서 트로이를 공략했을지라도, 그의 영웅적 행동은 근본적으로 국가 대 국가(그리스 대 트로이)라는 대립 양상에 뿌리를 두고 있다. 이런 점은 동양의 전통적인 영웅들에게서도 동일하게 발견된다. 예를 들어, 남송의 무장

악비가 중국을 대표하는 영웅의 한 사람인 까닭은 금나라의 침략에 헌신적으로 맞서 싸운 데 있고, 도요토미 히데요시는 혼란스러운 전국시대를 평정하고 조선을 침략함으로써 국가적 위상을 '한껏' 드높였기 때문에 일본인들이 칭송하는 영웅이 되었다. 또한 우리나라 제일의 영웅 이순신은 얼마 되지 않는 수군을 이끌고 일본 대군을 격파하여 조선의 국난 극복에 지대한 공을 세웠다. 사람들이 전통적으로 생각하는 영웅들은 사실상 동서양을 막론하고 국가를 떼어놓고는 설명할 수 없다.

사람들은 국가와 민족 또는 국민에 엄청난 고통과 용력(勇力)이라는 개인적 특성을 덧붙여 누군가를 영웅이라고 불러왔다. 더 극적인 요소로서 죽음이 결합된다면 영웅성은 더 커졌다. 그런데 '죽음'은 적과 맞서 싸우다 장렬하게 전사한 영웅 자신의 목숨만을 의미하지는 않았다. 흔히 말하는 전과(戰果)는 적의 목숨이다. 적을 차디찬 시신으로 많이 만들수록 영웅으로서의 평가가 높아진 것을 부인하기는 어렵다. 그런 면에서 죽음이 무시무시하고 견딜 수 없는 것이라는 믿음을 근거로 영웅이 표상하는 이상(理想)이 만들어졌다는 역사인류학자 라다 스테바노비치의 주장은 맞지 않다. 사람들이 영웅에게 찬사를 보내는 것은 영웅이 인간 삶의 최정점을 살았다는 것이지 영웅의 선함과는 상관이 없었다. 선함은 나나 우리에게만 적용될 뿐 적에게까지 의미가 확장되지는 않았기 때문이다. 적은 죽여야 할 존재였다.

고려대학교의 선정규 교수는 비극정신이 영웅을 가장 영웅답

게 하는 지표라고 말한다.

> 반항과 도전은 비극영웅이 짊어진 숙명이요, 영웅성을 결정하는 중요한
> 요소이다. 비극 인물이 고난과 재앙에 직면해서 취하는 반항과 불굴의
> 태도야말로 고귀하고 존엄한 인류정신이요, 그것은 곧 비극미의 핵심이
> 자 관건이다. 인간은 그러한 고귀하고 존엄한 인류정신으로부터 숭고하
> 고 비장한 아름다움을 느낀다.

그렇다면, 헤라클레스, 레오니다스, 아킬레우스, 잔 다르크, 관우,
악비, 칭기즈칸, 도쿠가와 이에야스, 양만춘, 강감찬, 전봉준 등과
같이 동서양에 널리 회자되고 있는 영웅들에게서 풍겨 나오는 비
극정신의 공통분모는 분명해진다. 그것은 개인적인 자질도, 사회
를 위한 희생도 아닌 바로 전쟁 또는 싸움이다. 이들은 (개인적인 이
유이든, 사회를 위한 공적 이유이든) 전쟁이나 싸움을 기저로 사회, 국가,
심지어 우주의 관점에서 낡고 부패한 질서를 분쇄하여 새로운 질
서를 세우거나 현 질서를 회복 또는 유지하는 데 전력한 인물들이
었다. 이와 같이 적을 죽여야 하는 전사(戰士)의 이미지 때문에 이
들은 점차 설자리를 잃어 고전적 형태의 영웅이 되었다. 이제 현대
사회에서는 시민영웅처럼 생명의 '살림'에 더 많은 가치를 부여하
는 새로운 유형의 영웅이 그 자리를 대신하게 되었다.
　고전영웅이 사회의 귀감으로서 과거에도, 그리고 현재에도 사
회적 가치를 제고하는 있다는 사실을 결코 부정할 수는 없다. 그들

이 있어서 국가가 적의 침략으로부터 건재할 수 있었고, 때에 따라 국가의 영토를 확장할 수도 있었다. 그러나 그들의 영웅적 행위가 타인에게 미치는 부정적 결과로서 도덕이나 윤리문제는 크게 주목을 받지 못한 것 또한 사실이다. 영웅적 행위의 결과로 얻게 되는 명성 뒤에는, 오늘날 인류 보편의 기준을 놓고 보면 윤리적 결함이 내재하며 그들의 영웅적 행위 자체는 개인과 사회, 넓게는 국가, 더 확장하면 우주의 조화나 화합에 부정적인 결과를 낳기도 한다.

적을 대파한 한 나라의 전쟁영웅으로서 위대한 장군은 그 나라와 그 나라 국민에게는 커다란 축복이 아닐 수 없다. 하지만 그 이면에는 자신들의 의지와는 아무 상관없이 일어난 전쟁에서 종종 이름조차 남길 수 없었던 수많은 아군 병사와 국민, 그리고 적국 병사와 국민의 희생이 숨겨져 있다. '위대한 영웅' 칭기즈칸이 '해가 지지 않는 제국'을 건설하기 위해 지나간 자리에는 3,500만~3,700만 명의 피와 도륙당한 육신이 남겨져 있었다. 비슷한 시기의 고려 인구가 적게는 250만, 많게는 1,000만 명이라고 하니 실로 엄청난 인명피해가 아닐 수 없다. 이들 고전영웅들에게 질서의 회복 또는 재편이라는 긍정적 측면이 있을지라도 그들이 생명을 파괴하고 새로운 무질서를 만들어냈다는 부정적 측면을 간과할 수는 없는 것이다. 다음은 중국 위, 촉, 오 삼국의 적벽대전을 소재로 한 판소리 〈적벽가〉의 '죽고 타령'에서 발췌한 내용이다.

기맥히고, (화)살도 맞고, 창에도 찔려 앉아 죽고, 서서 죽고, 울다웃다 죽고, 맞어 죽고, 애타 죽고, 성내 죽고, 덜렁거리다 죽고, 복장 덜컥 살에 맞어 물에거 풍 빠져 죽고, 바사져 죽고, 찢어져 죽고, 가이없이 죽고, 어이없이 죽고, 무섭게 눈빠져 서(혀)빠져 등터져 오사급사(誤死急死) 악사(惡死) 몰사(沒死)허여 다리도 작신 부러져 죽고…

그들이 수행하는 싸움이나 전쟁 속에는 누군가의 죽음과 죽임이 도사리고 있었으며, 이름도 알 수 없는 수많은 병사와 그들을 떠나보내며 비통함에 몸부림쳤을 가족들의 고통과 원한이 감추어져 있었다.

강증산은 백성에게 재앙을 안기면서 세상을 혁신하는 것(재민혁세, 災民革世)은 웅패(雄覇)의 술책에 불과하므로 그들이 억조창생을 죽이고 어찌 살기를 바랄 수 있겠느냐며 사람들에게 영웅의 이면을 들여다볼 것을 요구했다. 영웅의 거사에 천지신명이 크게 움직인 것은 "오로지 그 혈성에 감동"한 데 있고 비록 천하를 능히 움직였더라도 그들의 영웅적 행동은 무고한 백성의 생명을 담보로 한다는 것이다. 영웅들은 저마다 정통성, 신의, 보국안민과 같은 대의명분 속에서 세상을 바꾸려 하지만 그 반대편에서는 무수한 생명이 죽어 천지를 원한으로 뒤덮을 수도 있다.

전통적으로 영웅으로 불려온 많은 인물이 '자아' 대 '타자' 또는 '나(우리)' 대 '적' 간의 대결 구도로부터 탄생했기 때문에 무조건적인 '승리'가 중요했다. 자기희생이나 사회적 이익을 바탕으로 할지라도 그들의 영웅적 행위 뒤에는 거의 항상 누군가의 죽음이나 희생이 뒤따르는 폭력과 파괴적 속성이 도사리고 있었던 것이다. 이처럼, 이들은 한편에서는 사회를 이롭게 하고 다른 한편에서는 사회를 파괴했다. 따라서 현대적 개념의 영웅과 분리된 이들 고전영웅은 다음 세계 각국의 사례에서처럼 이제는 점차 불가능한 존재가 되어가고 있다. 과거 국가 중심의 세계관에서 피지배층이 단순한 수단으로 간과되었던 것과 달리, 인간 개개인의 생명과 존엄, 그리고 개성이 이제는 돌이킬 수 없는 가치로 자리잡았기 때문이다.

이제부터 동서양의 수많은 고전영웅들 중 특징적인 인물 몇몇을 살펴보겠다. 어떤 인물에 대해서는 보는 사람의 가치관이나 정치적 성향 등에 따라 과연 영웅이라 할 수 있는지 의문이나 반감이 제기될 여지도 없지 않을 것이다. 그러나 정치성향 등을 배제한 채 그 인물이 처했던 시공간적 상황을 전제하여 지금까지 보았던 기준을 적용하여 다양한 영웅을 소개하려 한다. 편의상 시대순에 따라 기술한다.

헤라클레스: 그리스 신화의 영웅

하늘의 지배자인 제우스와 인간 알크메네 사이에서 태어난 헤라클레스는 힘이 센 강인한 남성성의 상징으로 널리 알려진 신화 속의 영웅이다. 흥미롭게도 그의 이름 헤라클레스는 '헤라의 영광'을 뜻하는데, 이는 제우스가 질투심 강한 아내 헤라의 눈을 피해 외도로 낳은 데서 연유했다. 일설에 의하면 아기였을 때 헤라의 젖을 먹고 불사의 몸이 되었다고도 한다. 헤라클레스가 영웅으로 칭송받는 데에는 역설적이게도 헤라의 공을 빼놓을 수 없다. 그는 헤라의 질투와 저주로 인해 장성한 후에도 그 유명한 12가지 과업을 포함하여 무수한 고난을 겪게 되고 이를 극복하는 과정에서 보여준 불굴의 의지, 용력, 지혜 등으로 영웅의 반열에 오를 수 있었기 때문이다.

알크메네는 헤라클레스를 잉태했을 당시 이미 남편 암피트뤼온 사이에 또 다른 아이 이피클레스를 임신 중이었다. 헤라클레스는 출생한 후에는 쌍둥이 형으로서 알케이데스로 불리며 평범한 삶을 이어가는 듯 했지만 어느 날 헤라가 내린 저주로 말미암아 술을 마시고 인사불성이 되어 아내와 아들들을 모두 살해하고 만다. 현대의 표현을 빌리면 '가정폭력'의 죄로 에우리스테오스 왕은 헤라클레스에게 12가지 과업을 수행할 것을 명령했는데, 과업들은 하나같이 헤라가 헤라클레스를 파멸시키기 위해 에우리스테오스에게 사주한 것이었다.

사실 헤라클레스가 겪게 되는 시련의 배경에는 그 자신의 교만도 한몫했다. 제우스는 에우리스테오스의 가신이 될 것을 그에게 명령하지만, 그는 자신이 에우리스테오스보다 뛰어나 왕이 될 자격이 충분하다고 생각하여 제우스의 명령을 거부했기 때문이다. 헤라클레스가 겪게 되는 시련의 이유가 무엇이 되었든 간에, 그는 그러한 과업을 수행하면서 경이로운 힘뿐만 아니라 용기와 지혜까지 모두 갖춘 영웅으로 변모해갔다. 12가지 과업을 순서대로 간략히 소개하면 다음과 같다.

① 금강불괴처럼 다치지 않는 네메아의 사자 죽이기
② 아르고스 지방의 머리가 9개 달린 물뱀 히드라 죽이기
③ 화살보다 빠른 황금 암사슴 생포하기
④ 에리만토스 산의 무시무시한 멧돼지 생포하기
⑤ 30년간 치우지 않은 3천 마리 소 외양간을 하루 만에 청소하기
⑥ 늪지에 사는, 전쟁의 신 아레스 소유의 식인 괴물새 무리 죽이기
⑦ 크레타 섬에 큰 피해를 일으키는 황소 생포하기
⑧ 디오메데스 왕 소유의 식인 암말들 생포하기
⑨ 아마존의 여왕 히폴리테의 허리띠 가져오기
⑩ 3개의 몸을 가진 거인 게리온의 소떼 훔쳐오기
⑪ 헤라의 용이 지키고 있는 황금사과 따오기
⑫ 저승세계의 수문장인 머리가 3개 달린 괴물개 케르베로스 생포하기

헤라클레스의 과업은 한편에서는 초인적 힘을 바탕으로 인간 세계의 해악을 제거함으로써 사회에 혜택을 베푸는 친사회적 행위로 평가할 수 있다는 긍정적 측면도 있다. 하지만 다른 한편에서는 그의 광기와 그 결과로 나타나는 수많은 살생과 비행 또는 범죄적

행위 등 어두운 면모가 동시에 도사리고 있다. 예를 들어 히폴리테의 허리띠를 확보하는 과정에서 여왕을 살해하며, 황금사과를 찾아 헤매던 중 안티오스를 목 졸라 죽이고 그의 아내를 빼앗아 아들을 낳기도 했다.

헤라클레스는 신화 속 인물이다. 이런 허구는 아마도 우리로 하여금 그의 부정적 행위보다는 처절한 자기반성과 자신의 운명과 맞서 싸우는 불굴의 의지에 집중하게 만드는지도 모르겠다. 하지만 허구가 영웅적 행위에 대한 우리의 상상력에 일부 긍정적으로 영향을 미칠지라도 허구 그 자체는 거의 대부분 우리 삶과 유리되어 있다.

아서 왕: 영국 중세 영웅

아서 왕은 일련의 중세 기사문학에 등장하는 영국의 전설적인 군주로 우리에게는 신검 엑스칼리버와 더불어 원탁의 기사들의 수장으로 잘 알려져 있다. 그가 전설 속 가공의 인물인지, 실재하는 역사적 인물인지는 불분명하지만 그의 이야기는 영국 의회 의사당 홀을 장식하고 있을 뿐만 아니라 전 세계 사람들부터 사랑받고 있다.

아서의 이야기는 아버지 우서 펜드래건으로 시작한다. 우서는 콘월 공작의 아내 이그레인을 몹시 연모하여 그녀의 남편으로 변장한 채 침대로 숨어들어 아서를 잉태케 하였다. 그 후 아서는 부모와 떨어져 마법사 멀린에게 맡겨졌다. 멀린은 우서 왕을 위해

150명의 기사들이 앉을 수 있는 거대한 원형 탁자를 설치한 인물이었다. 우서가 죽자, 기사들은 누가 왕위를 계승해야 하는지 알 수 없었다. 멀린은 그들에게 바위에 박힌 신비한 검 엑스칼리버를 뽑을 수 있는 사람이 다음 왕이 되어야 한다고 말했다. 많은 사람이 시도하지만 실패했다.

그러던 어느 날 같은 양아버지 밑에서 함께 성장한 형 케이경이 자신의 검이 부러지자 아서에게 그것을 대신할 검을 구해오게 하였다. 아서는 바위에 꽂혀있던 엑스칼리버를 우연히 발견하고는 예언도 모른 채 그 검을 뽑아냄으로써 새로운 왕으로 선포되었다. 이후 그는 영국을 통일하고 침략자 색슨족을 무찔러 국민들로부터 사랑받는 왕이 되었으며, 그의 성 카멜롯은 황금시대를 구가하게 되었다.

아서의 이야기는 영웅적 행동과 기사들의 낭만으로 가득하다. 그중 가장 유명한 일화는 아서와 그의 기사들이 예수가 마지막 만찬에서 포도주를 마신 것으로 알려진 성배를 찾아 떠나는 모험이야기이다. 그는 기사 랜슬롯, 퍼시벌, 트리스탄, 갤러해드 등 걸출한 인재들과 동맹을 맺고 든든한 조언자이자 친구이며 예언가인 멀린의 도움을 받아 갖가지 역경을 극복하고 마침내는 성배를 찾게 된다. 이 성배의 전설은 이후 〈인디아나 존스: 최후의 성전〉(1989)을 비롯해 많은 영화와 소설에 모티브가 되었다.

아서에 얽힌 또 다른 유명한 일화는 아내 귀네비어와 관련된다. 아서는 멀린의 경고를 무시하고 스코틀랜드 왕의 딸 귀네비어와 결혼했다. 하지만 멀린의 경고대로 귀네비어는 랜슬롯과 사랑에 빠져 불륜을 저지르고 말았다. 이 사실이 알려지자 기사들 사이의 우정은 금이 가고 분노에 찬 아서는 프랑스로 도주한 랜슬롯을 생포하기 위해 군대를 이끌고 뒤쫓았다. 그 사이 조카 모드레드는 아서가 궁을 비운 틈을 타 권력을 장악했다. 아서는 서둘러 영국으로 돌아오지만 모드레드와의 전투에서 기사 대부분을 잃고 자신도 모드레드가 휘두른 칼에 중상을 입게 되었다. 죽음이 다가오는 것을 느낀 아서는 부하에게 엑스칼리버를 호수에 던지라고 명령하고는 상처가 치유되기를 희망하며 신비의 섬 아발론을 향해 배에 몸을 실었다. 이런 이유로 그는 영국의 '과거와 미래의 왕'으로 불리게 되었다.

영국을 통일했다는 아서 왕의 공적 속에는 분명히 많은 영웅적 자질이 숨겨져 있다. 가장 먼저 눈에 띄는 것이 가난하고 힘없는 백성들을 향한 연민과 평등의식이다. 누군가가 많은 군대와 돈과 무기를 가졌다고, 다시 말해 힘을 가졌다고, 그것이 온전히 옳음의 이유가 될 수는 없음을 아서 왕은 증명했다. 그는 가난한 사람 또한 부자와 다를 바 없는 백성의 한 사람이라는 신념 속에서 궁핍과 핍박을 해소하기 위해 일신의 위험을 무릅썼으며 손에 넣은 성배를 가난한 사람에서부터 부유한 사람에 이르기까지 모든 사람의 치유를 위해 썼다. 평등의식 속에서 영웅적 행동의 결과로 나타나는 이익을 사회에 환원하려 했던 것이다. 또한 누이 모건 르 페이와 같은 내부의 적들뿐만 아니라 색슨족과 같은 외부의 적들을 제압하여 국가의 평안을 가져오게 한 그의 용기와 힘은 그를 영웅으로 부르는 데 거리낌이 없게 한다. 그런 의미에서 교육전문가 캐롤 데이비스가 명예, 용기, 충성, 카리스마, 인간애, 여성과 약자를 향한 연민, 더 나은 세상을 만들려는 노력 등을 아서 왕의 영웅적 자질로 언급하며 영웅으로 부른 것은 충분히 타당하다.

아서 왕의 '전설'은 끊임없는 변화를 겪고 있다. 그것은 종교적 텍스트와는 달리 아서의 이야기가 특별히 권위를 인정할만한 출처가 부재한 데 있으며, 또 한편에서는 중세 이후로 각각의 시대와 지역 그리고 사회집단의 '필요에 따라' 스토리의 변형, 부차적 인물의 첨가나 삭제 등이 계속해서 일어나고 있기 때문이다. 그런데 이처럼 아서 이야기가 필요에 의해 계속해서 바뀌어왔다는 사실 자체가 역설적으로 전형적인 영웅으로서의 그의 지위를 의심하게 만든다.

아서는 본래 영웅적 특성 일부만을 지녔거나 극단적으로는 전혀 영웅이 아니었을지도 모른다. 『톰 소여의 모험』으로 유명한 마크 트웨인이 『아서 왕궁의 코네티컷 양키』(1889)에서 아서 왕과 원탁의 기사들 그리고 마법사 멀린을 바보 멍청이로 묘사하고 있는 것이 대표적인 사례라 하겠다. 비록 마크 트웨인의 이 소설이 넓은 의미에서 문명에 대한 비판을 담아내고 있을지라도 '영웅' 아서는 구시대적 관습을 대표하는 조롱의 대상으로 전락하였다. 지속적인 조작이 드러내는 한 단면인 듯싶다.

로드리고 디아스: 스페인의 발렌시아 정복 영웅

흔히 엘 시드로 더 많이 알려진 로드리고 디아스 데 비바르(1040~1099)는 이슬람교도들로부터 발렌시아를 되찾고 북아프리카의 이슬람교도 알모라비데인들의 침공을 막아내 명성을 얻은 중세 스페인의 장군이다. 그는 비록 실제로는 기독교와 이슬람 양측을 위해 싸운 용병이었지만 나중에 강력한 이슬람 세력을 제압하고 기독교가 이베리아반도(현재의 스페인과 포르투갈)를 되찾는 데 핵심적 역할을 하면서 스페인의 아이콘이 되었다. 승전과 용기, 고귀한 성품으로 말미암아 엘 시드는 스페인에 거주하는 무어인들로부터도 영웅으로 추앙받았으며, 오늘날에도 국민 영웅으로서 스페인 사람들로부터 사랑받고 있다.

711년, 북아프리카의 이슬람 군대가 이베리아반도를 침공했다. 그 결과, 북부의 작은 기독교 왕국 몇 곳만을 제외하고 스페인 대부분의 지역은 이슬람이 지배하게 되었고, 이 때문에 그 이후 수 세기 동안 두 종교가 스페인에 공존하게 되었다. 11세기에 스페인은 독립국가 형태의 도시국가들과 봉건왕국들이 할거했는데, 당시 기독교 군인이 이슬람 통치자의 군대에서 용병으로 전투에 나가는 것은 흔한 일이었다. 이런 용병 지휘관 중 가장 유명하고 성공한 인물이 엘 시드였다.

엘 시드의 영웅적 삶은 한 기독교 왕국에서 군 지휘관으로 시작한다. 페르난도 1세는 자신의 왕국을 카스티야와 레온으로 분할하여 아들 산초 2세와 알폰소 6세에게 각각 물려주고 사망했다. 1067년 엘 시드는 이슬람 왕국 사라고사 원정길에 오른 산초 2세를 수행해 이 왕국을 카스티야의 속국으로 편입시켰다. 하지만 1072년 동생 알폰소 6세는 산초 2세를 암살하고 왕국의 전체 지배권을 획득하였다. 엘 시드는 처음 몇 년은 새 왕을 섬길 수 있었지만 곧 추방되었다.

그러자 엘 시드는 이슬람 왕조가 통치하던 사라고사에서 기독교도 2,000명으로 구성된 군대의 지휘관으로 새로운 삶을 시작하였다. 허약한 왕국을 보호해줄 인물이 절실히 필요했던 사라고사의 왕 알 무타민이 전사로 유명세를 떨치던 엘 시드를 기꺼이 받아들였던 것이다. 그는 이후 거의 10년 동안 그곳에 있으면서 스페인 이슬람 왕국들의 복잡한 정치 상황과 이슬람 율법 및 관습 등을 익힐 수 있게 되었다. 또한 여러 전투에 참가해 무적의 장군이라는 명성을 쌓아나갔다. 1082년에는 이슬람 왕국 레리다와 이 왕국과 동맹을 맺은 바르셀로나 백작의 군대를 무찔렀으며 1084년에는 아라곤 왕 산초 라미레스의 대규모 기독교 군대를 격파하기도 했다.

1086년에는 북아프리카에서 알모라비데인들이 이베리아반도를 침공하였다. 그들은 비교적 온건한 스페인의 이슬람과는 달리 광적일 정도로 종교적이었고 전투에서 무적이라는 평판을 얻고 있었다. 엘 시드는 이들과의 전투에서 여러 차례 승리를 거둠으로써 기독교 전사로서의 명성을 더욱 공고히 하였다.

알폰소 왕은 엘 시드를 다시 고용해 스페인 남부의 이슬람 왕국들을 공격하기로 결정하였고, 그는 자신이 정복한 땅을 소유하는 조건으로 알폰소의 제안을 수락하였다. 엘 시드는 1090년 발렌시아에 영향력을 행사하던 베렝게르 라몬 2세에게 승리를 거두어 발렌시아에 대한 지배력을 강화해나가기 시작했다. 1092년 발렌시아의 왕 알 카디르가 반란으로 살해되자, 엘 시드는 이를 기회로 삼아 발렌시아 공격을 감행하여 마침내 1094년 발렌시아를 함락하였다. 그는 스페인 기독교인들 사이에서 영웅으로 추앙되었다. 이후 엘 시드는 발렌시아의 실질적인 통치자가 되었고, 도시에 있던 가장 큰 이슬람사원을 가톨릭교회로 바꾸어버렸다.

발렌시아에서 엘 시드의 삶은 평온했다. 하지만 그것은 오래 가지 않았다. 1099년 알모라비데인들의 침공이 다시 시작되었기 때문이다. 그해 6월 10일 북아프리카 이슬람교도들과의 전투에서 결국 그는 생을 마감하였다. 혹자는 전투 도중 화살을 맞고 사망했다고 하며, 또 다른 이들은 포위로 인한 기아와 빈곤이 원인이었다고 주장한다. 엘 시드의 정확한 사인은 알 수 없으나 발렌시아는 그가 사망하고 몇 년 후인 1102년 함락되었고 기독교인들에 의해 재탈환될 때까지 125년 동안 이슬람의 지배하에 놓이게 되었다. 그의 시신은 카스티야의 산 페드로 데 카르데냐 수도원에 안장되었지만 현재는 부르고스 대성당 중앙에 안치되어 있다.

엘 시드의 명성은 그의 혁혁한 전공에도 불구하고 이슬람으로부터 스페인을 완전히 되찾는 것과는 거의 관련이 없는 것처럼 보인다. 왜냐하면 기독교인들이 엘 시드 이후 400년 동안 스페인에서 이슬람을 몰아내는 데 성공하지 못했기 때문이다. 하지만 엘 시드는 14세기 초 〈시드의 노래〉라는 서사시를 통해 영웅으로 되살아났다. 총 3부작 3703행으로 구성된 이 서사시 속에서 그는 굴곡진 삶과 강력한 이슬람 군대와의 전투와 승리를 통해 영웅으로 이상화되었다. 이에 그치지 않고 찰턴 헤스턴 주연의 〈엘 시드〉(1961)를 비롯해 일본 애니메이션 〈꼬마대장 엘 시드〉(1984), 스페인 애니메이션 〈전설의 영웅 엘 시드〉(2004) 등과 같은 현대의 미디어를 통해서도 그의 삶은 여전히 영웅적인 것으로 묘사되고 있다.

그러나 이슬람으로부터의 발렌시아 수복이나 무수한 승전보 밑에는 '용병'으로서의 엘 시드가 존재한다. 역사적 불가피성을 십분 인정한다고 해도 그의 '영웅'으로서의 삶은 진정성이나 자기희생 등과 같은 영웅적 자질과는 상당 부분 거리가 멀 뿐더러 발렌시아를 자신의 것으로 삼는 자기이익이 영웅적 행동의 결과로 작동하였다. 기독교의 승리에 가치를 부여하는 기독교 중심의 세계관이 없었더라면 그가 스페인 통일과 영웅적 행동의 상징으로, 영웅으로 추앙되었을까?

악비: 중국의 진충보국 영웅

악비(1103~1142)는 금나라의 침공에 맞서 싸운 중국 남송시대를 대표하는 민족영웅이다. 장군으로서 뛰어난 전술을 자랑했지만 중국인들의 심금을 울리게 한 것은 그의 군사적 재능이 아니었다. 입대하는 아들을 위해 어머니가 등에 새겨준, 충성을 다해 나라에 보답하라는 네 글자 '진충보국'(盡忠報國)을 평생 실천하였던 것처럼, 국가에 대한 충성과 헌신이 악비를 영웅으로 추앙받게 만든 진정한 이유였다.

악비가 가난한 농노의 가정에서 태어나 성장하던 12세기 중국은 혼란의 도가니였다. 송나라는 밖으로는 서북방의 요나라와 동북방의 여진족이 세운 금나라 등 외세의 침략과 안으로는 황제들의 거듭된 실정으로 국운이 급격히 쇠하고 있었다. 그러던 중 금나라의 무력을 앞세운 남진으로 결국 수도 개봉이 함락되어 두 명의 황제와 황실 가족 및 신하들은 포로가 되었으며 왕자 조구(고종)만이 간신히 피신하여 임안에 나라를 꾸려 남송시대를 열게 되었다.

이 시기 북송의 장수로서 악비가 이끄는 군대는 금나라와의 전투에서 여러 차례 승리를 거둠으로써 무적의 군대라는 명성을 휘날렸다. 게다가 악비의 군대는 어떠한 상황에서도, 심지어 굶주림으로 신음할 때조차도 민간에 피해를 주지 않았기 때문에 백성들부터 두터운 신망을 얻었다. 북송의 멸망으로 고종과 함께 남하한 악비는 북방 침략자들을 몰아내고 잃어버린 영토를 회복하자고 황제에게 상소를 올렸다. 그러나 황제와 대부분의 신하들은 그를 파직시키는 것으로 응대했다. 그의 영향력이 커질까 두려웠기 때문이다.

악비는 이에 백성들을 규합하여 의용군을 결성했다. 처음에 의용군은 고향으로 되돌아가기를 희망하던 북송지역 피난민들이 주축이었지만 점차 일반 백성들의 가세로 규모가 커져갔으며 악비의 지휘 아래 훈련을 통해 제대로 된 군대로 정비되어갔다. 의용군을 10만이 넘는 대군으로 성장시킨 악비는 금나라와의 전투에서 계속해서 승리를 이어갔다. 결국 남송 조정은 악비를 대장군으로 임명하고 그에게 송나라 군 전체의 지휘를 맡기기로 결정하였다. 악비는 뛰어난 장수들을 등용하고 병사들을 용감하게 훈련시켰으며 전략물자를 효과적으로 확보하여 적을 물리치며 북으로 진군하여 빼앗긴 많은 지역을 금나라로부터 회복했다. 고종은 오늘날 악비를 상징하는 '정충'(精忠)이 새겨진 '정충악비'라는 깃발을 하사하여 그의 전공을 치하하였다.

　모든 일이 순조롭게 진행되는 것처럼 보였다. 백성들과 군의 사기는 충천했다. 악비와 그의 군대는 전 국토를 머지않아 회복할 것만 같았다. 금나라 군대가 만리장성 밖으로 곧 내몰리려는 순간, 악비의 군대에게 회군 명령이 하달되었다. 예나 지금이나 간신은 어디에나 있기 마련이다. 중국 역사에서 그 유명한 간신 진회가 개입했던 것이다.

　회군은 악비의 군대가 10년여 동안 쌓아온 노력과 업적, 즉 금나라로부터 회복한 도읍과 영토 모두를 또다시 적에게 내주는 것을 의미했다. 병사들의 존경과 충성, 백성들의 사랑을 온몸으로 받고 있었던 악비가 마음만 먹으면 회복한 땅에서 새 왕조를 세워 황제로 등극할 수도 있었다. 하지만 충신으로서 악비는 황제의 명령을 거역할 수 없었다. 수만 명의 백성들이 짐을 꾸려 정든 고향을 버리고 악비 군의 보호를 받으며 남하했다. 그들이 고향을 떠나며 통한 속에서 울부짖는 소리가 남송에 도착할 때까지 산하를 가득 메웠다고 한다.

악비가 수도 임안에 도착하자 황제는 파직하고 병권을 회수해 버렸다. 그의 명성은 국가가 아닌 권력에 몰두한 자들에게는 위협 그 자체였기 때문이다. 황제도, 진회를 비롯한 대신들도 그가 두려웠다. 진회는 악비를 역도로 몰아 투옥케 하였고, 이 때문에 악비는 수개월 동안 옥에서 갖가지 고문에 시달렸다. 몸은 만신창이가 되었지만 악비는 끝까지 역모를 시인하지 않았다. 그 사이 남송 조정은 금나라와 굴욕적인 화친을 맺었고, 금나라는 화친의 첫 번째 조건으로 자신들에게 가장 위협적이었던 악비의 처형을 요구했다. 악비의 공개 재판과 처형이 민심의 동요와 반란으로 이어질 것을 두려워한 나머지 진회 일당은 그를 옥에서 독살해버렸다. 악비는 전쟁터에서 거둔 모든 전과를 포기하고 일생을 충성으로 일구어온 자신의 나라에서 외면당한 채 역모로 몰려 1142년 섣달그믐날 마침내 아들 악운과 부장 장헌과 함께 39세의 생을 마감하였다.

악비를 흠모하던 옥졸이 그의 억울한 죽음을 안타까워하여 시신을 몰래 거두어 은밀한 곳에 매장했다. 20년 후인 1162년 새로 등극한 효종은 그를 복권하고 그의 묘를 정비했다. 악비는 비로소 음지의 영웅에서 양지의 구국영웅으로 널리 추앙받게 되었다. 후세 사람들은 진회를 위시한 4명의 간신들이 그의 묘 앞에 무릎 꿇고 사죄하는 형상의 쇠 동상을 지어 민족의 영웅 악비를 위로하였다. 그 이후 수백 년 동안 악비의 묘를 찾아 추모하는 이들에게는

진회 일당의 형상에 침을 뱉는 등 모욕하는 것이 하나의 의례가
되었다.

알렉산더 네브스키: 러시아 정교회 수호 영웅

2008년 러시아 국영 TV가 5,000만 명의 러시아인을 대상으로 가
장 사랑하는 역사적 인물에 대한 여론조사를 실시하였다. 그 결
과 13세기의 알렉산더 네브스키가 첫 번째로 선정되었으며, 두 번
째 인물로는 20세기 초의 정치가 표트르 스톨리핀이, 세 번째로는
스탈린이 선정되었다. 우리에게는 다소 생소한 알렉산더 네브스
키(1221~1263)는 1930년대 동명의 영화로 대중적 지지가 확대되기
는 했으나 그것과는 별개로 러시아를 대표하는 가장 위대한 영웅
으로 추앙받고 있다. 영웅으로서 그의 공적을 간략히 개관하면, 독
일과 스웨덴의 동진을 저지하였고, 러시아 정교회를 수호하였으며,
몽골 지배를 완화시켜 백성들을 몽골로부터 보호하였고, 러시아의
부활과 몽골제국으로부터의 독립에 초석을 마련하였다.

13세기 초 러시아는 대내외적으로 극심한 혼란 상태에 처해
있었다. 국내에서는 제후국들이 독자 세력화를 꾀해 통제가 불가
능한 상태였고, 국경 밖 동쪽으로부터는 몽골의 침략이 시작되었
으며, 서쪽으로는 성전(聖戰)을 빌미로 스웨덴과 독일계 기사단이
압박해 들어오고 있었다. 이러한 혼란 속에서 네브스키는 1236년
광활한 러시아 북부를 관할하던 노보그라드라는 도시국가의 대공
이 되었다.

권좌에 오른 지 얼마 지나지 않아 대규모의 스웨덴 군대가 노보그라드 영토를 침략했다. 그러자 19세에 불과하였던 네브스키는 소수 정예군을 이끌고 1240년 네바 강에서 스웨덴 군대를 격파하였다. 하지만 승리의 기쁨이 채 가시기도 전에 그는 부유한 상인들과 귀족들과의 마찰로 인해 축출당했다.

이즈음 로마 가톨릭 교황은 발트 해 연안 지역과 북러시아를 기독교국으로 편입시키기 위해 군사작전을 감행하였다. 이것은 러시아 정교회의 파괴와 가톨릭 신앙의 강제를 의미했다. 독일계 교단인 리보니아 기사단이 동맹군과 함께 노보그라드 영토 깊숙이 진군했다. 겁을 먹은 노보그라드는 네브스키를 다시 불러들여 그에게 영토 수호를 맡겼다. 1242년 겨울 프스코프 인근의 얼어붙은 강에서 네브스키 군대는 적군을 궤멸시켰다.

아버지 야로슬라브 2세는 몽골과의 전쟁이 승산 없는 싸움이라고 생각하여 1242년 몽골 칸(황제)에게 조공을 바치며 충성을 맹세하였다. 몇 차례 이어진 독일과 스웨덴의 기습과 리투아니아 부족의 침입을 격파한 네브스키는 1246년 암살당한 아버지의 유지를 받들어 몽골과의 관계를 유지시켜 나갔다. 심지어 자신의 동생이 다른 영주들과 연합하여 몽골에 반기를 들려하자 몽골 편에 서이들을 축출하는 데 힘을 보태기도 했다. 의미 없는 저항임을 알고 있었으므로 다른 영주들에게 몽골의 예속을 받아들일 것을 촉구했다.

외형상 몽골에 대한 복종은 굴욕적으로 비추어졌다. 하지만 네브스키는 애국자임과 동시에 실용주의자였다. 몽골 침략 이후 러시아 영토 대부분은 황폐화되었고 인구 또한 현격히 줄었다. 그는 러시아가 몽골에 저항할 상황이 아니며 회복할 시간이 필요하다고 판단했다. 몽골에 복종한 것을 두고 이익을 위한 이기적 행위라고 비판하는 이들이 있었지만 그는 저항이 당시로는 백성들의 고통만을 가중시킬 뿐 러시아에 아무런 이익이 되지 않는다고 생각했던 것이다. 실리주의자로서 몽골을 설득해 러시아인의 징발을 막는 등 일반 백성들에게 가해진 각종 부담을 경감시키려 노력했으며, 몽골침략으로 폐허가 된 도시, 교회, 성벽 등의 복구에 힘써 러시아 재건의 발판을 마련하였다.

한편 네브스키는 대단히 신앙심이 깊은 사람이었다. 그는 스스로 러시아 정교회의 보호자로 자처하며 몽골의 1차 침입 때 파괴된 교회의 복구에 헌신적으로 노력했다. 또한 몽골에게 복종을 서약하면서도 이교도 종교의식의 참여를 일체 거부했다. 몽골을 향해 다른 것은 몰라도 러시아 정교회만은 보호해달라고 간곡히 설득했다. 그 결과 러시아의 종교정체성은 유지될 수 있었다. 이후 그의 종교적 헌신을 기리기 위해 러시아 정교회는 1547년 그를 성인으로 공표하였다.

네브스키의 수많은 공적 중에서 러시아인들이 그를 제일의 영웅으로 추앙케 한 공적은 무엇일까? 그것은 그가 러시아가 유럽 문화 속에, 아니면 몽골 문화 속에 영원히 예속되는 것을 막아 현재의 러시아를 가능케 한 밑거름이 되었다는 데 있다. 유럽 국가들이 종교를 기반으로 넓은 의미에서 하나의 문화권을 형성함으로써 국가 고유의 문화 정체성 상당 부분을 상실한 것과는 달리, 네브스키 덕분에 가톨릭의 종교적 침략으로부터 러시아는 안전할 수 있었다. 그가 없었더라면 현재의 러시아는 존재하지 않았을 것이라는 인식이 그를 제일의 영웅으로 부르게 했던 것이다.

잔 다르크: 프랑스 여성 영웅

잔 다르크(1412~1431)는 프랑스와 영국 간에 벌어진 백년전쟁(1337~1453)에서 프랑스군을 이끌고 참전해 나라를 구한 여성 구국영웅이다. 영웅 잔 다르크를 설명하기에 앞서 역사적 배경을 간략히 살펴보자.

1380년 샤를 6세는 프랑스의 왕으로 등극했다. 그때 그의 나이는 불과 11세였다. 이에 프랑스 조정은 권력을 두고 싸우는 왕족들의 격전지로 전락했고, 더군다나 얼마 안 있어 정신이상 증세가 샤를 6세에게 나타나자 권력다툼은 더욱 치열해졌다. 왕족들 간의 갈등은 1407년 오를레앙 공작의 암살로 절정에 달했다. 게다가 14세기 중반에 창궐한 흑사병의 여파로 당시 프랑스 인구는 이전의 수준을 회복하지 못한 상태였고 상인들은 해외시장으로부터 고립되어 있었다. 15세기 초 프랑스는 내부적으로는 그야말로 한 치 앞을 볼 수 없는 혼란 그 자체였다.

1066년 노르망디 공작 윌리엄이 영국의 왕위를 찬탈한 이후 노르망디와 플랑드르의 영토문제를 두고 앙숙 관계였던 영국이 프랑스의 극심한 혼란이라는 절호의 기회를 놓칠 리 만무했다. 헨리 5세는 1415년 프랑스를 침공하여 아쟁쿠르에서 대승을 거두었고 이어지는 크고 작은 전투에서의 승리로 많은 프랑스 북부 도시를 손에 넣었다. 결국 1420년 프랑스 왕비는 정신이상 남편을 대신하여 헨리 5세와 그의 후계자에게 프랑스 왕위계승권을 부여하는 트루아 조약에 서명하였다. 2년 뒤인 1422년 헨리 5세와 샤를 6세는 두 달 간격으로 잇달아 사망했고, 결국 한 살 젖먹이에 불과한 헨리 6세가 영국과 프랑스를 지배하는 군주로 등극하였다.

그러자 갓난아이 왕의 등극에 분노한 프랑스는 트루아 조약의 무효를 선언했다. 이에 영국은 프랑스가 왕세자로 옹립한 샤를을 따르는 도시 중 하나이자 전략적 요충지인 오를레앙을 포위했다. 프랑스의 운명은 오를레앙에 달려있었지만 영국의 공격을 막아낼 수 있으리라는 생각에는 회의적인 시각이 지배적이었다. 이때 풍전등화와 같은 프랑스에 마치 기적처럼 나타나 구원의 손길을 내민 이가 바로 잔 다르크였다.

잔 다르크는 1412년 프랑스 북동부의 동레미라는 작은 마을에서 소작농의 자식으로 태어나 평범한 어린 시절을 보냈다. 비록 글을 읽고 쓰는 것을 배우지는 못했지만 독실한 가톨릭 신자였던 어머니의 영향으로 깊은 신앙심을 갖게 되었다. 13세가 되던 해, 그녀는 적을 내쫓아 프랑스를 구하고 샤를 왕세자를 적법한 왕으로 임명하라는 신의 계시를 받았고 이 신성한 사명의 일부로 순결 서약을 했다.

16세이던 1428년, 잔 다르크는 풍전등화의 조국을 구하겠다고 결심을 굳힌 후 샤를 왕세자를 따르는 인근의 성채 보르리쿠르 성주에게 샤를을 만나게 해달라고 요청했다. 성주는 잔 다르크가 말한 계시를 믿지 못해 처음에는 그녀의 청을 거절하지만 끝내 그녀의 집념에 감동하여 소개장을 써주었다. 잔 다르크는 머리를 짧게 자르고 남자 옷으로 갈아입고는 영국군이 점령한 영토를 가로질러 11일 만에 드디어 왕세자의 궁이 있는 시농에 도착했다.

샤를을 만난 잔 다르크는 전통적으로 대관식이 행해지던 랭스에서 그가 국왕으로 등극할 것임을 예언하며 영국군에 포위당한 오를레앙으로 자신을 군대와 함께 보내줄 것을 요청했다. 못미더워하던 왕세자는 테스트를 거쳐 그녀를 신임하게 되었고 신료들의 반대를 무릅쓰고 그녀의 요청을 수락했다. 1429년 3월 마침내 그녀는 흰 갑옷에 백마를 타고 군대를 이끌며 오를레앙을 향해 진군했다.

강력한 카리스마로 잔 다르크는 오를레앙에서 벌어진 치열한 전투에서 첫 번째 승리를 거두었다. 거듭된 패전에 사기가 떨어져 있던 프랑스군에게는 신의 계시를 받은 것으로 알려진 이 소녀의 존재가 구세주와 다름없었다. 그녀는 군 지휘관으로서 이후의 전투에서도 연승함으로써 루아르 강변의 도시들을 모두 수복하였고 왕의 대관식이 열리는 랭스도 되찾았다. 그녀를 신임하여 전장에 보냈던 샤를 왕세자는 그해 7월 무사히 왕위에 올라 샤를 7세가 되었다. 그녀는 이에 그치지 않고 여세를 몰아 적에게 점령당한 파리를 탈환해야 한다고 주장했다. 하지만 샤를 7세는 그녀의 권력이 비대해지고 있다는 측근의 경고를 신뢰해 주저했고, 그 사이 적은 파리 수비를 강화하는 것과 동시에 전열을 정비하였다.

그렇게 1년의 시간이 허비되는 동안 전열을 가다듬은 영국군은 1430년 봄 콩피에뉴를 공격해 들어왔다. 그러자 잔 다르크는 다시 전장으로 달려가 도시와 주민들을 보호하는 데 전력을 기울였다. 그러나 후퇴하는 적을 추격하는 동안 그녀는 말에서 떨어졌고 군대가 콩피에뉴 성문을 닫아버림으로써 성 밖에 남겨지게 되었다. 결국 영국군에 생포되어 부브레 성으로 압송되었고 주술, 이단, 남자복장 등 70가지 혐의로 종교재판에 회부되어 화형이라는 극단적 판결에 처해졌다. 이에 민중의 영웅이었던 그녀를 석방하라는 청원미사가 프랑스 전역에서 봉헌되었다. 하지만 그녀의 유명세를 못마땅해 하던 샤를 7세는 모른척할 뿐 석방 조건으로 영국이 요구한 몸값 지불을 거절했다.

1년 후인 1431년, 잔 다르크는 죽음의 공포 속에서 자신이 신의 계시를 받은 적이 없다는 자술서에 서명했다. 하지만 며칠 후 다시 남성복을 착용함으로써 진술을 뒤집었고, 그러자 영국은 같은 해 5월 30일에 그녀를 루앙의 장터로 압송하여 화형식을 거행했다. 그녀는 그렇게 19년이라는 짧은 생을 마감했다.

하지만 잔 다르크의 명성은 죽은 후에 더 큰 울림으로 프랑스 국민에게 다가갔다. 1436년 파리 수복과 1449년 루앙 입성을 계기로 샤를 7세는 그녀에 대한 재판을 다시 심리할 것을 명령했다.

1456년 1년여의 심리 끝에 루앙대교구는 판결문을 통해 재판 결과의 오류를 인정하고 이전 판결을 무효로 선언했다. 그녀가 마녀에서 순교자로 인정되는 순간이었다. 그 후 바티칸은 잔 다르크의 명예회복에 수백 년간 수동적인 자세로 일관했으나, 민족의 영웅으로서 그녀를 기억하는 프랑스인들의 추모 열기는 더욱 뜨거워졌다. 그녀는 19세기 시민혁명을 거치면서 프랑스 민중의 상징으로 자리 잡았으며 2차 세계대전 이후에는 국민통합의 표상이 되었다. 1909년에야 바티칸은 그녀를 복자로 시복했고, 1920년 5월 16일에는 교황 베네딕토 15세에 의해 성인으로 추대되었다. 또한 20편이 넘는 영화가 영웅 잔 다르크를 소재로 삼았을 뿐만 아니라 2만 종 이상의 책 속에 영웅으로 묘사되었다.

도쿠가와 이에야스: 일본 전국시대 영웅

도쿠가와 이에야스(1543~1616)는 2000년 일본 아사이신문의 영웅 선호도 설문조사에서 사카모토 료마의 뒤를 이어 두 번째를 차지할 만큼 일본인이 추앙하는 대표적인 영웅이다. 그에 대한 역사적 평가가 주로 100여 년 간 혼란으로 점철된 일본의 전국시대를 평정하여 통일한 업적에 집중되어 있지만, 그의 인내심 또는 신중함과 리더십이라는 영웅적 자질이 그런 성과를 내는 데 크게 작용하였다는 데에도 주목할 필요가 있다. 그는 흔히 일본 전국시대를 대표하는 다른 두 영웅 오다 노부나가와 도요토미 히데요시와 함께 다음처럼 비교되기도 한다.

노부나가는 새가 울지 않으면 죽여버렸고,

히데요시는 새가 울게 만들었고,

이에야스는 새가 울 때까지 기다렸다.

15세기 후반부터 16세기 중반에 이르기까지 일본은 극심한 혼란과 분열을 겪고 있었다. 교토의 왕실은 150년 전에 아시카가 무장가문(막부)에 통치권을 이양한 상태였다. 아시카가 장군(쇼군)들은 이 기간 동안 일본 국토 상당 부분에 느슨하지만 지배권을 행사할 수 있었다. 하지만 1477년 오닌의 난이 막을 내리고 센고쿠 시대(戰國時代)가 시작되면서 그들의 권력은 사실상 소멸하였다. 그 이후 100여 년 동안 군벌 가문들은 권력을 향한 끊임없는 야심 속에서 전쟁으로 일관했다.

다이묘로 불리는 각 지역 영주들은 1550년대까지 각자의 영지에서 안정적으로 자신들만의 권력을 이어나갔다. 그러던 중 오다 노부나가라는 걸출한 인물이 출현하여 강력한 통솔력과 뛰어난 전술로써 차근차근 주변 영지를 정복해 나갔고 마침내 1568년 교토로 진격해 패권을 거머쥐었다. 노부나가의 초기 성공의 주된 이유 중 하나는 이웃 영지의 젊은 영주 도쿠가와 이에야스와 맺은 동맹에서 비롯되었다. 이에야스는 적의 후방 공격을 차단함으로써 노부나가의 교토 진군을 가능하게 했던 것이다.

1568년부터 노부나가는 교토 인근의 영주들을 섬멸하거나 그들과 동맹을 맺음으로써 일본의 다른 지역으로 권력을 확대시켜

나갔다. 하지만 1582년 그는 수하 장수에 의해 살해되었고, 이를 틈타 도요토미 히데요시가 권력을 차지해 전국을 통일하였다. 히데요시도 1592년과 1597년 두 차례의 조선침략이 실패하면서 위기를 맞았고, 1598년 5살 된 아들 히데요리를 후계자로 남긴 채 사망했다. 그의 죽음으로 영주들 간에는 또다시 권력 쟁탈전이 일어나 일본은 이에야스가 이끄는 군벌과 그와 대립하는 군벌로 두 동강이 나버렸다. 1600년 이에야스가 반대파와의 세키가하라 전투에서 승리했다. 이로써 일본은 마침내 이후 250년 동안 평화를 누릴 수 있게 되었다.

이에야스는 본디 대단히 신중한 사람이었다. 일본 역사에서 노부나가와 히데요시를 비롯한 뛰어난 많은 지도자가 가문의 전통을 이어가지 못한 사실을 마음에 새기고 세키가하라 전투에서의 승전 이후 신중한 전략을 통해 가문의 지배력을 공고히 해나갔다. 그는 1603년 쇼군의 지위를 획득하지만 그때까지도 어느 정도 견고한 세력을 유지하고 있었던 히데요시 가문에게 그들의 후계자가 성인이 되면 권력을 이양 받게 될 것이라는 희망을 남겨두었다. 하지만 이에야스는 1605년 자신의 아들에게 쇼군의 직책을 물려줌으로써 이런 희망은 희미해지기 시작했다. 이 조치는 이에야스 사후 막부 내에서의 분열을 최소화하고 가문 통치를 영속시키기 위한 것으로 해석되고 있다.

급기야 1614년 이에야스는 반역의 혐의를 씌워 히데요시가 축조한 오사카 성을 대군을 이끌고 공략했다. 하지만 유감스럽게도 실패했다. 그는 야기될 수 있는 자신의 군부 내 동요를 막기 위해 평화협정을 체결했다. 이것은 전략의 일부, 나쁘게 표현하면 사기에 불과했다. 협정이 체결되자마자, 그는 성을 재공격하여 성주 히데요리를 포함하여 성 안의 거의 모든 백성을 도륙해버렸다. 이로써 이에야스는 자신의 마지막 정적을 제거하고 에도에서 막부 정치를 실현시키는 데 성공하였다. 전국을 통일한 이에야스의 에도 막부는 무인(武人) 통치라는 부정적 인식에도 불구하고 일본에 평화를 가져오게 했다. 노부나가가 시작하여 히데요시가 이룩한 일본 통일은 이에야스에 이르러 영속성을 갖게 되었던 것이다.

2차 세계대전에서 패망한 일본은 1950년대와 60년대의 경제 회복과 이어지는 경제발전 속에서 그간 잊혀있던 이에야스에 대하여 재평가하기 시작했다. 일본의 성장이 궁극적으로는 이에야스의 국가 통일에 빚을 지고 있다는 생각이 일본인들 사이에 싹텄던 것이다. 그렇다면 일본인들이 그 이전에는 왜 그를 영웅으로 생각하지 않았을까?

아마도 이에야스에 대한 과거의 부정적 인식은 그의 국가 통일 이유를 순전히 어지러운 현실에서 고통받고 있던 백성들을 위한 것으로 돌릴 수 없다는 데 있을 것이다. 다시 말해 일본인들은 권력을 향한 "기회주의자"로서 이에야스에게는 패권만이 중요했을 뿐이라고 인식한 것이다. 특히 2차 세계대전에서 패망한 직후 일본인들은 이에야스의 봉건정책과 쇄국정책으로 인해 일본의 근대화가 늦어져 패전국이 되었다며 일부지만 패전의 이유를 그의 탓으로 돌리는 경향마저 보였다.

　역사가들은 이에야스의 승리의 첫째 원인으로 출신과 상관없이 능력에 따라 인재를 등용하는 용병술을 지목한다. 노부나가와 인연을 맺은 이후에 이에야스 곁에는 늘 뛰어난 전략가들과 행정가들이 함께하고 있었다는 것이다. 두 번째 이유로 인내심을 꼽는다. 그가 노부나가와 동맹을 맺고 국가를 장악하기까지 40년의 시간이 소요되었는데, 난관에 부딪힐 때마다 즉각적으로 대응하기보다는 다음 기회를 엿보았기 때문이다. 이런 두 가지 요인이 영웅의 자질임에는 틀림없다.

　그러나 이 장 서두에 언급했던 것처럼 고전영웅은 거의 항상 '죽음'을 동반한다. 이에야스의 국가통일이 현대 일본의 성장에 밑거름이 되었다면 그것은 통일하는 과정에서 흘린 이름도 알 수 없는 셀 수 없이 많은 일본인의 피가 있었기 때문에 가능했다. 일본의 역사가 야마기시 류지는 250년 동안 지속한 일본의 평화 기저에는 도쿠가와 이에야스가 헌신적으로 이뤄낸 확고한 봉건제와 거대한 그의 영지가 자리한다고 말한다. 일본인들이 두 번째로 추앙하는 '영웅' 이에야스의 거대한 영지에는 강력한 봉건제 하에서 250년 동안 그것을 일구느라 신음한 자신들의 조상이 있었던 것이다. 그래도 일본인들은 이에야스를 '영웅'이라고 부른다.

조지 워싱턴: 미국 건국 영웅

미국 건국의 아버지로 불리는 조지 워싱턴(1732~1799)은 영국과의 독립전쟁에서 혁명군을 승리로 이끌었으며, 후에 초대 대통령으로 선출된 미국을 대표하는 영웅이다.

워싱턴은 버지니아에서 부동산 투기로 재산을 축적한 부유한 가문에서 출생했다. 아버지 오거스틴은 많은 토지와 노예를 소유한 야심가였는데 제분소를 세우고 담배를 재배했으며 철광산을 개발하는 데에 관심을 보이기도 했다. 워싱턴의 어린 시절에 대해서는 알려진 게 많지 않다. 7세부터 15세까지 공식적인 교육 없이 집에서 수학, 지리, 라틴어, 영어 고전을 교육받았고, (11세에 아버지가 사망했으므로) 이복형 로렌스를 비롯한 주변사람들로부터 연초재배, 가축사육, 측량 등 실용 기술을 배웠으며, 16세부터 17세까지 2년 동안 측량기사로 버지니아 서부의 토지 측량 일을 한 것 정도만 알려져 있다.

워싱턴의 삶의 전환점이 된 것은 바로 영국과 프랑스가 오하이오 토지 관할권을 두고 벌인 갈등이었다. 1750년대에 영국과 프랑스는 평화로운 관계를 맺고 있었다. 하지만 이 지역의 경계가 모호하여 양국 간에는 분쟁의 씨앗이 존재하고 있었는데, 프랑스 군대가 자국의 모피 사냥꾼과 정착민들을 보호할 명목으로 오하이오 계곡 대부분을 점령하기 시작했다. 이때 워싱턴은 버지니아 민병대의 소령으로 임명되어 영웅의 여행을 시작하게 되었다.

1753년 프랑스군에게 영국 관할 지역에서의 자발적인 퇴거를 경고하라는 명령이 워싱턴에게 떨어졌다. 그가 혹독한 날씨와 거친 황무지를 뚫고 프랑스군 진지에 도착하여 경고장을 전달하려 했지만 프랑스군은 이를 '정중히' 거절했다. 이에 당시 총독 대리로 있던 로버트 딘위디는 그곳에 기지를 구축하라며 워싱턴과 함께 군대를 파병했다. 이곳을 교두보 삼아 워싱턴의 부대는 30여 명이 방어하고 있던 프랑스군 진지를 공격하여 지휘관과 9명의 군인을 사살하고 나머지는 생포했다. 이를 기화로 마침내 전쟁이 시작되었다. 하지만 병력의 절대 우세를 앞세운 프랑스 주력군의 반격으로 워싱턴의 부대는 기지로 후퇴했고 집중공격으로 항복할 수밖에 없었다. 이들은 오하이오 강에 또 다른 요새를 세우지 않는 조건으로 무장해제 당한 채 석방되어 버지니아로 돌아왔다.

대령으로 진급한 워싱턴은 1755년 영국의 에드워드 브래딕 장군이 이끄는 군대에 합류했다. 영국군은 뒤켄 요새를 비롯한 전략적 요충지 세 곳의 공격을 계획하고 있었다. 모논가힐라 전투에서 프랑스와 그들과 연합한 원주민들(인디언)의 기습을 받아 브래딕은 치명상을 입었지만 운 좋게도 워싱턴은 유일한 장교 생존자로 외투 4곳과 모자 1곳에 총탄 구멍만 났을 뿐 부상을 입지는 않았다. 그에게는 부대를 안전하게 퇴각시키는 것 외에는 다른 대안이 없었다.

이 전투에서 브래딕은 결국 사망했고, 부대를 이끌고 무사히 퇴각한 워싱턴은 23세의 나이에 버지니아군의 사령관이 되었다. 하지만 오합지졸과 다름없는 700명의 병사들을 지휘해 거의 400마일(640킬로미터)이나 되는 전선을 방어하는 것이 그의 임무였고 더군다나 버지니아 의회는 마지못해 그를 지원하고 있을 뿐이었다. 게다가 심한 배탈로 더 이상 군을 지휘할 수 없는 지경에 이르렀다. 결국 그는 고향으로 돌아갈 수밖에 없었다.

1758년 워싱턴은 뒤켄 요새를 공략하기 위한 원정군의 일원으로 군에 복귀했다. 이때도 운명은 그의 편이 아닌 듯했다. 아군의 오인 포격으로 워싱턴의 부하 병사 14명이 사망하고 26명이 부상하는 참극이 일어났던 것이다. 하지만 워싱턴의 식민지 군대는 최종적으로는 전투에서 대승을 거둠으로써 뒤켄 요새를 차지하고 오하이오계곡을 영토로 편입하였다. 그해 12월 워싱턴은 사임을 결정하고 고향으로 돌아와 주 하원의원으로 정계에 입문했다.

프랑스와의 전쟁이 끝난 후 그는 부유한 미망인과 결혼도 하고 농장도 일구며 지주로서의 평범한 삶을 살아갔다. 하지만 1773년에 일어난 소위 '보스턴 차 사건'은 그를 미국의 독립에 눈을 돌리게 하였다. 영국은 국내외의 전쟁 등으로 군사비 지출이 급격히 늘어감에 따라 식민지에 새로운 세금을 부과했다. 이에 불만을 품은 미국의 식민지 주민들이 영국 동인도회사 소유의 차 50톤을 보스턴 항구의 바닷물 속에 쏟아버린 사건이 일어났다. 이 사건으로 영국의 침탈은 더욱 심해졌다. 1774년 9월 미국 식민지는 대륙회의의 개최로 영국과 대립각을 세워나갔고, 워싱턴은 대륙회의에 버지니아를 대표하는 7인의 한 사람으로 참가했다. 그는 회의에서 입법가로서 독립의 이유를 다른 대표자들에게 설득시킴으로써 그들에게 깊은 인상을 각인시키는 가운데 중앙 정치 무대에 본격 입성했다.

1775년 열린 2차 대륙회의에서 워싱턴은 미국 군대를 지휘하는 총사령관으로 선출되었다. 그는 어떠한 보수도 사양한 채 총사령관직을 수락하고 영국과의 독립전쟁에 투신했다. 전쟁은 쉽지 않았다. 1776년 8월, 영국군은 뉴욕에서 미국 군대를 격파했다. 군의 사기는 곤두박질쳤다. 하지만 워싱턴은 사기를 북돋우며 그해 크리스마스 밤에 2,500명의 병사를 이끌고 영국군대를 급습하여 승리를 거두는 등 거듭되는 승전보를 통해 미국인들의 마음에 희망을 불어넣었다.

1777년 겨울은 워싱턴의 군대에게 또 다른 시련을 가져왔다. 티푸스(발진열)와 천연두로 병사 10,000명 중 최소 4분의 1이 사망했던 것이다. 이에 굴하지 않고 군대는 열심히 훈련했고 프랑스의 원조도 이어졌다. 워싱턴은 1778년 6월부터 3년 동안 영국과의 전투에서 연이어 승리했다. 1781년 워싱턴의 군대가 버지니아에서 영국군을 몰아붙이자 마침내 영국군 사령관 콘월리스는 워싱턴에게 항복했고, 1783년 영국은 미국을 독립국가로 인정하는 파리조약에 서명했다. 영국으로부터 독립을 쟁취한 후 많은 미국인들은 워싱턴이 새로운 나라에서 중요한 직책을 맡아주기를 기대했다. 하지만 그런 기대와는 달리 워싱턴은 1783년 12월 병사들에게 작별을 고하고 고향 마운드 버논으로 돌아갔다.

그렇게 워싱턴은 자신의 농장에서 농사를 지으며 4년여의 시간을 보냈다. 신생국 미국의 정치 상황은 혼란을 벗어나지 못했다. 각각의 주들은 저마다의 주장을 내세우며 정쟁으로 일관했다.

1787년 헌법제정회의가 열리고 대표자들은 만장일치로 워싱턴을 의장으로 선출했다. 회의는 지루하게 계속되었다. 지도력을 발휘한 워싱턴의 노력에 힘입어 1789년 마침내 헌법이 미연방의 비준을 통과함으로써 오늘날의 미국이 출항하게 되었다. 이와 동시에 대표자들은 또다시 만장일치로 정계 은퇴를 계획하고 있던 워싱턴을 초대 대통령으로 선출했다.

그 후 8년 동안 워싱턴은 세계사에 전례없던 민주주의 공화국으로 미국의 틀을 완성해 갔으며, 3선을 사양한 채 독립전쟁 이후 그랬던 것처럼 1797년 정부를 존 애덤스에게 인계하고 고향으로 돌아갔다. 2년 뒤인 1799년 겨울 67세의 일기로 파란만장한 생을 마감했다.

워싱턴은 '왕'이 될 수도 있었지만 '시민'이 되기를 선택했다. 대통령으로서 막강한 권력을 포기한 것처럼 대가를 기대하지 않는 국가를 향한 사심 없는 애국심과 자기희생은 그를 영웅으로 부르는 데 주저함이 없게 한다. 영웅 워싱턴은 220여 년의 시간이 흐르는 동안에도 자유와 민주주의가 그 무엇과도 바꿀 수 없는 것임을 미국인들 마음속 깊이 울려 퍼지게 하고 있다.

호세 데 산 마르틴: 아르헨티나 해방 영웅
호세 데 산 마르틴(1778~1850)은 장군이자 정치인으로 남미에서 스페인 통치에 반대하여 혁명을 이끈 아르헨티나의 국민 영웅이다. 그의 용기 있는 헌신으로 말미암아 아르헨티나, 칠레, 페루는 독립

국가로서 해방의 기쁨을 누릴 수 있게 되었다.

산 마르틴은 아르헨티나 북부 변방 야페유의 행정관으로 근무하던 스페인 장교의 막내아들로 태어났다. 여섯 살 되던 해 아버지가 스페인으로 소환되자 다른 가족과 함께 고향을 떠나 유럽으로 이주했다. 스페인 마드리드의 귀족학교에 다니던 중 11세의 어린 나이에 사관생도로 군 생활을 시작하게 되었고, 17세에 장교가 된 이후에는 북아프리카와 프랑스 등지의 전투에도 참가했다. 영국군과의 전투 도중 포로가 되는 등 갖은 고난 속에서도 수많은 전투를 통해 군 전술과 전략 등에 정통한 기병대 고급 장교로 성장해 나갔다.

1811년 9월 화려한 군 경력을 뒤로 하고 자신이 태어난 조국 아르헨티나의 부름에 응답하여 독립운동에 참여하기 위해 영국 상선에 몸을 실었다. 처음 아르헨티나 지도자들은 그 당시 남미에서 가장 높은 계급(중령)의 스페인 장교였던 그를 의심의 눈초리로 맞이했지만 그는 곧 조국에 대한 충성심과 능력을 증명해나가기 시작했다.

산 마르틴이 아르헨티나에서 맡은 첫 임무는 혁명정부를 위협하던 스페인 왕당군과 싸울 보병대를 육성하는 것이었다. 비록 이 임무가 그의 과거 군 경력에 비춰 보잘것없는 것이었을지라도 그는 신병들을 혹독하게 조련하여 최정예 군대로 변화시켰다. 1813년 그는 소규모이기는 하지만 파라나강 주변 정착민들을 괴롭히던 스페인 군대와 교전을 벌여 승리했다. 스페인을 상대로 거둔 첫 번째 승전이었기 때문에 아르헨티나 국민들의 독립 열망은 한 껏 고무되었으며, 그 또한 얼마 지나지 않아 부에노스아이레스의 주둔군 사령관으로 임명되었다.

마누엘 벨그라노 장군이 지휘하던 아르헨티나 북부군은 페루 북부(지금의 볼리비아)로부터 스페인군을 몰아내기 위해 교전 중이었다. 하지만 오히려 벨그라노의 군대는 패배하며 위기에 봉착했다. 1813년 산 마르틴이 벨그라노를 지원하기 위해 파견되었고, 이듬해 부대의 지휘권을 인수하여 부대를 최정예군대로 탈바꿈시켜나갔다. 그러면서 그는 요새화된 페루 북부로 공격해 들어가는 대신에 비록 수년이 걸릴지라도 남쪽에서 안데스산맥을 넘어 칠레를 해방하고 남쪽과 바다를 통해 페루로 진격하는 것이 더 효과적인 전략이라고 판단했다.

1816년 7월 산 마르틴의 전략이 승인되었다. 그는 즉시 신병을 모집하고 부대의 훈련에 돌입했다. 그해 말 그의 군대는 보병, 기병, 포병 등 약 5,000명으로 증강되었다. 그는 안데스산맥을 넘기 위해 병사들의 훈련뿐만 아니라 전투에 필요한 사소한 것도 놓치지 않았다. 무기와 식량 등 보급품의 준비에 만전을 기했으며, 심지어 모든 말의 발굽에 편자를 박고 말을 추위로부터 보호하기 위해 담요까지 준비했다.

1817년 1월 군대는 안데스를 향해 진군했다. 칠레의 스페인군은 산 마르틴과의 전투에 단단히 대비했다. 그들과의 전투가 만만치 않다고 판단한 산 마르틴은 거짓 정보를 흘렸다. 그 정보에 교란된 스페인군은 산 마르틴 군의 진로와 완전히 동떨어진 곳에서 그를 기다렸다. 2월, 산 마르틴은 안데스의 혹독한 추위를 견디며 해발 3,000~4,000미터의 험난한 산악지대를 비교적 경미한 손실만을 입은 채 넘어 무혈로 칠레 국경에 입성했다. 그리고 며칠 뒤인 2월 12일 산 마르틴은 차카부코에서 스페인군과 첫 교전을 벌였다. 결과는 대승이었다. 스페인군은 전력의 절반을 잃고 산티아고(현재 칠레의 수도)에서 완전히 철수했다.

산 마르틴은 아르헨티나와 칠레가 완전한 자유를 누리기 위해서는 페루에 있는 스페인군을 격퇴해야 한다고 믿고 있었다. 그는 군비를 확충하고 전력을 보강하기 위해 부에노스아이레스로 돌아왔다. 전력을 재정비한 칠레 남부의 스페인군과 왕당군이 산티아고를 공격할 것이라는 소식이 전해지자 그는 다시 급히 칠레로 향했다. 1818년 4월 5일 양측은 마이푸에서 치열하게 교전했다. 산마르틴이 이끄는 아르헨티나군은 스페인군을 궤멸시켰다. 스페인군 2,000명이 전사했고, 2,200명이 포로가 되었으며, 대포를 포함한 모든 무기는 전리품으로 산 마르틴에게 넘겨주어야 했다. 마침내 칠레는 스페인제국으로부터 해방되었다.

이제 산 마르틴은 페루로 시선을 돌렸다. 바다로부터 페루의 스페인군을 공략하기 위해 부족한 자금을 긁어모아 칠레 해군을 창설했다. 1820년 8월, 그는 4,700명의 군인과 25문의 대포, 말과 식량 등 보급품을 허름한 해군 수송선에 싣고 페루로 출항했다. 그는 한편에서는 전단지 살포와 같은 선전전을 통해 페루 스페인 정부의 자발적 붕괴를 유도했다. 우세한 전력으로 수도 리마를 방어하던 스페인군과는 직접적인 전투를 피한 채 내부 붕괴를 도모하며 1년여의 인고의 시간을 보냈다. 마침내 본국으로부터 원조가 끊어진 스페인군은 리마를 버리고 산악지대로 철수했다. 1821년 7월 28일 산 마르틴은 '페루의 수호자'라는 환호를 받으며 리마에 입성하고 페루의 독립을 선포하였다.

하지만 산 마르틴에게 페루에서의 삶은 영광보다는 환멸에 가까웠다. 페루인들 일부는 그를 연모하며 그가 페루 왕이 되기를 희망했고, 또 다른 이들은 혐오하며 페루를 완전히 떠나기를 바랐다. 끝없는 중상모략과 정쟁이 리마 정부를 가득 채웠다. 이런 현실에 염증을 느낀 그는 곧 섭정직을 사임하고 1822년 페루를 떠나 칠레로 돌아갔으며, 이내 아내가 중병에 걸렸다는 소식에 급거 아르헨티나로 발길을 돌렸다. 안타깝게도 아내는 얼마 후 사망했다.

해방 이후 남미는 안정보다는 혼란의 시대로 변질되어 갔다. 이에 실망한 산 마르틴은 1828년 모든 것을 뒤로 하고 어린 딸을 데리고 프랑스로 이주했다. 하지만 이후 1829년 브라질과의 분쟁에 휩싸인 아르헨티나는 그에게 다시 도움을 요청했다. 자신이 태어난 조국의 부름을 거부할 수 없어 또다시 아르헨티나로 돌아오지만 정작 조국은 태도를 바꾸어 그를 외면해버렸다. 몬테비데오에서 2달여의 시간을 허비한 후 발길을 돌려 다시 프랑스로 향했다. 그 뒤 20여 년 간 조용한 삶을 보내다 1850년 격정의 삶을 마쳤다. 그 후 자신의 심장을 부에노스아이레스에 묻어달라는 그의 유언에 따라 산 마르틴의 유해는 1878년 부에노스아이레스 대성당에 안치되었다.

산 마르틴은 용기와, 사익 없는 자기희생으로 삶을 채운 영웅이다. 아버지가 태어나고 또 할아버지가 태어난 자신의 뿌리 스페인을 등지고 자신이 태어난 아르헨티나의 독립을 위해 스페인과의 싸움에 일생을 바쳤다. 그러나 그가 받은 생전의 대가는 무엇인가? 그저 타국에서 떠도는 나그네 같은 삶이었다. 그나마 버림받은 그의 영웅적 행위가 현대의 아르헨티나와 칠레 및 페루, 더 나아가 세계인의 마음에 삶을 살아가는 불쏘시개가 되고 있다는 사실에 약간의 위안을 삼을 따름이다.

주세페 가리발디: 이탈리아 통일 영웅

주세페 가리발디(1807~1882)는 19세기 중반 이탈리아 통일운동을 이끈 혁명영웅이다. 그는 이탈리아 통일에 '칼'과 같은 역할을 했고 '두뇌' 역할의 카밀로 벤소(1810~1861)와 '영혼' 역할의 주세페 마치니(1805~1872)와 더불어 현대 이탈리아 탄생에 지대하게 공헌했다.

이탈리아는 19세기 중반까지 교황령, 합스부르크 왕가의 토스카나 대공국, 사르데냐 왕국, 여러 소국 등으로 분열되어 오스트리아와 프랑스 등 이민족의 지배와 간섭 아래 있었다. 나폴레옹이 전파한 민족주의 정신의 영향으로 이탈리아에서는 점차 통일의 기운이 움트고 있었는데, 1830년대에 민족주의자 마치니에 의해 결성된 청년이탈리아당이 그 도화선이 되었다. 가리발디는 1833년 마르세유에서 마치니를 만나 그에게서 깊은 감명을 받게 되었고 이를 계기로 이탈리아 민족운동에 본격적으로 뛰어들었다. 또한 남미와 프랑스에서도 자유를 위한 투쟁에 참여하여 "(대서양을 사이에 둔) 양 세계의 영웅"으로 불렸다.

가리발디는 1807년 프랑스 점령 하의 니스에서 지중해 연안을 운항하는 상선들의 수로 안내인의 아들로 태어났다. 그가 어렸을 때 니스는 프랑스에서 이탈리아계 피에몬테 사르디니아 왕국으로 지배권이 바뀌었다. 아마도 그가 어린 시절에 목격한 고향마을의 국적 변경이 이탈리아 통일의 열망을 그의 마음속에 싹트게 한 것으로 추정된다. 15세가 되자 사제가 되기를 희망했던 어머니의 바람을 뒤로하고 선원이 되었다.

25세 되던 1832년에 가리발디는 상선 선장 자격을 취득했고 1833년에는 대부분의 지역이 오스트리아와 교황에 지배당하고 있던 조국 이탈리아의 해방과 통일에 헌신하던 마치니의 청년이탈리아당에 들어갔다. 하지만 1834년 피에몬테 정부를 전복하려는 마치니의 혁명운동이 실패로 돌아감에 따라 열성적으로 활동하던 가리발디는 도망자의 신분으로 전락했다. 피에몬테 정부가 궐석재판으로 그에게 사형을 언도하자 그는 남미로 향했다.

가리발디는 남미에서 처음에는 선원으로, 상인으로 생계를 이어가며 망명 생활을 시작했다. 하지만 그는 곧 남미의 민족주의 운동에 관심을 갖게 되었고 1836년 다른 이탈리아 망명자들과 공화

당원들을 규합하여 우루과이 혁명전쟁에 가담하였다. 1843년에는 조국 이탈리아를 애도하는 의미의 검은 바탕에 뜨거운 열정을 가리키는 중앙의 화산 문양을 깃발로 삼아 이탈리아 군대를 조직하였다. 가리발디가 이끄는 군대는 몬테비데오의 한 공장이 아르헨티나 도살장에 수출할 목적으로 제작한 붉은 셔츠를 입고 우루과이 독재자와의 싸움에서 거듭 승리를 거둠으로써 우루과이 해방의 희망을 키워나갔다. 1846년 산안토니오 전투의 승리를 비롯한 수많은 전과로 그는 영웅의 반열에 오르며 그의 이름은 이탈리아와 유럽에까지 알려지게 되었다.

가리발디는 남미에 머무르는 동안에도 런던에 망명 중인 혁명동지 마치니와의 연락을 이어갔다. 마치니는 이탈리아 민족주의자들을 결집할 수 있는 존재로 가리발디를 생각하여 혁명전쟁에 참여하도록 지속적으로 그를 자극했다. 1848년 유럽에서 혁명이 일어나자 가리발디는 60여 명의 전사로 구성된 '이탈리아 군단'과 함께 고국으로 돌아왔다. 이탈리아를 들썩이게 하는 전쟁과 반란의 소용돌이 속에서 그의 군대는 롬바르디아로 향했다. 그곳이 이탈리아 해방운동을 주도하는 임시정부를 지원하고 있었기 때문이었다. 비록 성공을 거두지는 못했지만 1차 이탈리아 독립전쟁에서 그의 군대는 두 차례의 작지만 값진 승리를 거두었다.

1849년 새로 구성된 혁명정부 편에서 교황에 충성하는 로마 공화국을 지원하기 위해 로마로 건너간 가리발디는 그곳을 공략하려는 프랑스군과의 교전에서 이탈리아군을 지휘했다. 처절한 총력 방어에도 불구하고 그해 6월 로마는 함락되었다. 그가 로마에서 북부 이탈리아로 후퇴하는 동안 남미에서 만나 결혼한 아내이자 동지인 아니타가 먼저 세상을 등졌다. 그는 슬픔을 뒤로하고 토스카나를 거쳐 니스로 탈출했다. 하지만 니스 정부는 그를 환영하지 않았다. 1850년 그는 또다시 대서양을 건너 뉴욕으로의 망명길에 올라 스테이튼 아일랜드에서 한동안 양초 제조자로, 이후에는 태평양을 왕복 운항하는 배의 선장으로 조용한 삶을 보냈다.

　1854년 가리발디는 런던에서 마치니를 만났다. 마치니는 그에게 다시 이탈리아로 돌아올 것을 강력히 요청했다. 가리발디는 사르디니아 해안 근처의 작은 섬에 토지를 구입하여 농사일을 시작하지만 그렇다고 이탈리아 통일운동을 마음에서 떨쳐낼 수는 없었다. 1859년 2차 이탈리아 독립전쟁이 일어나자 정치적 소용돌이 속으로 다시 몸을 던졌다. 1860년 시칠리아에서 동료들과 함께 붉은 셔츠를 입고 수적으로 절대 우세인 나폴레옹 군대와 전투를 벌여 섬을 탈환했다. 그의 군대는 이를 계기로 '천 명의 붉은 셔츠'라는 명성을 떨치게 되었다.

　가리발디는 메시나 해협을 건너 이탈리아 본토로 향했다. 이제 그의 진군은 저항이 아니라 환영으로 채색되었다. 그의 군대는 1860년 9월 7일 무혈로 나폴리에 입성했고 이후 크고 작은 많은 전투에서 승리했다. 조국의 통일이 유일한 염원이었기 때문에 그는 점령한 영토 전부를 교황을 지지하는 피에몬테 왕에게 넘겨주고 자신의 공훈에 대한 보상을 사양한 채 잠시나마 섬의 농장생활로 돌아갔다.

1866년 오스트리아와 프로이센 사이에 전쟁이 일어나자, 이탈리아는 오스트리아 점령 하의 베네치아를 수복할 목적으로 프러시아와 연합하였다. 그러자 가리발디는 다시 4만여 명의 군대를 조직해 승리했고, 결국 전세가 불리해진 오스트리아는 베네치아를 이탈리아에게 양도하는 정전협정에 서명했다. 1871년 프랑스와 프로이센 간의 전쟁의 결과로 이탈리아 정부는 마침내 로마의 지배권을 확보하여 완전한 통일을 이루었다. 1882년 6월 2일 그는 질곡의 75년 생을 마감하고 카프레라 섬의 자신의 농장에서 영면했다.

가리발디는 세계사에서 드물게 자신의 안위를 돌보지 않고 오로지 통일민족국가 수립을 위해 헌신한 다음 홀연히 보통 시민으로 돌아간 인물이다. 많은 이탈리아인은 가리발디의 카리스마, 영웅적 리더십, 군사적 전술, 자기희생 등으로 말미암아 이탈리아 통일이 가능했다고 믿고 있다. 가리발디는 19세기 중반 자유를 쟁취하고자 하는 민족주의 혁명전쟁의 한가운데에 서서 이탈리아 통일을 주도하고 남미를 비롯한 세계 곳곳에서 자유와 독립을 위해 싸운 영웅이었다. 프랑스로부터 남부 이탈리아를 해방시킨 이후에는 오직 조국의 통일을 염원하며 점령지를 사심 없이 이양했던 것처럼 자기이익을 포기하는 이타적 행동을 선택했다. 이제 영웅 가리발디의 육신은 한줌의 흙이 되었으나 수많은 소설, 전기, 영화, 연극, 드라마, 기념우표 등을 통해 부활하여 태산처럼 묵묵히 우리가 가야 할 길을 안내하고 있다.

최익현: 조선 국권 회복을 염원한 비운의 영웅

면암 최익현(1833~1907)은 19세기 말 거세게 밀려드는 외세의 침탈에 맞서 죽음을 두려워하지 않고 저항한 민족의 영웅이다. 문신으로 벼슬길에 올랐으나 말년에는 일제의 을사늑약을 무효로 선언하고 의병을 조직한 장수로 생을 마감했다.

19세기 말 조선은 안팎으로 극심한 혼란에 처해 있었다. 전근대 사회로서 조선은 비교적 엄격한 신분제를 통해 사회체제가 유지되고 있었다. 전 인구의 10퍼센트도 되지 않은 양반 계급은 자신들의 각종 특권을 유지하고 강화하기 위해 국가권력을 장악하고 사실상 무제한으로 권력을 행사함으로써 일반 백성은 착취와 억압의 대상으로 전락했다. 대외적으로는 천주학과 양학(서학)을 앞세운 제국주의 열강이 자국의 경제적 이익을 극대화하기 위하여 조선 침탈을 감행했다. 조선은 종국에는 1905년 일본의 무력에 의해 국권마저 상실하게 되었다.

19세기 말 조선의 정치 상황은 정파에 따라 한편에서는 이익에 의해, 다른 한편에서는 사상 또는 신념에 의해 복잡한 양상을 띠고 있었다. 고종을 중심으로 한 온건 개혁 세력, 개화를 통해 조선의 개혁을 주장하는 김옥균 등의 급진 개혁 세력, 외세를 배격하고 과거의 전통적 가치만을 우선시하는 홍선대원군의 수구 세력, 외국과의 통상을 반대하며 조정의 실정을 바로 세울 것을 주장하는 위정척사(衛正斥邪) 세력으로 크게 분열되어 있었던 것이다. 관점의 차이로 인해 각각의 세력은 서로 대립했고, 이는 결과적으로 외세의 침투를 용이하게 했으며, 그 과정에서 백성들의 삶은 피폐함 그 자체였다. 이러한 가운데 최익현은 사적 이익보다는 국가와 백성이라는 공적 이익을 우선하여 문과 무 양면에서 자신의 위치에서 할 수 있는 일을 다했기 때문에 그를 영웅으로 접근하는 데에는 무리가 없어 보인다.

경기도 포천 출신으로 과거급제를 통해 관직생활을 시작한 최익현은 영웅의 자질로 흔히 인용되는 용기와 강인함의 소유자였다. 그는 국가와 백성이 바로 설 수 있다면 그것을 가로막는 대상이 왕일지라도 굽히지 않고 자신의 신념을 실천했다. 그가 영웅적 면모를 선보인 첫 번째 사건은 36세 되던 1868년 고종에게 올린 상소였다.

그 당시 고종은 정치적 입지가 빈약하여 그를 대신해 아버지 흥선대원군이 조정을 통괄하고 있었다. 흥선대원군은 왕권 회복이라는 명목하에 약 270년 전 임진왜란으로 전소된 경복궁 중건 사업에 온 힘을 기울였다. 하지만 국고는 바닥나 경복궁 중건이 불가능한 상황이었다. 이에 흥선대원군은 필요 경비를 충당할 요량으로 당백전(當百錢)이라는 화폐를 발행했는데, 무분별한 통화정책으로 인해 재정난은 심화하였고 물가는 치솟아 백성들의 삶은 고통 속으로 내몰렸다.

이에 최익현은 경복궁 중건의 중지와 당백전 폐지 등을 골자로 한 상소를 통해 대원군의 대내정책을 가감 없이 비판했다. 최익현의 이런 시도는 국가권력을 독점하고 있던 대원군에게는 도전행위, 더 나아가 반역행위 그 자체였다. 그의 상소는 이미 자기희생이 예견되어 있었던 것이다. 결국 이 사건이 불씨가 되어 그를 귀양 보내야 한다는 문책성 주청이 빗발쳤으나 다행히 삭탈관직으로 마무리되었고, 그는 그 후 곧 제수된 다른 관직을 사양하고 양주로 귀향하여 학문에 매진했다.

1873년 양주에 있던 최익현에게 승정원 동부승지로 임명하는 어명이 내려졌다. 그는 또다시 대원군의 정치를 강하게 비판하며 사직상소를 올려 이를 거부했다. 대원군을 지지하는 대신들과 성균관 유생들의 격렬한 비난이 이어졌지만, 고종은 그의 상소를 대원군의 섭정을 폐하고 친정(親政)으로 가는 기회로 활용했다. 호조참판으로 임명된 최익현은 얼마 지나지 않아 다시 상소를 올려 관동묘(관우 사당)와 서원을 철폐한 대원군의 정책 등을 실정으로 몰아가며 급기야 하야를 요구했다. 마침내 대원군은 실각했다. 하지만 대원군의 지지 세력은 여전하여 상소문의 과격한 문구를 문제 삼아 그를 탄핵했다. 결국 그는 제주도에 유배되어 1년여를 귀양살이로 보냈다.

1875년 일본은 군함을 동원해 강화해협을 불법 침입하는 이른바 '운요호 사건'을 일으키고, 이를 기화로 통상조약 체결을 요구했다. 그러자 귀양에서 풀린 지 채 1년도 지나지 않은 최익현은 도끼를 들고 궁궐 앞에서 일본과 화친하면 조선은 파탄지경에 이를 것이라며 극렬하게 반대하는 상소를 또다시 올렸다. 그가 받은 대답은 흑산도 유배형과 이듬해 일본과의 불평등한 강화도조약 체결이었다. 그는 3년간의 유배에서 고향으로 돌아온 이후 약 20년 동안 은거한 채 그전처럼 학문에만 정진했다.

1894년(갑오년) 조선은 혼돈 그 자체였다. 양반 중심의 기존 질서체계에 항거하는 동학농민운동이 절정에 달했고, 더군다나 그해 6월 박영효를 중심으로 한 개화파가 일본을 등에 업고 쿠데타(갑오경장 또는 갑오개혁)를 일으켰다. 또 이듬해 8월에는 명성황후 시해사건이 일어나고, 11월에는 단발령이 공표되었다. 중앙정치와 거리를 두고 있던 최익현은 이에 맞서 다시 일어났다. 개화파의 처단과 일본에 대한 문죄 등 개화정책의 전반적 폐지를 요구했고, 고향 포천의 양반들을 결집하여 단발령에 항거했다. 이로 인해 1896년 1월 그는 또다시 서울로 압송되어 감금되었다가 2월 친일 내각의 붕괴와 함께 석방되었다. 고향으로 내려온 그에게 고종은 연이어 각종 관직을 제수했지만, 그는 국난을 타개할 12가지 시책을 상소로 올리며 이를 모두 거절했다.

러시아와의 전쟁에서 승리한 일제는 1905년 대한제국의 외교권을 박탈하는 을사늑약을 강제 체결하였다. 이에 분노한 최익현은 조약의 무효를 선포하고 망국조약에 앞장선 조정 대신 다섯 명의 처단을 주장하는 〈청토오적소〉(請討五賊疏)라는 제목의 상소를 고종에게 올렸다. 하지만 이때는 이미 조선(대한제국)의 국운은 기울 대로 기울어 무엇 하나 제대로 작동하지 않는 파탄지경이었다.

최익현은 더 이상 상소와 같은 비폭력저항으로는 현 시국의 타개가 어렵다고 판단해 강력한 항일 투쟁을 천명하며 무력 항쟁에 돌입했다. 1906년 전라북도 태인 무성서원에서 의병 80여 명을 모아 봉기했다. 그때 그의 나이 74세였다. 태인 관아를 무혈 점령한 후 무기와 병력을 증강하고 백성들의 환영을 받으며 전라도 순창으로 나아갔다. 의병의 수는 500여 명으로, 나중에는 900여 명으로 늘었고 기세는 충천했다. 전주 소속 경찰대를 격파하고 곡성에서 일제 관공서를 철거하는 등 작지만 소중한 성과도 거두었다. 하지만 어찌 보면 오합지졸에 불과한 의병군이 전주관찰사 정규군의 포위공격에 맞서 싸우는 것은 불가능했다. 의병군은 패하고, 최익현은 체포돼 서울로 압송되었다.

일본군사령부로 이송된 최익현은 끈질긴 회유와 혹독한 심문에 굴복하지 않았다. 일제는 대마도에 구금하는 것으로 그의 항일 의지를 꺾으려 했다. 하지만 단발을 강요하는 일제에 단식으로 맞서 끝까지 저항했다. 일제가 단발 조치를 철회하자 단식을 중단하기는 했지만, 노구의 몸은 쇠약해질 대로 쇠약해진 상태였다. 풍토병으로 시달리던 그는 74년의 험로를 마감하고 영면했다.

최익현은 무능한 관료주의, 만연한 부패, 심각한 빈곤, 국권의 침탈과 상실 속에서 피폐해진 백성의 삶을 일으켜 세우고 국가의 자주권을 회복하기 위해 몸을 던진 인물이다. 그의 일생은 보국안민이나 국권회복과 같은 사회적 대의명분과 관련되고, 그 기저에는 육체적 위협을 인지한 채 사사로이 대가를 바라지 않는 자기희생이 자리한다. 그는 영웅임에 분명하다.

그러나 최익현의 강직한 신념의 뿌리는 자신이 누려온 신분

제를 기반으로 한 성리학 내에 있었다는 한계를 갖는다. 그에게는
신분제의 폐지와 같이 시대에 걸맞는 평등사상이 중요했다기보다
는 유교적 전통의 유지가 더 중요한 것처럼 보였다. 영웅의 진정성
은 특정 계층의 이익과 결별해야 하지만 그는 봉건적 유림의 사고
체계를 벗어나지 못했다. 그는 자신이 이루려고 한 세상이 모두에
게 이로운 세상이라고 믿고 그것을 일생에 걸쳐 강력하게 실천했
다. 하지만 그의 세상에는 양반은 양반으로, 천민은 천민으로 존재
해야 한다. 그래서 그에게는 만인이 추앙하는 영웅의 풍모가 희미
하다는 아쉬움이 남는다.

바가트 싱: 인도 무력 항쟁 영웅

바가트 싱(1907~1931)은 순교로써 독립을 이뤄내려 한 인도의 국
민 영웅이다. 비폭력을 주장하던 동시대의 간디와 마찬가지로 인
도 독립을 생의 목적으로 삼았지만 이를 달성하기 위해서는 폭력
적 수단도 필요하다고 생각했다. 비록 그가 선택한 순교라는 영웅
적 행위가 간디의 시민불복종운동만큼 성공을 거두지는 못했지만
그 시대 인도인들에게 민족주의의 강렬한 열망을 추동케 했다.

싱은 인도 북부 펀자브의 독립군 가문에서 출생했다. 공교롭
게도 그가 태어나던 해 아버지와 두 명의 삼촌이 독립운동으로 체
포되어 형기를 마치고 출소했다. 그는 가족들의 영향을 받으며 점
차 자유의 전사로 성장해갔다. 1919년 영국군대가 독립을 요구하
는 인도 군중을 향해 무차별적으로 총기를 난사해 어린이 41명을

포함해 적어도 400명이 사망하고 1,000명이 넘는 부상자가 발생한 '암리차르 대학살'이 일어났다. 간디는 이와 같은 영국의 무력 사용에도 비폭력으로 일관했다. 이에 실망한 싱은 비폭력저항으로는 독립을 쟁취할 수 없다고 생각하여 1921년 14세의 어린 나이에 비폭력 방식을 철회한 후 청년혁명운동 단체에 가입했고, 이후 더 급진적인 단체로 옮겨 영국에 맞서기 시작했다.

1928년 일단의 식민지의회 의원들이 라호르에 도착한다는 사실이 알려지자 인도 시위대는 무리를 이루어 기차역으로 향했다. 경찰은 재빨리 무력으로 시위를 진압했고 그 과정에서 시위대를 이끌고 있던 라라 라즈파트 라이가 사망했다. 이는 싱과 그의 동료들의 마음속에 분노를 불러일으켰다. 그는 동료들과 함께 무력 진압을 지휘한 경찰서장 스콧의 암살을 계획하고 실행에 옮겼다. 하지만 작전 도중 다른 경찰을 경찰서장으로 오인해 저격함으로써 당초 계획이 수포로 돌아갔고 싱은 궐석재판에서 자신에게 선고된 사형을 피하기 위해 라호르를 탈출했다.

몇 달 동안 도주를 이어가던 싱은 1929년 의회 건물 내에서 폭발물을 터트리기로 결심했다. 계획의 명목상의 이유는 인도 시민의 뜻에 반해 실행되던 공중안전법과 무역분쟁법에 항의하는 것이었지만 실제 이유는 자발적으로 체포되어 법정을 무대로 전 국민에게, 전 세계인들에게 인도 독립의 당위성을 설명하려는 것이었다. 4월 18일 의회가 열리자 싱은 일반인의 피해를 최소화하기 위해 참관인들 속에서 회의장 안으로 두 개의 폭발물을 던졌다. 폭발물은 살상을 목적으로 제작한 것이 아니어서 일부 의원들의 경미한 부상 정도만 발생했다. 폭발물이 터졌을 때 회의장은 연기가 자욱해 싱은 혼란을 틈타 도주할 수도 있었지만 "혁명이여 영원하라"라는 구호를 외치며 그 자리를 떠나지 않았다. 그는 체포되어 델리의 교도소로 이송되었다.

심문 도중 영국 식민지 정부는 라호르 경찰관 살인사건에 싱이 연루되어 있음을 찾아냈다. 싱의 동료 두 명이 연이어 체포돼 재판에 회부되었다. 재판이 열리자 싱은 폭발물 투척을 시인하며 재판 내내 영국 통치의 부당성을 소리 높여 주장했다. 결국 그와 그의 동료들에게 사형이 언도되었다. 하지만 감옥에서 사형집행을 기다리는 동안에도 싱의 저항은 계속되었다. 인도 정치범에 대한 부당한 대우에 항의하기 위해 단식을 감행했던 것이다. 그의 단식은 영국 정부가 처우 개선책을 마련하는 것으로 일단락되었다. 1931년 3월 24일 싱과 그의 동료 두 명은 정부 전복 시도와 경관 살해의 죄명으로 교수형에 처해졌다. 그는 24년의 짧은 삶을 끝으로 세상과 작별을 고했다.

싱은 비록 살아있는 동안 그 자신이 그렇게도 염원했던 조국 독립을 목격하지는 못했지만 죽음으로 헌신함으로써 인도 독립운동을 가속화했다. 분명히 오늘날의 인도는 영웅 바가트 싱에게 빚을 지고 있다. 싱은 교수형 직전 다음과 같은 말을 남겼다고 한다.

우리는 인간 삶이 말로 담아낼 수 없을 만큼 신성하다고 생각한다. 우

리는 비열한 분노의 범법자도, 일부 사람들이 생각하는 '미친 놈'도 아니다. 공격적으로 적용하면 힘은 '폭력'이 되고 그래서 도덕적으로 정당화할 수 없지만 적법한 이유를 촉진시키는 데 이용되면 도덕적으로 정당하다.

간디의 저항 방식이 오늘날 더 큰 가치로 세계인의 마음을 사로잡고 있을지라도 그의 무력 저항은 1947년 인도 독립에 간디의 비폭력만큼이나 밑거름이 되었다. 싱의 희생정신은 격동의 동시대 인도인들에게, 그리고 오늘을 살아가는 인도 젊은이들에게 어떻게 살아가야 하는지에 대한 좌표를 제시해주고 있다.

보 구엔 지압: 베트남 전쟁영웅

최근 베트남은 남중국해 영유권을 두고 중국과의 분쟁에 휩싸여 있는데, 중국의 강압적 태도에 항의하는 베트남 국민의 시위 속에서 유독 한 사람의 사진이 자주 눈에 띈다. 시위대는 그의 사진을 피켓으로 만들어 높이 들고 "지압의 정신은 영원하다!"라고 소리 높여 외친다. 우리에게는 다소 낯선 보 구엔 지압(1911~2013)은 사실 20세기 절반 이상을 프랑스, 일본, 미국, 중국과 맞서 싸워 주권을 수호한 베트남을 대표하는 전쟁영웅이다.

지압이 여덟 살 되던 1919년, 그의 아버지는 국가전복의 죄명으로 투옥되어 옥사했다. 곧이어 프랑스 식민 통치에 대한 저항적 정치투쟁으로 누나마저 수감되었고 불행하게도 석방 몇 주 후 사망했다. 가족의 연이은 불행은 식민 통치 종식과 주권 회복의 중요성을 열 살도 되지 않은 어린 지압의 뇌리 속에 각인시켰다. 이후 그의 삶은 국가수호라는 대의명분과 불가분의 관계가 되었다.

14세가 되던 해 지압은 시위에 참여했다는 이유로 학교에서 퇴학당했다. 그러자 그는 공산주의를 기반으로 급진 민족주의를 표방하는 비밀단체 '신베트남혁명당'에 들어갔고 '순수한' 민족주의의 한계를 인식하는 가운데 점차 투사로서의 삶을 걷기 시작했다.

지압은 1930년 내란 선동으로 체포되었다. 1년여의 형기를 마친 후 하노이대학 법학과를 간신히 졸업할 수 있게 되었지만 지난한 정치투쟁으로 변호사 시험에는 합격하지 못했다. 법률가로 활동할 수 없었기 때문에 역사 교사로 새로운 삶을 걸으려고 했지만 그에게는 여전히 조국의 해방이 가장 중요했다. 그는 혁명운동에 적극적으로 참여함과 동시에 여러 신문사에 혁명을 설파하는 많은 글을 기고했고, 군 관련 역사서 및 철학서에 심취하여 최소의 전력으로 최대의 효과를 거둘 수 있는 게릴라전 등의 전투 및 전술 전략을 습득했다.

1940년 베트남을 지배하던 프랑스는 지압이 가담 중인 '인도차이나공산당'을 불법단체로 선언했다. 그러자 그는 베트남을 떠나 중국으로 향했다. 중국에 머무는 동안 아내는 체포돼 사망했고, 처남 또한 프랑스군에 의해 사살당했다. 지압은 자신의 삶의 전기가 된 호치민과 그곳에서 만났다. 이 시기 베트남의 상황은 더욱 복잡하게 얽혀 있었다. 프랑스군 외에도 그들의 묵인하에 일본군의 침략이 시작되었기 때문이다. 지압은 호치민과 함께 귀국하여 1941년 일본군에 대항할 목적으로 베트남의 여러 혁명 단체를 규합해서 '베트민'을 결성했고, 1944년 비록 소규모이기는 해도 베트남 인민군(44명)을 창설하여 규모를 키워나갔다.

일본군을 몰아내고 1945년 9월 2일 호치민을 지도자로 한 베트남 혁명군은 베트남민주공화국을 선포했다. 하지만 영국의 지원을 받으며 1946년 식민지 재건을 목적으로 프랑스군이 다시 진격해 들어왔다. 이로써 베트남은 프랑스군과의 8년 전쟁에 돌입했다. 지압이 이끄는 베트남 군대는 빈약한 무기뿐만 아니라 훈련조차 제대로 되어있지 않았다. 전쟁 초기 열세에 놓여있던 베트남에 1949년 중국을 차지한 마오쩌둥이 군수품을 지원했다. 지압은 중국의 중화기를 앞세워 1950년 프랑스군과 대규모 군사작전을 감행했다. 하지만 20,000명이 전사하는 대패를 맛보아야만 했다.

1954년 운명은 지압 편으로 돌아서기 시작했다. 프랑스군은 열세의 베트남 군대를 궤멸시키기 위해 라오스 국경에 집결했다. 지압의 군대는 베트남 국민의 자원입대 등으로 프랑스군을 두 배나 상회하는 대군으로 거듭났으며 대열을 정비하여 프랑스군 주둔지를 고지대에서 집중공격했다. 55일간의 죽음을 무릅쓴 지압 군대의 맹렬한 공격에 13,000명의 프랑스군은 결국 무릎을 꿇었다.

기쁨도 잠시 세계열강의 이익 앞에 베트남은 호치민과 지압이 주도하는 베트남민주공화국(북)과 서방이 지원하는 베트남공화국(남)으로 분리되었다. 제국주의로부터 해방된 북베트남의 국방장관으로서 지압은 완전한 통일과 주권 회복을 위한 군사적 힘의 양성에 주력했다. 1960년 북베트남의 공산당 정치국이 통일 전쟁을 선언함으로써 남과 북 사이에는 긴장이 고조되었고, 1964년 북베트남 초계정 3척이 미국 구축함을 공격한 '통킹만 사건'이 일어났다.

이 사건을 계기로 미국은 베트남에 적극적으로 개입했다. 하지만 프랑스가 그랬던 것처럼 미국은 베트남 국민의 끈기와 능력을 과소평가했을 뿐만 아니라 군사전략가로서의 지압의 명성을 간과하고 있었다. 1968년 1월 30일, 수만 명의 북베트남군이 음력설을 기해 대규모 기습공격을 감행했다. 미국의 군사 개입이 확대되었지만 무기 등 전력의 열세에도 열정으로 무장한 지압의 북베트남군은 남으로 진군했고 1975년 4월 30일 남베트남의 수도 사이공을 함락했다. 미군은 철수했고 1년 뒤 통일 베트남은 하노이를 수도로 베트남사회주의공화국을 대내외에 공식 천명했다.

새로운 정부가 들어선 이후에도 지압은 국방부 장관직을 계속 수행했고 1976년에는 부총리로 기용되었다. 1978년 12월 그가 비록 직접 군을 이끈 것은 아니었지만 베트남이 캄보디아를 공격해 크메르루즈 정부를 축출하고 캄보디아 대학살을 종식시켰다. 하지만 캄보디아의 동맹 중국이 다음 해 1월 베트남을 보복 침략했다. 지압은 다시 한번 응전의 책무를 맡아 중국군과의 교전을 지휘했고 몇 달 뒤 중국을 베트남에서 몰아냈다. 그 후 1981년 국방부 장관을 사임하고 1982년에는 공산당 정치국에서 물러났으며, 1991년 모든 공직을 뒤로하고 야인으로 돌아갔다.

베트남 국민이 조국의 해방과 통일을 위해 일생을 바친 지압을 국민 영웅으로 추앙하는 것은 당연한 결과이다. 약소국 베트남이 일본, 프랑스, 미국, 중국 등의 열강을 차례로 물리칠 수 있었던 데에는 가족의 희생을 목격한 채 죽음의 공포를 넘나든 지압과 같은 빼어난 전술가가 있었기 때문에 가능했다. 조국을 향한 지압의 기나긴 영웅 여행이 없었더라면 현대의 베트남은 존재할 수 없었을지도 모른다. 지금도 베트남은 주권을 위협받을 때마다 그를 그리워하며 연호하고 있다.

여덟 번째 여정

우리 시대의
영웅을 찾다

바로 앞장에서 살펴본 바와 같이 고전영웅은 크게 영토의 확장, 분열된 국가의 통일, 침략으로부터 국가의 수호 등 국가와 국민이라는 커다란 대의를 바탕으로 자기희생을 실천한 인물이었다. 그렇지만 현대사회에서 국경을 넘어선 영토 확장은 국제적으로 허용되지 않을뿐더러 다른 국가의 주권을 침해하는 침략행위와 다르지 않다. 게다가 일부 국가가 여전히 내전이나 내란에 시달리고 있기는 하지만 우리나라를 포함한 대부분의 민주국가는 무력으로써 분열된 사회를 하나로 통합하려는 시도 자체를 범법 행위로 간주한다. 몇몇 예외적 상황이 없는 것은 아니지만 대체로 '국가'나 '민족'이라는 거대 명제 속에서 무력을 통해 영웅적 행위를 수행하는 것은 이제 쉽지 않아졌다.

국가나 민족을 위해 자기희생을 감내한 주체는 대체로 엄청난 물리적 힘을 지닌 왕, 장군, 전사 등이었다. 그들의 영웅적 행동은 역사적으로 길게는 몇천 년, 짧게는 몇십 년을 지나는 동안 종종 허구가 스며들어 신화의 단계로까지 진입하곤 했다. 헤라클레스의 힘, 골리앗을 이긴 다윗의 전투 능력, 관우의 의리 등은 은유 또는 비유의 방식으로 기억될 수는 있어도 현대사회에서는 더 이상 가능할 수 없다. 더군다나 이미 언급한 것처럼 고전영웅에 대해 반드시 기억해야 할 한 가지 사실은 평범한 사람을 뛰어넘는 이들의 용력 저 밑에는 타인의 '죽음'이 자리한다는 것이다.

현대사회에서 고전영웅의 숭고미는 현실적 수준에서 설 자리를 잃었다. 나태해진 우리의 정신을 각성시킬 수는 있어도, 그것은 신화적 또는 은유적 방식으로써만 가능하다. 현대의 민주국가는 특별한 인물의 용기와 물리적인 힘이 아니라 평범한 시민의 용기를 더 필요로 한다. 왜냐하면 개인주의와 물질만능주의가 지배하는 세상에서 사람들은 자신이나 가족만을 중시하게 됨으로써 타인과 더불어 살고 있다는 사실마저도 종종 잊고 지내기 때문이다. 이것이 지속되면 방관자들이 세상에 넘쳐나 종국에는 '나'의 세계를 위협할 것이다. 평범한 시민의 용기 있는 행동이 하나둘 더해지게 되면 '나'와 다른 사람 사이의 벽은 허물어지고 '우리'라는 이름으로 거듭날 수 있다.

연일 TV와 같은 언론 매체는 '좋은' 뉴스보다는 '나쁜' 뉴스를 쏟아낸다. 누가 살해되었다, 누가 뇌물을 받았다, 어느 아파트가 부실 시공되었다, 땅값이 치솟았다, 해상에서 어선이 전복했다, 어디에 대형화재가 났다 등등 기막히고 잔혹한 사건 사고가 셀 수 없을 정도로 넘쳐난다. '좋은' 소식은 가뭄으로 메말라버린 대지 위에 한두 방울 떨어지는 게 고작이다. 절망이 희망을 밟고 서서 우리 사회를 서서히 집어삼키고 있는 걸까? 우리에게 희망찬 미래는 그저 백일몽에 지나지 않는 것일까?

그렇지 않다. 평범하지만, 살만한 세상을 위해 묵묵히 행동하는 시민들이 있기 때문이다. 불이 난 건물을 '불구경'하듯 바라보고 있는 방관자들 사이를 뚫고 누군가는 얼굴도 모르는 사람을 구하기 위해 맹렬한 불길 속으로 뛰어든다. 또 누군가는 뇌물과 같은 비리로 얼룩진 조직 내부에서 배신자라는 낙인을 두려워하지 않고 조직이 본연의 역할을 다할 수 있도록 자신을 희생한다. 이들 누군가가 바로 '평범한' 시민이며, 이들의 '예외적' 행동이 있어서 우리 사회가 유지되고 있다. 그래서 아직은 살만한 세상이다. '죽임'이 아니라 '살림'이라는 '이례적' 행동을 하는 이들 시민이 바로 현대를 살아가는 영웅이다. 이들 우리 시대의 영웅을 만나보자.

나치로부터 어린이 2,500명을 구하다

한 젊은 여성이 다소 큰 목수 연장함을 들고 게토(유태인 강제격리 주거지역)를 빠져나와 근처의 어떤 가정집으로 발걸음을 재촉했다. 집에 도착하자마자 조심스럽게 연장통을 열었다. 다섯 살의 어린 여자아이가 웅크려있던 몸을 일으키며 희미한 미소와 함께 숨을 크게 내쉬었다. 곧이어 여성은 뒷마당 사과나무 밑에 묻혀있던 단지에서 장부를 꺼내 빽빽이 적혀있는 이름들 밑에 엘즈비에타, 다섯 살, 부모 이름, 새 집주소를 차례로 적어나갔다. 그러고는 다시 장부를 단지에 집어넣고 어둠을 틈타 다시 파묻었다. 그 여성이 폴란드의 국민 영웅 이레나 센들러다.

2차 세계대전 동안 나치는 폴란드 바르샤바에 장벽을 세워

500,000명의 폴란드 유태인을 몰아넣고 차례로 이른바 '인종청소'에 나섰다. 이런 반인륜적 행태에 저항하여 바르샤바 게토 밖으로 2,500명의 유태인 어린이를 빼내 구조한 이가 바로 센들러였다. 사회운동가로서 그녀는 1942년과 1943년 두 해에 걸쳐 아이들을 안전한 거처로 옮긴 후 비유태인 가정에 입양시켰다.

센들러의 영웅적 행위는 1939년 독일의 폴란드 침공과 함께 시작되었다. 폴란드를 점령한 나치는 살인, 폭력, 테러 속에서 무자비하게 야만성을 키워나갔다. 그 당시 바르샤바시 사회복지과에서는 고아, 빈민, 노인 등 사회 취약계층을 위한 무료 간이급식소를 운영 중이었는데, 공무원으로서 그 일을 맡게 된 센들러는 유태인들에게 의복, 의약품, 생활비 등의 지급을 사적으로 '업무'에 추가했다. 나치의 감시를 피하기 위해 유태인들을 기독교식 가명으로 등록했고 때에 따라서는 티푸스나 결핵과 같은 고감염성 질병에 걸린 것으로 거짓 보고하기도 했다.

1942년 나치는 16개 구역 게토 출입문 모두를 봉쇄했다. 바르샤바 인구의 3분의 1에 해당하는 게토 안 유태인들은 죽음만을 기다리고 있었다. 소독을 명분으로 출입증을 발급받은 센들러는 매일 게토를 출입하며 음식, 의약품, 의복 등을 전달했지만 매달 5,000명의 유태인들이 굶주림과 질병으로 죽어갔다. 게다가 그해 7월 22일 나치 독일은 바르샤바 게토의 청산 작전에 본격 돌입했다. 이에 한 아이의 어머니로서 센들러는 유태인 어린이들의 구조를 결심했다.

센들러는 유태인 부모들을 설득해나가기 시작했다. 아이와의 생이별을 원하는 부모는 없기 때문에 설득 작업은 눈물겨울 수밖에 없었다. 더욱이 발각되면 생명을 보장할 수 없었기에 구조한 아이들을 맡아줄 가정을 찾는 것은 더 어려운 일이었다. 어떤 아이는 감자자루에, 또 어떤 아이는 시신 담는 자루에 넣어져 게토 밖으로 빠져나왔다. 목수의 연장통, 관, 물품 운반용 마대 등 아이를 숨길 수 있는 거의 모든 방법이 동원되었다. 통곡하는 부모를 뒤로 하고 그렇게 센들러는 2,500명의 아이들을 게토 밖으로 탈출시켰다.

아이들에게 새로운 신분을 만들어 주는 일 또한 쉽지 않았지만 사회복지과 동료들은 센들러의 인본주의적 태도에 영웅적으로 화답했다. 그들의 도움으로 아이들에게는 위조 신분증이 발급되었고 일반 가정, 고아원, 수녀원 등으로 보내졌다. 그녀는 아이들의 진짜 신분 서류는 단지에 넣어 이웃집 뒷마당 사과나무 밑에 묻어두었다. 언젠가 이 환란이 끝나면 아이들에게 과거를 설명해줘야 하기 때문이었다.

1943년 10월 20일 나치는 센들러의 아파트를 급습했다. 게슈타포의 혹독한 고문이 그녀를 기다리고 있었다. 두 다리가 부러지는 고문 속에서도 그녀는 아무 말도 하지 않았다. 자신을 도와 유태인 아동들을 도피시키고 또 보호하고 있는 사람들을 배신할 수는 없었다. 그녀는 총살형을 선고받고 교도소로 보내졌다.

어느 아름다운 겨울 아침 독일군은 명단을 부르기 시작했다. 그 속에는 센들러도 포함되어 있었다. 대략 30~40명이 트럭에 실려 바르샤바 시내를 통과해 게슈타포의 본부로 압송되었다. 이때가 이들이 정든, 사랑하는 바르샤바 거리를 볼 수 있는 마지막 시간이었다. 게슈타포 군인들은 총살 집행에 앞서 이름을 불러 명단을 차례로 확인했다. 센들러라는 이름도 호명되었다. 그런데 장교처럼 보이는 어떤 군인이 심문할 게 남았다며 그녀를 밖으로 데려갔다. 그녀는 영문도 모른 채 그렇게 풀려났다. 나중에 밝혀진 사실이지만 센들러의 동료들이 그녀를 살리려고 게슈타포 장교에게 뇌물을 준 덕분이었다.

마침내 1945년 독일이 패망했다. 센들러는 단지를 파내 2,500명의 아이들을 추적해 들어갔다. 일부 아이들은 센들러가 보관한 기록을 근거로 유럽 전역으로 흩어진 가족이나 친척들과 재회할 수 있게 되었지만 안타깝게도 아이들 대부분은 친지 모두를 홀로코스트에서 잃은 뒤였다.

이레나 센들러는 자신을 영웅으로 생각한 적이 없다고 한다. 그녀는 자신의 행위에 어떠한 공적도 주장하지 않았다. 단지 "'더 많은 아이를 구할 수도 있었는데…' 이런 후회가 죽을 때까지 나를 따라다닐 거 같아요"라고 말할 뿐이다. 20년이 흐른 1965년 예루살렘의 유태인 단체는 그녀의 영웅적 행동을 기억하고 영웅상을 수여했으며, 1991년에는 이스라엘 명예시민으로 추대되었고, 2003년에는 폴란드 최고 훈장 화이트이글을 수여 받았다. 평범한 시민이자 어머니로서 이 용기 있는 여성은 생면부지의 2,500명의 귀한 생명을 구하고 하늘의 축복을 받으며 98세의 일기를 끝으로

2008년 5월 12일 영면했다.

군(軍) 부정 선거를 고발하다

1992년 목련이 꽃망울을 터뜨리던 3월 어느 봄날, 한 신문사로 전화 한 통이 걸려 왔다. 자신을 현역 중위로 소개한 젊은 청년이 잔뜩 긴장했지만 비장한 목소리로 군 내부에서 벌어지고 있는 부정 선거를 고발하기 시작했다. 그렇게 젊은 군인의 입을 통해 국민과 국가를 보호해야 할 군이 본연의 임무를 망각한 채 정치에 개입하는 부정행위가 세상 밖으로 알려지게 되었다.

이틀 뒤인 3월 22일 그 군인은 공명선거실천시민운동협의회(공선협) 사무실에서 제14대 국회의원 선거를 앞두고 군부대 부재자투표 과정에서 일어난 부정행위를 기자들을 향해 설명해나갔다. 그의 말에 따르면, 자신이 복무 중인 부대에서 연대장이 각 대대를 방문해 여당 후보에게 투표하도록 정신교육을 실시하라고 명령했다. 이어서 이와 같은 명령, 구체적으로는 '여당 지지율이 80% 이상 나오도록 하라'는 지침에 따라 휘하 중대장들은 사병들을 교육했으며 교육을 거부하는 한 중대장은 보안사(현 군사안보지원사령부) 보안반장의 겁박에 못 이겨 결국 복종할 수밖에 없었다고 증언하였다. 또 어떤 중대에서는 사병들이 인사계 주임상사가 보는 앞에서 투표용지에 기표하도록 하는 이른바 공개투표를 강요받았으며, 또 다른 중대에서는 강압적으로 기표소 바로 앞에서 여당 후보를 찍으라는 강요가 있었다고 폭로하였다.

구체적인 폭로에도 불구하고 국방부는 해당 부대 장병들을 조사한 결과, 그 장교의 주장이 명백한 허위로 확인되었고 그 동기가 좌익세력과 연계되어 있다며 오히려 그를 비난하였다. 하지만 그의 내부 고발에 힘입어 익명으로 공선협과 언론사 등에 군부재자 투표 부정에 대한 200여 명의 현역 군인들의 제보가 잇달았다. 결국 정부는 부정 선거가 자행된 사실을 인정할 수밖에 없었고, 그 결과 그해 12월에 치러진 대통령선거에서부터 군인들은 부대 안이 아닌 일반 부재자 투표소에서 투표할 수 있게 되었다. 이 내부 고발의 여파로 당시 여당은 14대 총선에서 단독 과반수 의석 확보에 실패하였다.

그러나 "현역 군인으로서 이번 국회의원 선거의 군 부재자투표에서 심한 부정행위가 이루어져 공명선거에 막대한 훼손이 있었다는 점에서 군인이기에 앞서 국민의 한 사람으로서 문제점을 느껴 증언하게 되었다"라는 호소에도 불구하고 그는 기자회견 직후 '근무지 무단이탈'을 이유로 20여 명의 수방사 헌병대 수사관들에 의해 체포돼 구속되었다. 수사관들은 대학에 입학한 이래 시위 한 번 나가지 않은 평범한 학생이었던 그를 '빨갱이', '불순분자', '운동권' 등으로 몰아붙이며 범죄자로 만들어버렸다. 이후 기소유예로 석방되기는 했지만 중위에서 이등병으로 강등된 채 불명예 전역 조치되었다.

시련은 계속되었다. 그는 입대 전 모 기업에 사전 채용된 상태였는데, 장교가 아니라는 이유로 입사를 거부당했다. 이후 그의 삶은 법정 싸움의 연속이었다. 한편에서는 군을 상대로 한 부당한 강등처분에 대한 소송이, 다른 한편에서는 기업을 상대로 한 부당 채용거부에 대한 소송이 수년에 걸쳐 진행되었다. 당연한 결과지만 1995년 2월 강등처분취소와 채용거부취소가 대법원으로부터 확정되어 비로소 일부라도 명예를 회복할 수 있게 되었다. 그가 받은 고통은 어쩌면 우리나라 내부 고발자가 겪게 되는 당연한 수순이었는지도 모르겠다.

군 내부에서 은밀히 자행되는 부정행위는 내부 고발이 아니고서는 사실상 노출이 거의 불가능하다. 그 젊은 장교는 내부 고발에 앞서 자신에게 닥칠 위험을 충분히 예견하고 있었지만 기꺼이 자신을 위험 속으로 내던졌다. 그는 무엇을 위해 자신을 희생하려 했는가? 그의 행위가 영웅적이 아니라면 무엇이 영웅적일 수 있겠는가? 그는 우리나라 공익제보의 장을 연 영웅임에 틀림없다. 그의 이름·이지문은 영웅으로 기억되기에 충분하다.

버스 안 인종차별에 반기를 들다

1944년 아이린 모건이라는 한 미국 흑인 여성이 버지니아주 헤이즈에서 볼티모어의 집으로 향하는 버스에 올랐다. 모건은 인생에서 힘든 시기를 겪고 있었다. 최근 임신한 아이를 유산으로 떠나보내야 했기 때문이다. 게다가 이로 인해 급격히 건강이 악화하여 일곱 명의 아이들을 돌볼 수도 없는 상황이었다. 몸이 회복될 때까지 부득이 아이들을 헤이즈에 있는 어머니에게 맡기고 집으로 돌아가는 길이었다.

모건은 버스 뒤쪽에 자리를 잡고 앉았다. 옆자리에는 아기를 안은 다른 흑인 여성이 앉아 있었다. 성치 않은 몸을 이끌고 가야 하는 5시간이나 걸리는 긴 여정이었다. 버스는 중간중간 멈춰 승객들을 내리고 또 태웠다. 출발한 지 한 시간도 되지 않아 버스는 승객들로 가득 찼다. 한 작은 도시에서 백인 부부가 버스에 올랐다. 버스 기사는 모건과 아기를 품에 안은 옆자리 흑인 여성에게 자리를 비워달라고 요구했다. 그 당시 버지니아 주법에 의하면, 흑인 승객은 대중버스 안에서는 뒷자리에 앉아야 하며 필요한 경우 백인 승객에게 자리를 비워주어야 했다. 물론 흑인과 백인 승객이 나란히 앉을 수도 없었다.

모건은 기사의 요구를 거절했다. 수술한 직후라 오랫동안 서 있을 수 있는 몸 상태가 아니라고 설명했다. 또 자리를 비켜주려는 옆자리 아기 엄마에게 어떻게 여러 시간을 흔들리는 버스 안에 서 있을 거냐며 기사의 지시에 따르지 말라고 말했다. 하지만 아기 엄마는 일어날 수 있는 결과가 두려워 모건의 말을 무시하고 자리를 비웠다.

자리를 비우라는 기사의 계속되는 종용에도 모건은 흔들리지 않았다. 기사는 체포될 수 있다는 협박으로 맞섰다. 협박에도 모건이 자리를 고수하자 기사는 경찰서 건너편에 버스를 세우고 경찰서 안으로 사라졌다. 곧이어 기사는 경찰과 함께 돌아왔는데, 경찰의 손에는 모건의 체포영장이 들려있었다. 모건은 하차를 거부하며 영장을 갈기갈기 찢어 버스 창문 밖으로 내던져버렸다. 경찰이 자리에서 끌어내려 하자 그녀는 격렬히 저항했다. 여의치 않자 다른 경찰이 버스로 올라왔다. 모건은 물리력을 동원해 끌어내려 하는 그 경찰을 할퀴고 제복을 움켜잡고 완강히 버텼다. 하지만 결국 억센 남성 경찰들에 제압되어 유치장에 수감되었다. 그녀는 공무집행방해와 자리이동명령 거부로 재판에 회부되었다.

지방 재판부는 모건의 혐의를 유죄로 판결했다. 모건은 이에 불복해 지루한 법정 싸움을 시작했다. 사건이 일어난 2년 뒤인 1946년, 미국 연방대법원은 자리를 양보하지 않은 모건의 행위는 법적으로 보호되어야 한다며 그녀의 손을 들어주었다. 차별적 좌석 배치가 평등권과 적법절차를 보장한 수정헌법 제14조 위반으로 판결되었던 것이다. 비로소 피부색과 상관없이 모든 사람은 자신이 원하는 곳에 앉을 수 있게 되었다.

그러나 이런 판결은 법적 판단에 불과했고 실제 미국 사회는 쉽게 변하지 않았다. 다른 주들의 버스회사들은 대법원 판결을 무시하고 버스 내에서의 차별행위를 고수했다. 이에 따라 모건 판결을 지지하는 소수인종들의 항의는 기하급수적으로 증가했고 그런 증가와 함께 더 많은 사람들이 체포되었다. 항거는 점차 전국적인 민권운동으로 번져갔다.

반헌법적 행위에 대한 모건의 저항은 흑인으로서, 여성으로서 지배집단 백인사회를 향한 작은 몸부림이었다. 옆자리의 다른 흑인 아기 엄마처럼 복종하거나 순종하지 않고 두려움을 극복하고 부당한 공권력에 맞서 제도와 인식의 변화에 초석을 마련하게 한 영웅적 행위였던 것이다.

불난 목욕탕에서 극강 투혼을 발휘하다

"뛰어들어야죠. 사람이 먼저잖아요." 만일 다시 화재 현장에서 도움이 필요한 사람을 보게 되면 어떡하겠느냐는 물음에 66세의 L씨는 조금의 망설임도 없이 대답했다. 그는 "불이 났을 때를 떠올리면 지금도 아찔해요. 다른 사람을 구했다는 뿌듯함보다는 좀 더 잘 대피시켰더라면…"이라며 말을 채 잇지 못했다.

2019년 정월 대보름이 며칠 지난 어느 오전 7시, 대구시 중구의 7층 건물 4층에 위치한 한 목욕탕에서 화재가 발생했다. 그 불로 3명이 숨지는 등 사상자 수만 87명에 달했다.

같은 건물 5층에 거주하는 L씨는 불이 난 목욕탕을 거의 하루도 거르지 않는 단골이었다. 그날도 여느 때처럼 오전 6시 목욕탕을 찾았다. L씨는 몸을 씻고 옷을 입은 후 탈의실 평상에 앉아 입구의 카운터 직원과 소소한 이야기를 나누고 있었다. 그러던 중 7시께 무언가 타는 냄새가 나기 시작했고 업주가 출입문을 열어젖히며 다급하게 뛰어 들어왔다. 업주 뒤로 치솟는 시커먼 연기와 거센 불길이 L씨의 눈을 잡아끌었다.

위급한 상황을 직감한 L씨는 '사람들을 살려야 한다'는 생각에 본능적으로 몸을 움직였다. 곧장 휴게실로 달려가 잠자고 있던 손님 10여 명을 깨워 밖으로 내보냈고, 헬스장에서 운동 중이던

3~4명의 사람들에게 불이 난 사실을 신속히 전파하고는 탕 안에 있던 3명의 손님도 대피시켰다. 마지막으로 혹시 남아있는 사람이 있을지도 모른다는 생각에 탕 안쪽까지 들어가 습식 및 건식사우나실 문을 열어 혹시라도 사람이 있는지 일일이 확인했다.

비로소 L씨 자신이 탈출하려는 순간, 입구 천장이 무너져 다른 이용객 1명과 함께 탕 안에 갇혀버렸다. 설상가상으로 화재로 인해 전기까지 끊겨 앞뒤 분간이 불가능할 정도로 캄캄해졌다. 그는 수건 여러 장을 물에 적셔 얼굴을 감쌌다. '이제 죽겠구나' 하는 공포심이 엄습했지만 정신을 잃지 않으려고 엎드렸다 누웠다를 반복했다. 밖으로 나가는 것은 자칫 감전의 위험이 있을 수 있어 L씨는 불길이 잦아들기만을 기다렸다. 30분 정도 흘렀을까, 더 이상 숨쉬기조차 어려워졌다. 힘겹게 버티며 욕탕 바깥 상황을 살피던 중 불길이 잦아들자 탈의실 쪽으로 뛰어나와 입구를 통해 간신히 1층으로 빠져나왔다. 나중에야 알게 된 사실이지만 함께 있던 손님은 연기를 피해 창문 밖으로 몸을 던져 크게 부상을 입었다.

L씨가 중대한 외상을 입지 않은 것은 천만다행이었다. 연기를 많이 흡입해 한동안 병원 신세를 지고 탄내를 자주 느껴 주변을 살피는 후유증이 동반되기는 했어도 큰 이상은 없는 것으로 전해지고 있다. 자신의 영웅적 행동을 칭송하는 사람들을 향해 L씨는 세상에는 자신보다 용감한 사람들이 많다며 남을 돕는 훌륭한 사람들의 이야기가 우리 사회 속에 더 많이 알려지기를 희망할 뿐이라고 말한다. 60대 후반의 L씨는 그냥 목욕탕 밖으로 탈출하는

방관자가 되기보다는 누군가의 생명을 구하기 위해 위험을 감수한 영웅이었다.

불법 체류자로서 아이를 구조하다

2018년 5월의 어느 토요일 늦은 오후 프랑스 파리에서, 마모두 가사마는 리버풀과 레알 마드리드 간의 챔피언스 리그 결승전을 보기 위해 집으로 향하고 있었다. 그런데 길을 재촉하고 있는 도중한 아파트 건물 위쪽으로 많은 사람의 시선이 향해 있음을 발견했다. 어린 남자아이가 4층 발코니 난간 끝을 한 손으로 잡고 위태롭게 매달려 있었고 이웃 아파트에서 한 남자가 칸막이 너머로 그 아이를 잡으려고 애쓰고 있었다.

그것을 보고 가사마는 생각할 겨를도 없이 몸을 움직였다. 1층 발코니로 올라가 난간을 딛고 뛰어올라 2층 발코니 난간을 움켜잡았다. 아슬아슬하지만 민첩하게 한층 한층 아이가 매달려 있는 4층 발코니로 올라가기 시작했다.

아이가 더 이상 버티기 어려운지 난간을 잡고 있던 손이 풀리기 시작했다. 가사마가 죽을힘을 다해 아이에게 접근하는 동안, 아래에서 안타깝게 지켜보고 있던 사람들이 "조금만 더, 빨리!"라고 외쳐댔다. 건물을 기어오른 지 몇 초 만에 가사마는 4층 발코니에 도달했다. 그는 즉시 한 손으로 아이를 낚아채 안전한 안쪽으로 끌어올렸다. 숨죽이며 아래서 지켜보고 있던 사람들이 아이가 안전하게 구조되자 일제히 환호성을 질렀다.

가사마의 구조 과정을 찍은 동영상은 인터넷을 타고 반나절 만에 전 세계로 급속히 퍼져나갔다.* 프랑스뿐만 아니라 세계 곳 곳에서 이 영상을 본 사람들은 '스파이더맨'이라는 애칭과 함께 그 의 영웅적 행동에 아낌없이 찬사를 보냈다.

사실 22세의 청년 가사마는 아프리카의 가난한 나라 말리에 서 보트를 타고 지중해를 건너 프랑스에 밀입국한 불법체류자였 다. 건설노동자로 하루하루를 살아가던 그의 삶은 이 영웅적 행동 을 계기로 바뀌어갔다. 이 일이 있고 난 이틀 뒤 프랑스의 마크롱 대통령을 만나 감사의 말과 함께 소방서에 일자리를 제안받았으며, 곧이어 이례적으로 프랑스 시민권을 취득할 수 있게 되었다. 프랑 스 정부는 그의 이와 같은 용감한 행동은 용기, 사심 없는 이타심, 취약한 이를 돌보는 것과 같이 우리 사회를 단결케 하는 가치들의 전형이라 치켜세우며 그에게 시민권을 수여하기로 결정한 것이다. 그는 공식적인 프랑스 시민이 되었고 원하는 곳 어디에서든 일하 고 머물 수 있게 되었다. 가사마는 평범한 사람이 행동을 통해 예 외적인 사람, 즉 영웅이 될 수 있음을 보여주는 단적인 사례다.

포옹으로 총기난사를 막다

2019년 5월 어느 날 한 학생이 장전된 산탄총을 가방 아래 숨긴 채 미국 오레곤주 포틀랜드의 한 고등학교 교실로 들어왔다. 곧이

---

* 유튜브 동영상 https://www.youtube.com/watch?v=WISmbOw_bMk 참조.

어 "진짜 총이다!"라는 누군가의 외침과 함께 학생들은 허겁지겁 교실을 빠져나가기 시작했다. 그 학교 풋볼 코치이자 경비원으로 일하던 키어넌 로우는 어떤 사람이 교실에 총을 들고 들어왔다는 전갈을 받고 교무실을 박차고 뛰어나갔다. 교실로 뛰어가 문을 열자 엽총을 든 10대 소년이 보였다.

교실은 비워져 소년만 남아있었지만 금방이라도 키어넌을 향해 총을 발사할 듯 극도로 흥분한 상태였다. 지금 소년을 막지 못한다면 소년이 교실 밖으로 나가 눈에 띄는 누군가를 향해 무차별적으로 총기를 난사하지 않을까 하는 생각이 키어넌의 머리를 스쳤다. 미국 학교에서 총기 사고는 이미 수도 없이 자행된 바 있었기 때문이다.

건장한 체격의 키어넌은 물리적으로 소년의 제압을 시도할 수도 있었다. 불현듯 어딘가 낯이 익어 소년이 같은 학교 학생일 거라는 생각이 들었다. 물리적 제압은 자신에게 위험할 뿐만 아니라 소년에게도 위험할 수 있었다. 키어넌은 소년에게 조용히 다가가 와락 끌어안았다. 몇 초 동안 소년은 키어넌의 어깨를 뒤로 밀면서 떨어지려 애썼다. 하지만 1분 동안 계속된 그의 따뜻한 포옹에 결국 소년은 마음을 열고 순순히 엽총을 넘겨주었다. 키어넌은 경찰이 도착하기를 기다리는 동안 "인생은 살만한 가치가 있단다. 널 구하고 싶었어"라며 소년을 다독였다.*

---

* 유튜브 동영상 https://www.youtube.com/watch?v=_6UoLn84loM 참조.

소년은 이 학교 재학생으로 평소 자살 충동을 느껴왔으며 학교에서 총격 후 극단적 선택을 시도하려 했던 것으로 나중에 밝혀졌다. 해당 학생은 공공장소 불법무기 소지 등의 혐의로 재판에 넘겨져 정신과 치료와 약물남용 치료를 병행하는 조건으로 36개월의 보호관찰을 선고받았다.

27명의 사상자(사망 13명)를 낸 1999년 콜롬바인 고등학교 총기난사 사건을 비롯해 학생 19명과 교사 2명이 숨진 2022년 텍사스주 롭초등학교에서의 총기난사 사건 등 거의 매년 미국 전역의 학교에서 끊이지 않는 총기난사로 아까운 어린 생명이 사라져가고 있다. 학교 내 총기 사고는 다른 유형의 총기 사고보다 피해자가 많다는 점이 특징적이다. 그것은 아직 미성숙한 학생들에 의해 사고가 자행되고 있기 때문이다. 더군다나 정신이상을 보이는 학생의 행동은 예측이 거의 불가능하다. 그런 점에서 생명을 잃을지도 모르는 급박한 상황에서 가해 학생마저 보호하려 한 키어넌의 행동은 영웅적이다. 그의 미담이 전해지자, 어떤 이는 "사랑이자 용기"로, 또 어떤 이는 "도와달라는 외침에 대한 응답"으로 그의 영웅적 행동을 표현했다. 키어넌은 한 언론 매체와의 인터뷰에서 다음과 같이 말했다.

그 순간을 위해 저를 준비시킨 어떤 일이 실제 일어난 거죠. 학생들을 위해 교실에 있었고 그래서 비극을 막을 수 있었다는 점에서 저는 운이 좋은 행복한 사람입니다. '영웅'이 올바른 표현인지는 잘 모르겠습니다만

이 우주는 알 수 없는 방식으로 저를 그 교실에 있게 한 거였죠.

고의사고로 인명을 보호하다

2018년 5월, 서해안고속도로에는 비가 추적추적 내리고 있었다. 2차로 중 1차로를 달리던 승용차 운전자 A는 갑자기 고통스럽게 '으윽'하는 외마디 비명을 내뱉으며 중앙분리대를 들이받았다. 평소 지병을 앓던 그가 전날 과로한 탓에 몸 상태가 좋지 않아 순간적으로 의식을 잃은 것이다. 차량은 멈추지 않은 채 중앙분리대를 긁으며 계속 내달렸다. 의식을 잃은 A의 발이 몸이 조수석 쪽으로 기운 상태에서도 계속 가속페달을 밟고 있었기 때문이었다. 차량은 4분 동안 1.5km를 그렇게 전진했다.

고속도로를 달리던 다른 주변 차량들은 비상등을 켜며 운전자 A의 차량을 피해 갔다. 옆 차로를 지나던 운전자 3명이 경찰에 사고를 신고했다. 그 차량 옆을 속도를 줄여 지나던 승용차 운전자 B도 처음에는 단순 사고로 생각하여 그냥 지나쳐 가려다 뭔가 이상한 느낌이 들었다. 경적을 마구 울려대기 시작했다. 하지만 사고 차량은 경적에도 아랑곳하지 않고 여전히 움직였다. 핸들이라도 돌아가게 되면 비로 미끄러운 고속도로에서 연쇄 추돌이 우려되는 상황이었다.

운전자의 상체가 기울어져 있는 것을 발견한 B는 차량의 속도를 높였다. 그리고는 핸들을 돌려 A의 차량 앞으로 이동해 브레이크를 밟았다. A의 차량을 자신의 차로 멈추기 위해서였다. 충격

은 약간 있었지만 몇 초 후 가까스로 A의 차량을 멈춰 세울 수 있었다.[*]

차량이 멈춰 서자 B는 차에서 급히 내렸다. A의 차량으로 내달려 운전자를 깨우기 위해 창문을 여러 차례 강하게 두드렸다. 반응이 없었다. 문은 안으로 잠겨 있어 열 수도 없었다. 다시 자신의 차로 돌아와 휴대전화를 꺼내 전화를 걸었다. 곧이어 "망치!" "망치!"를 외치며 창문을 깰 도구를 찾아 옆 차로에서 서행하던 화물차를 향해 내달렸다. 화물차 기사에게서 망치를 빌려 창문을 깼다.

조수석 창문을 깼지만 의식을 잃은 운전자를 차량 밖으로 끌어내는 것은 쉽지 않았다. 의식이 있는지부터 확인했다. A를 흔들며 괜찮으냐고 소리쳤다. A의 눈이 희미하게 열렸지만 눈동자는 풀려 있었다. 주변에 119를 불러달라고 소리쳤다. 의식을 잃지 않도록 A를 주무르며 계속 말을 시켰다. 그런 가운데 정차한 다른 운전자들의 도움으로 A는 차량 밖으로 안전하게 옮겨졌다.

그렇게 B는 운전자 A를 구하고 자칫 이어질 뻔한 빗길 대형 참사를 막았다. B는 크레인 기사로 일하는 고3, 고1, 초등 6년의 세 자녀를 둔 평범한 가장이었다. 자신의 영웅적 행동을 칭송하는 사람들에게 "그런 일이 다시 일어나면 안 되겠죠. 하지만 그런 상

---

[*] 유튜브 동영상 https://www.youtube.com/watch?v=3rBve7d9dxE&feature=emb_logo 참조.

황이 다시 일어나도 똑같이 행동하지 않을까요? 저도 다치지 않았고 사고 난 그분도 건강을 회복하고 계시고 다른 분들 모두 무사해 다행입니다"라고 말할 뿐이다. 의식을 회복한 사고 차량 운전자 A는 사고 하루 뒤 B에게 전화를 걸어 감사의 인사를 전했다.

세상이 삭막하다고는 하나 아직 살만한 세상임에는 틀림이 없다. 현행법상 고속도로에서의 주·정차는 금지 사항으로 다툼의 여지가 있을지라도 B의 과실을 간과할 수는 없다. 따라서 그의 행동이 가져올 경제적 손실 상당 부분은 그의 몫으로 돌아갈 여지가 충분하다. 하지만 사고 차량 운전자 A가 가입한 보험회사는 상황을 참작해 B의 과실을 묻지 않기로 결정했으며 A의 차량 수리비와 병원 치료비 등 전부를 지급했다. 또 B가 몰던 차량의 제조사는 그의 영웅적 행동을 접하고 다른 신형 차량을 전달했다. 비록 기대하고 영웅적 행동을 한 것은 아니었지만 영웅에게 이런 보상이 주어져도 괜찮지 않을까?

80대와 50대 남성, 칼부림을 제압하다

서울의 어떤 건물 앞, 60대 남성과 50대 여성이 심각하게 대화를 나누고 있었다. 언성이 높아지는가 싶더니 갑자기 남성이 칼을 빼들고 여성을 공격했다. 여성은 살려달라고 외치며 남성의 공격을 어떻게든 피해보려 했지만 역부족이었다. 대낮 강남 한복판 지하철역 주변을 오가는 사람들만이 여성을 구해낼 수 있는 상황이었다.

시민 A(57세)는 병원에 가기 위해 지하철역 인근을 지나고 있었다. "살려주세요!"라는 다급한 비명이 귀에 들어왔다. 주변을 돌아보니 참혹한 광경이 벌어지고 있었다. 생각할 겨를도 없이, 공격하는 60대 남성을 가로막았다. 그때 어디선가 A보다 훨씬 나이가 많아 보이는 한 남성이 뛰어왔다. 80세 고령의 B였다. 두 사람은 누가 먼저랄 것도 없이 공격하는 남자를 붙잡았다. B가 두 손으로 공격하는 남성의 목을 움켜잡았고, A는 주춤대는 남성의 팔을 비틀어 손목을 꽉 잡고 칼을 낚아채 땅바닥에 내동댕이쳤다.

그사이 같은 장소를 지나던 시민 C는 너무 놀라 처음에는 멍하니 서 있었다. 천만다행으로 공격하는 남성은 A와 B에 의해 제압되었다. 여성은 목과 가슴을 수차례 찔린 상태였고 입 주변에는 피가 흥건했다. 정신을 차린 C는 주변의 사람들에게 경찰을 빨리 불러달라고 소리치고 칼에 찔린 여성을 구해야 한다는 생각에 지혈을 시작했다. 의식을 잃지 않도록 계속 말을 건네며 고통으로 몸을 움직이려 하는 여성을 진정시키는 데 정신을 집중했다.

곧이어 도착한 경찰은 A와 B에 의해 제압당한 남성을 체포했고, 그 사이 119 구급대원들은 쓰러진 여성을 급히 구급차에 실었다. 다행히 병원으로 이송된 여성은 응급수술을 받고 목숨을 건질 수 있었다.

사건을 조사한 경찰에 따르면, 공격한 남성은 피해자 여성이 운영 중인 결혼중개업소 회원이었다. 5년 전 가입한 후 몇 차례 만남이 주선되었지만 만남이 결혼으로 이어지지 않자 불만을 품고 범행을 저지르게 되었다고 한다. 피해자 여성이 최근에는 주선도 해주지 않았을 뿐만 아니라 전화마저 피하는 것 같았다는 게 남성의 주장이다.

이 남성의 경우처럼 우리 사회 곳곳에는 감정상의 이유로 인한 우발적인 범죄가 일상적이라 할 만큼 빈번히 발생하고 있다. 그럼에도 불구하고 이런 상황을 목격하고 본능적으로 막아서려는 시민들 또한 존재한다. 평범한 시민 A와 B 그리고 C도 그랬다. 이들이 우리 사회를 지켜내고 더 나은 세상으로 인도하는 영웅이다.

지혈을 도운 C는 온라인 커뮤니티에 이 사건을 소개하며 뼈아픈 이야기를 남겼다.

너무 화가 난 건 사람이 피를 흘리고 있는데 사진 찍고 구경하시는 건 좀 너무 하지 않나. 누군가의 가족일 텐데 지나가다가 저랑 비슷한 일 보시면 구경하지 말아 달라.

이 사건을 접한 언론을 포함한 일반 시민들은 구경꾼으로, 방관자로 같은 자리에 있던 사람들의 시민의식 결여를 꼬집는다. 그렇지만 우리 대부분이 그런 비난에서 자유로울 수 있을까? 누군가는 영웅이 되고 누군가는 방관자가 되는 세상. 평범한 시민은 누구나가 '예외적인' 행동을 통해 영웅이 될 수 있다. 우리 사회가 그 '예외적인' 행동을 '평범한' 행동으로 인식할 수 있을 때, '영웅'도 '방관자'도 사라진다. 비난에 앞서 우리 자신부터 살필 때이다.

테러현장에는 언제나 시민영웅이 있다

영국은 폐쇄회로 TV(CCTV)가 전 세계에서 가장 많이 설치되어 있는 곳의 하나로 유명하다. 이제는 다소 오래된 자료이기는 하지만 2009년 영국 상원이 공개한 특별보고서에 따르면, 420만 대의 CCTV가 영국 전역에 설치되어 있을 정도다. 당시 인구가 대략 6,300만 명이므로 14명당 1대꼴인 셈이다. 이를 두고 시민과 국가에 대한 감시체계라는 비난도 있지만 CCTV 설치는 늘고 있는 테러가 주요 원인이다.

2013년 5월 어느 수요일, 두 자녀의 어머니 잉그리드 로요 케네트(48세)는 런던으로 향하는 버스에 타고 있었다. 무심히 창밖을 내다보다 어떤 사람이 거리에 피를 흘리며 쓰러져 있는 것을 발견했다. 그 옆에는 가로등과 충돌한 차량 한 대가 멈춰 서 있었다. 그리고 사건 현장을 응시하고 있는 행인들, 하교 중인 학생들, 휴대폰으로 사진을 찍고 있는 사람들이 눈에 들어왔다. 그녀는 교통사고라고 생각하며 응급처치를 돕기 위해 버스에서 뛰어내렸다.

그러나 곧 피로 얼룩진 손에 식칼과 권총을 든 두 명의 남자와 마주했다. 과격 테러리스트로 밝혀진 괴한들은 맥박을 확인하려하는 로요 케네트를 향해 "손대지 마, 멀리 떨어져!"라고 소리쳤다. 그들은 알라는 위대하다고 소리치며 자신들은 전쟁을 시작하는 중이라고 말했다. 또 흥분 속에서 쓰러진 희생자(군인)를 도로 한복판으로 끌어와 내던지더니 희생자가 마치 제물이라도 되는 것처럼 옆에서 기도까지 올렸다. 그녀는 물러서지 않고 희생자의 생사 여부를 확인하게 해달라며 집요하게 그들과의 대화를 시도했다.

대화는 20여 분 동안 이어졌다. 그 사이 무장경찰이 도착했고, 괴한들은 무장경찰을 향해 달려들다가 총에 맞고 쓰러졌다. 그녀가 설득하며 시간을 끈 덕분에 더 이상의 희생자는 발생하지 않았다. 그녀가 느꼈을 공포와 불안을 생각해 보라. 그녀의 영웅적 행동이 없었더라면 얼마나 많은 희생자가 발생했을지 아무도 예상할 수 없었다. 40대의 평범한 여성 잉그리드 로요 케네트는 영웅이다.

2017년 3월 22일 오후, 런던 국회의사당 앞 인도로 승용차 한 대가 돌진했다. 길을 걷던 민간인 4명이 숨지고 20여 명 이상이 부상을 당했다. 인도와 차도를 지그재그로 오가던 차량은 의사당 출입구를 들이받고 멈췄다. 테러조직 IS 대원으로 추정되는 용의자는 차에서 내려 칼을 꺼내 들고 경비 근무 중이던 경찰관을 공격하며 의사당 진입을 시도하다 무장경찰이 쏜 총에 맞아 사망했다.

그때 흉기에 찔려 쓰러진 경찰관에게 양복 차림의 한 남성이 달려왔다. 중동을 담당하는 외무차관이자 보수당 하원의원 토비아스 엘우드였다. 상황이 어떻게 전개될 것인지 알 수 없었다. 연쇄 테러가 이어질 수도 있었다. 현장에서 다른 경찰관이 "의원님, 대피하세요! 이곳은 위험합니다"라고 외치면서 만류했지만, 엘우드 의원은 쓰러진 경찰관의 입에 인공호흡을 실시하고 흘러나오는 피를 막기 위해 손으로 상처를 압박했다. 쿠웨이트 파병 부대에서 군인으로 복무한 적 있는 그는 의료진과 구급차가 오기를 기다리며 희생자 곁을 떠나지 않았다. 구급차가 도착하고 나서야 손과 얼굴과 옷이 피범벅이 된 채 의사당으로 향했다. 안타깝게도 그와 의료진의 노력에도 불구하고 경찰관은 순직했다.

2019년 11월 29일, 폭탄테러 혐의로 기소돼 6년간 복역하다 가석방된 우스만 칸은 런던브리지 북단에서 열린 재활 치료 모임에 난입해 건물 안의 사람들을 공격하기 시작했다. 마구잡이로 칼을 휘둘러 2명을 숨지게 하고 3명을 다치게 한 후 런던브리지로 빠져나왔다. 현장에 있던 시민들이 그들 뒤쫓았다.

　10여 명의 시민 중 존 크릴리는 소화기를 들고 손에 커다란 칼 두 자루를 움켜쥔 괴한과 맞섰다. 크릴리는 사실 강도 살인 혐의로 종신형에 처해져 수감되었다가 가석방된 전과자였다. 괴한이 자살폭탄 벨트를 차고 있어도 그에게 그것은 문제가 되지 않았다(폭탄은 나중에 가짜로 밝혀졌다).

　루커스라는 이름의 남성은 모임 장소 홀에 전시되어 있던 150㎝가 넘는 외뿔고래 이빨을 들고 맞섰다. 이 남성은 폴란드 출신 이민자로 요리사였다. 영국의 유럽연합 탈퇴(브렉시트) 찬성론자들이, 외국 이주노동자들이 일자리를 빼앗는다며 그들을 비난하지만 정작 위기에 처한 런던 시민들을 돕기 위해 나선 사람은 역설적이게도 이주노동자 루커스였다.

　이름이 밝혀지지 않은 양복 차림의 한 시민은 괴한에게서 흉기를 빼앗았다. 또 다른 남성은 괴한과 몸싸움을 벌이며 그를 바닥에 눕혔고, 다른 시민들은 그가 움직이지 못하게 제압했다. 심지어 도착한 세 명의 경찰이 괴한으로부터 시민들을 떼어놓는 것조차 힘들 정도였다. 마침내 10여 명의 시민들에 의해 제압당한 칸은 체포를 거부하며 몸싸움을 벌이다 경찰의 총에 사살되었다.

IS(이슬람국가)가 테러의 배후를 자처했지만 경찰은 이슬람 극단주의자 단독 범행이라고 발표했다. 비록 5명의 사상자가 발생하기는 했어도 런던의 시민영웅들 덕분에 더 이상의 추가피해는 발생하지 않았다. 테러리스트 진압과정에 전과자도 이민자도 평범한 회사원도 목숨을 걸었다. 거창한 구호가 아닌 평범한 시민들의 '행동'이 사회를 유지하고 보호한다는 사실이 또다시 입증되는 순간이었다.

소방호스로 몸을 감고 어린 학생들을 구조하다

"끝까지 남아 더 많은 승객들을 구해내지 못해 죽을죄를 지은 것 같습니다." 재판정에 증인으로 선 A는 유족들을 향해 울먹이며 사과했다. A에게 무슨 일이 일어난 것일까?

2014년 4월 16일, 대한민국은 비통에 몸부림쳤다. 제주도로 향하던 해상 여객선 세월호가 전복해 침몰했던 것이다. 탑승인원 476명 중 304명이 구조가 지체되며 물속에서 목숨을 잃었다. 그중에는 수학여행으로 들떠 있던 262명의 꽃다운 나이의 고등학생들과 인솔 교사들도 포함되어 있었다.

바닷바람을 가르며 한가로이 순항하던 선체가 갑자기 멈춰섰다. 그러고는 얼마 지나지 않아 선체는 옆으로 완전히 기울었다. 침몰 직전이었다. 4층 우현 갑판에서 '파란바지'를 입은 누군가가 소방호스를 몸에 감고 아래로부터 무언가를 끌어올리고 있었다. 화물차 운전기사 A였다. 그는 배가 기울자 비틀비틀 중심을 잡으며 4층 홀 입구 쪽으로 걸어갔다. 아래의 입구 안쪽을 확인하더니 위태로운 자세로 소방호스를 끌어올려 학생들을 구조하기 시작했다.

상공에는 구조헬기가 윙윙대고 4~5층에서 승객들은 헬기에 타기 위해 대기했다. A는 오직 홀 안에 갇혀있는 승객들만 생각했다. 짓누르는 무거운 소방호스에 어깨가 아팠지만 연신 아래를 확인하며 소방호스를 끌어올리는 데에 전념했다. 선체가 가파르게 기울었다. A는 홀 입구 앞 난간에 소방호스를 묶었다. 그러고는 홀 입구 안쪽으로 엎드려 호스 다른 쪽을 아래로 내렸다. 두 명이 호스에 의지해 위로 올라왔다. 이제 선체의 기울기는 90도를 넘어섰다. 배에 물이 차며 가라앉기 시작했다. K는 여전히 생존자 구조에 집중했다. 그렇게 20여 명의 학생이 구조되었다.

선체는 120도 이상 기울고 5분의 4가 물에 잠겼다. 더 이상의 구조는 불가능했다. 고무보트와 모터보트 한 척이 다가왔다. 구조를 기다리던 마지막 생존자 28명이 보트로 옮겨 탔다. 그 속에 A도 끼어있었다. A가 법정에서 사과하며 울먹인 것은 어린 학생들을 물속에 남겨두고 자신만 살아 돌아왔다는 죄책감 때문이었다.

A는 침몰 초기 구조헬기로 탈출할 수도 있었다. 그렇지만 그의 선택은 절체절명의 마지막 순간까지 생명을 구하기 위해 남는 것이었다. 구조의 일차적 책임을 진 선장을 비롯한 승무원들은 이미 배를 버리고 떠난 뒤였는데도 말이다. A는 진정한 영웅이었다.

그러나 영웅 A에게 남은 것은 절망뿐이었다. 더 구하지 못했다는 자책감이 그를 떠나지 않았다. 밤마다 누군가에게 쫓기는 악몽 속에서 깨기 일쑤였다. 전 재산인 화물차도 바닷속으로 가라앉아 생계는 막막해졌고, 거액의 화물차 할부금이 그를 괴롭혔다. 가장으로서 생계를 위해 다른 일거리라도 찾아보려 했지만 구조로 인한 어깨통증과 손떨림 때문에 그마저도 쉽지 않았다. 급기야 두 차례나 스스로 삶을 포기하려 했다. 그가 한 영웅적 행동은 삶을 산산이 부숴놓은 채 죄인으로 살아가도록 강요하고 있는 것이다. 국가도, 사람들도 이제는 더 이상 그에게 관심을 갖지 않는다. 우리의 영웅이 죽어가고 있다.

약탈 현장 취재 도중 생명을 구하다

2010년 1월 12일 서인도제도의 섬나라 아이티에서 대규모 지진이 발생했다. 대략 22만~30만 명이 사망한 것으로 추정되며, 100만 명 이상이 지진의 여파로 집을 잃었다.

세계적으로 유명한 기자이자 미국 CNN 방송의 앵커 앤더슨 쿠퍼는 수도 포르토프랭스에서 지진 피해를 취재하고 있었다. 갑자기 여러 발의 총성이 울렸다. 쿠퍼와 취재진은 취재를 위해 총성이 울리는 방향으로 달렸고 상점 한 곳에서 약탈이 자행되고 있는 걸 목격했다. 지진으로 인해 생활필수품이 부족해지자 자제되었던 약탈이 기승을 부리기 시작했는데, 이번에는 그 상점이 약탈의 제물이 되었던 것이다. 총성은 아이티 경찰 두 명이 질서를 유지하기 위해 간헐적으로 허공을 향해 쏜 경고사격이었다. 경고사격은 일시적으로 효과를 발휘하는 듯했지만 이내 약탈이 재개되었다.

일단의 시민들이 양초 상자를 훔치고 있었다. 쿠퍼는 PD, 카메라맨, 통역 등 다른 취재진과 함께 바리케이드로 봉쇄된 어떤 상점 앞에 도착해 취재에 돌입했다. 바리케이드는 근처에 두 개의 상점을 소유한 미국인 주인이 약탈을 막을 요량으로 임시 설치한 것이었다. 자동화기로 무장한 두 명의 아이티 경찰이 바리케이드 뒤에서 또다시 경고사격을 가했다. 소용이 없었다. 거리는 이제 무법천지로 변했다. 칼, 몽둥이, 드라이버, 돌 등 갖가지 흉기를 든 많은 사람이 약탈한 물건을 차지하려고 서로를 위협하고 위해를 가하기까지 했다. 한쪽에는 한 무리의 약탈자들이 가죽 허리띠로 어떤 남자를 채찍질하고 구타하며 그 남자가 훔친 물건자루를 강탈하고 있었다. 강도가 강도를 맞는 형국이었다.

쿠퍼는 '비교적' 안전한 거리 이곳저곳을 뛰어다니며 약탈 현장을 취재 중이었다. 그때 부서진 상점 지붕 위에 있던 어떤 약탈꾼이 콘크리트 블록 조각을 사람들을 향해 내던지는 것을 목격했다. 블록 조각은 어린 소년의 머리를 강타했고, 소년은 쓰러졌다. 아래에 있던 사람들이 지붕의 약탈꾼들을 향해 콘크리트 조각을 주어서 다시 던졌다. 소년은 일어나려다가 다시 쓰러졌다. 피가 머리에서 흘러나왔다. 의식은 있었지만 몸을 가눌 수 없는 것처럼 보였다.

쿠퍼는 지붕 위의 약탈꾼이 쓰러진 소년을 향해 다시 콘크리트 조각을 던질까 봐 걱정이 되었다. 소년이 죽을지도 모르는 상황이었다. 도와주는 사람은 아무도 없었다. 쿠퍼는 본능적으로 쓰러진 소년 쪽으로 달렸다. 콘크리트 잔해가 연신 사방으로 떨어졌다. 소년을 일으켜 세워 30미터 정도 떨어진 안전한 곳으로 데려왔다. 양팔에 소년에게서 나온 피의 온기가 느껴졌다. 일단 소년의 피 묻은 얼굴을 닦고 안심시키려 했다. 다시 소년을 일으켜 세웠지만 이제 소년은 똑바로 서있지도 못했다. 돌이 날아왔다. 소년을 부둥켜안고 바삐게 걸음을 내딛었다. '안전한' 바리케이드에 도착해 누군가에게 소년을 인계했다. 이후 소년의 구체적인 소식은 알 수 없지만 치료를 받아 건강을 되찾은 것으로 보도되었다.

쿠퍼는 아이티 폭동 현장 외에도 이전에 이미 포탄이 빗발치는 소말리아와 이라크 전쟁 현장과 같이 위험이 도사린 수많은 곳을 누볐다. 물론 그것은 기자라는 직무를 수행하기 위함이었다. 그렇지만 폭력이 난무하는 현장 한가운데서 어린 소년을 구조한 것은 직무 이상의 '초공' 행위로서 영웅적 행동 그 자체이다(《두 번째 여정》 참조). 모든 기자가 위험을 무릅쓰고 취재 도중 도움이 필요한 사람에게 손길을 내미는 것은 아니기 때문이다. 유명인도 평범한 시민이며, 상황에 따라 평범한 사람은 '초공'과 같은 영웅적 행동을 통해 비범한 사람으로 변모한다. 그런 '평범함'이 우리 사회를 정의롭게 만든다. 쿠퍼는 영웅이다.

지도교수의 표절을 공론화하다

최근 많이 나아지고는 있으나 우리나라 대학에서 교수와 대학원생 간의 관계는 경직된 수직 구조를 크게 벗어나지 못하고 있다. 대학원생이 학위를 취득하기 위해서는 수업 외에도 종합시험과 논문 작성을 마쳐야 한다. 그 과정에 지도교수가 비합리적으로 부당하게 개입하게 되면, 지도학생으로서 대학원생은 심할 경우 학위 취득 자체가 불가능해져 학업을 포기해야 할 지경까지 이를 수 있다. 이런 수직 구조 속에서 지도교수가 설령 비행이나 비리를 저지른다고 해도 침묵할 수밖에 없는 경우가 많다. 그것을 공개적으로 발설하는 순간, 학위취득은 사실상 불가능해지고 연구 활동을 접어야 할 수도 있다. 폐쇄적인 학문공동체가 이를 허용하지 않을 수 있기 때문이다.

　표절과 같은 연구부정은 학문 자체의 붕괴를 의미한다. 2013년 S대학교 대학원생 A는 연구부정이 먼 얘기가 아니라 자기 자신과 직접 연결되어 있음을 발견하였다. 지도교수 B가 자신의 석사논문 연구계획서 내용을 수업 교재에 그대로 포함했던 것이다. 자칫 아직 발표되지 않은 자신의 연구가 오히려 표절로 오인될 수 있는 상황이었다. A는 서둘러 논문을 발표했다.

　이상한 일은 계속 이어졌다. 두 달 뒤 A의 논문 중 상당 부분이 지도교수 B가 발표한 논문에 실렸다. A는 학과와 학교 당국에 표절 의혹을 제기하며 도움을 요청했다. A의 이런 행위는 학문을 포기해야 하는 자해행위와도 같았다. 그러나 학교는 침묵했다. 아마도 학교의 명성을 보호해야 한다는 조직 논리가 앞선 것 같다.

A는 굽히지 않았다. 논문표절 피해자로서 직접 지도교수 B가 발표한 논문과 단행본 20건에 대하여 표절 여부를 더 확인하기 위해 대조 작업을 벌였다. 1,000쪽 분량의 논문표절 자료집을 작성했다. 학교의 연구진실성위원회(진실위)로 자료집을 발송한 후 표절 의혹을 고발하는 대자보를 교내에 게시하며 공론화시켜 나갔다.

학생들의 반응은 뜨거웠다. B교수의 사퇴를 촉구하는 목소리가 교내 곳곳에서 들려왔다. 학교 당국은 여전히 침묵했고, B교수 또한 침묵했다. 조사와 징계를 요구하는 목소리는 거세졌다. 2년 반 동안 예비조사만 진행하던 진실위는 커지는 목소리를 더 이상 모른 체할 수 없는 지경에 이르자 그제야 표절 조사에 착수했다.

그 사이 A는 반성 없는 B교수를 즉각 파면하라며 교내에서 1인 시위를 벌였고, 학생회는 B교수의 파면을 요구하는 피켓 시위를 진행했다. 동료 교수의 연구부정에 한쪽 눈을 감고 있던 같은 학과 교수들도 대자보를 붙이며 B교수의 사퇴를 촉구했다.

B교수는 물러서지 않았다. 사퇴는 고사하고 같은 학과 교수진과 대학원생들로부터 A를 고립시키려고 시도했다. 더 나아가 A가 대자보를 통해 확인되지 않은 사실을 표절로 몰아 인격권과 명예를 침해했다며 법원에 명예훼손금지 가처분 신청을 냄으로써 2차

가해를 지속했다. 대자보를 내리지 않을 경우 하루 100만 원의 강제이행금 부과를 요청하는 내용도 소장에 포함시켰다. 비록 법원이 표현의 자유와 문제 제기는 학문의 목적에 속하므로 A의 행위는 정당하다는 판결을 내렸지만 이것이 A가 받은 고통을 대신할 수는 없었다.

진실위는 1년여 간의 조사 끝에 B교수의 논문과 단행본 12건에서 중대한 표절이 발견되었다며 징계위원회에 중징계를 요청했다. 아울러 두 곳의 학회는 각각 자신들의 학술지에 게재된 논문 2건을 표절로 판명해 B교수를 학회에서 제명했다. A가 문제의식을 느끼고 연구부정을 공론화한 지 만 6년 만의 결실이었다.

A의 문제 제기가 지도교수와의 불화에서 기인한 것인지, 순수한 학문적 열정과 정의에서 비롯된 것인지는 알 수 없다. 그렇지만 폐쇄적인 수직 구조 최하단에 위치한 A는 약자일 수밖에 없고, 그래서 상층부에 위치한 사람(들)과의 싸움은 젊은 청춘이 누려야 할 미래의 꿈과 희망을 희생으로 요구한다. A는 그것을 알고 있었다. 불의에 대한 침묵은 부정을 정당화시킴으로써 더 많은 피해가 발생한다. 침묵을 거부하는 A와 같은 젊은이가 있어 학계는 부정을 경계하며 더 나은 연구풍토로 나아갈 수 있는 것이다. 하지만 그에게 남은 것은 무엇일까? 그가 영웅이라는 인식만이라도 주어져야 하지 않을까?

가난한 이민자가 유괴범을 추적하다

2010년 10월 미국 캘리포니아 프레스노, 6세와 8세 두 여자아이가 저녁 무렵 아파트 앞에서 놀고 있었다. 경찰에 의해 나중에 신원이 밝혀진 24세의 히스패닉 남성이 선물을 사주겠다면서 여자아이들에게 접근했다. 남자가 아이들에게 말을 거는 모습을 지켜본 이웃들이 아이들에게 도망가라고 소리쳤다. 남성은 태도를 바꾸어 8세 여자아이를 낚아채서는 흰색 줄무늬가 있는 자신의 낡은 픽업트럭에 밀어 넣었다.

곧 아이가 유괴된 것을 안 엄마가 아파트에서 뛰어나왔고, 이웃 남성이 자신의 차에 아이 엄마를 태워 뒤쫓았다. 하지만 괴한의 차는 이미 흔적도 없이 사라진 뒤였다. 납치 경고 발령과 함께 지역 언론사들은 신속히 분홍색 곰돌이 푸우 스웨터를 입고 있는 여자아이 실종을 보도했다. 약 130명의 경찰관이 수색에 동원되었고 여러 대의 헬리콥터가 도시 곳곳을 이 잡듯이 뒤졌다. 통상적으로 실종 24시간 이내에 유괴된 아동 대부분이 살해되는 것으로 알려져 있듯이 아이에게 남은 시간은 얼마 되지 않았다.

아이가 유괴된 거리 바로 아래에서 빅터 페레즈는 혹시나 언론에 보도된 유괴 차량을 발견하지는 않을까 거리를 살피면서 이웃과 아이 유괴에 대해 이야기를 나누었다. 다음 날 아침, 잠에서 깬 페레즈와 사촌 우리아스는 아이의 수색 상황이 궁금해 TV를 켰다. 경찰에서 배포한 감시카메라에 잡힌 픽업트럭 모습이 화면에 나왔다. 무심코 우리아스가 거실 창밖을 내다보았다. 그때 TV

에 방송되고 있는 유괴 차량이 집 앞에서 유턴하는 게 보였다. "빅터, 저게 그 차 맞지?"라고 우리아스가 소리쳤다. 페레즈는 자신도 모르게 자리를 박차고 나가 길가에 세워둔 자신의 픽업트럭에 올라탔다. 그러고는 유괴 차량을 뒤쫓기 시작했다.

픽업트럭을 따라잡자 페레즈는 마치 길을 묻기라도 하는 듯 손짓하며 창문을 내리도록 요청했다. 속도를 줄인 픽업트럭 운전자는 자신의 차량 상태가 좋지 않아 대화할 수 있는 상황이 아니라며 속도를 높여 앞으로 나아갔다. 유괴범이라고 직감한 페레즈는 뒤쫓아 가 픽업트럭을 길 가장자리로 몰아붙였다. 운전자는 화가 나 양손을 머리 위로 들어 올리며 거칠게 항의했다. 그 순간 운전자가 한 손으로 누르고 있던 여자아이의 머리가 차량 대시보드 위에 불쑥 올라왔다. 여자아이의 눈이 페레즈의 눈과 마주쳤다.

불현듯 유괴범이 총을 소지하고 있지는 않을까 하는 생각이 페레즈를 엄습했다. 하지만 다시 아이의 눈과 마주치자 차에서 아이를 내리게 해야 한다는 생각만이 그의 머릿속을 채웠다. 유괴범은 속도를 높였다. 인도로 차를 몰기까지 했다. 페레즈는 속도를 올려 자신의 차로 유괴범이 탄 차량 앞을 막아섰다. 그러자 유괴범은 조수석 창문 밖으로 여자아이를 밀어 떨어뜨리고는 차량을 몰아 도주했다. 여자아이의 첫 마디는 "무서워요"였다. 페레즈는 몸을 떨면서 재차 "저 이제 괜찮은 거죠?"라고 말하는 아이를 진정시켰다. 아이는 유괴 11시간 만에 엄마의 품으로 돌아갔다. 아이가 풀려난 후 40분 뒤 유괴범은 경찰에 체포되었다.

멕시코 출생의 페레즈는 어렸을 때 부모를 따라 미국에 건너온 이민자였다. 사건 당시 실직한 상태로 포도 따는 일을 하며 간신히 생계를 잇고 있었다. 자신의 생계마저 걱정해야 하는 가난한 이민자지만 범죄로 희생될 뻔한 아이를 그냥 지나칠 수 없었다. 현지 경찰서장은 페레즈의 용기가 아니었더라면 아이를 결코 다시는 볼 수 없었을 거라고 말한다. 그렇지만 페레즈는 자신에게 쏟아지는 시선과 영웅 칭호가 부담스럽기만 할 뿐이다. 당시 실직 상태였던 영웅 페레즈가 현재는 안정적인 직업을 구해 편안한 삶을 살아가고 있기를 바란다.

산불과 싸우는 의용소방대원

2019년 9월, 호주 동부지역에서 대형 산불이 발생했다. 신속히 투입된 소방관들의 진압 노력을 비웃기라도 하듯 산불은 잡히지 않고 확산해 해를 넘겨 5개월 이상 지속되었다. 거의 동시다발적으로 발생한 수백 개의 산불이 불바다를 이뤄 하늘은 핏빛처럼 물들었고 열기로 인해 화염 토네이도까지 생겨났다.

산불로 서울시 면적의 160배 이상에 달하는 토지가 전소되었고, 주택의 피해는 말할 것도 없이 사망자 30명 이상을 포함하여 수많은 인명피해가 발생했으며, 경제적 피해는 천문학적인 규모를 기록했다. 게다가 직접적인 피해지역 뉴사우스웨일스 주에서만 5억 마리 이상의 야생동물이 희생된 것으로 추정되고 있으며, 호주의 마스코트 동물 코알라의 희생 또한 엄청난 것으로 파악되고 있다. 대재앙 그 자체였다.

산불 화재 현장은 열기로 인해 땅은 펄펄 끓고 돌풍까지 부는 최악의 상황이었다. 항상 그렇듯이 시뻘건 불길과 연기로 가득한 현장에는 소방관들이 있었다. 그런데 그 소방관들 90%는 무보수로 화재진압에 나선 자원봉사자들이었다. 대략 100,000명의 화재진압 전문교육을 받은 시민들이 스스로 위험에 맞서 공동체를 보호하고 있었던 것이다.

의용소방관 대부분은 화재가 처음 일어났을 때 연차휴가를 받아 화재 현장에 자발적으로 뛰어들었다. 바람의 방향이라도 바뀌면 화염 돌풍에 고스란히 생명을 내놓아야 하는 위험천만한 상황이었지만 하루 12시간 이상을 화마와 사투를 벌였다. 직장으로 돌아가야 하지만 몇 달째 꺼지지 않고 번지는 산불은 발목을 잡고 놔주지 않았다. 이들 시민 소방대원들 대부분이 사실상 생업을 포기한 지 오래였다. 그들에게는 오직 끓어오르는 아드레날린과 이웃을 지켜야 한다는 의무감만이 남아있었다.

루시 바로노스키도 그들 중 한 명이었다. 지난 몇 주 동안 남편과 함께 산불 현장을 떠나지 못한 채 뼛속까지 피곤한 몸을 이끌고 화염과 싸웠다. 연기를 들이마서 기침이 연신 나왔지만 타오르는 불길을 잡지 못한다면 인명피해가 계속될 것이라고 생각하며 소방호스를 다잡았다. 부모님 집에 남겨 둔 네 명의 아이가 보고 싶었고 아이들과 크리스마스를 함께하지 못해 못내 미안했지만 사투를 벌이는 동료 의용소방대원들과 산불진압을 손꼽아 기다리는 시민들을 남겨두고 자신만 집으로 돌아갈 수는 없었다.

조경사가 직업인 22세 청년 다니엘 녹스도 마찬가지였다. 5년 전 자원해서 의용소방대원이 된 녹스는 화재진압 요청을 받자마자 시드니 남서부의 집을 떠나 뉴사우스웨일스를 향해 차를 몰았다. 8시간의 운전과 자비로 부담해야 하는 주유비 등은 문제가 되지 않았다. 11월 중순부터 두 달이 넘도록 쉬지 않고 15시간 교대로 산불과 사투를 벌였다. 기온은 섭씨 50도를 넘어섰고 화재 현장은 화염으로 서 있기조차 힘들었다. 벽을 이룬 화염과 싸우고, 무거운 소방호스를 끌어오고, 나무를 베며 방화벽을 쌓았다. 사실 그도 세계 최대 자원봉사 소방기구 '뉴사우스웨일스 지역소방대'의 70,000명 의용소방대원 중 한 명에 불과했다. 그는 "우린 열정 때문에 하고 있죠. 형제애 때문인 거죠"라고 담담하게 말했다.

최악의 산불과 싸운 이들 일상 속 시민영웅들은 화재진압이라는 직접적인 가시 결과뿐만 아니라 친사회적 행동의 확산에도 기여했다. 우리나라와 마찬가지로 호주에서도 농촌인구가 줄어들고 있는 추세이다. 그나마도 소수만이 교육을 받고 자원봉사활동에 참여하고 있다. 이번 집중화재 장소 중 한 곳인 빅토리아주만 놓고 보더라도 평소 35,000명의 의용소방대원이 충원되었어야 했다. 거대한 재앙이 몰고 온 위기의식과 맞물려 사투를 벌이는 의용소방대의 활약상에 시민들은 깨어나기 시작했다. 의용소방대에 지원하는 자원봉사자들의 수가 급증했고, 지역 곳곳에서는 그들을 지원하기 위한 모금운동이 펼쳐졌다. 영웅으로서 의용소방대원들이 또 다른 영웅을 만들고 있었던 것이다.

이들 의용소방대원들은 금전적 보상프로그램도 없는 상태에서 생계마저 포기한 채 눈앞에 보이는 위험 속으로 몸을 내던졌다. 그들은 무엇을 위해 어떤 면에서는 무모하기까지 한 행동을 했을까? 그 시각, 호주 총리는 하와이로 가족 여행을 떠났다.

사스와 싸운 의료 영웅들

2003년, 이탈리아 출신의 의사 카를로 우루바니는 베트남 하노이 소재 세계보건기구(WHO)에서 근무 중이었다. 하노이 시내의 한 병원으로부터 다급한 전화 한 통을 받았다. 입원한 독감 증세의 중국계 미국인이 위중한 상태이며, 질병이 병동 여기저기로 확산됨에 따라 그와 같은 현상을 접한 적이 없는 의사들 사이에 공포심이 커져가고 있다는 내용이었다. 우루바니는 가지 말라는 아내의 만류에 "의사로서 돕는 게 내 임무잖소"라고 말하며 사태를 진정시키기 위해 병원으로 급히 향했다.

우루바니는 재앙 가능성을 인지하고 신속하게 WHO에 보고했다. 그 질병이 무엇인지 진단하기 위해 오토바이를 타고 하노이 곳곳을 누비며 샘플을 채취해 실험실로 가져왔다. 공포가 하노이 전역으로 퍼져나갔다. 실험실 상황도 비슷했다. 세 살 된 딸을 집에 남겨두고 스스로 자기 자신을 연구실에 고립시킨 연구원 한 명을 제외하면 연구원 전부가 이미 실험실을 빠져나간 상태였을 정도였다. 우루바니는 포기할 수 없었다. 하지만 분주히 질병 샘플을 수집하고 조사하던 중 그는 끝내 숨을 거두었다. 그를 죽음으로 내몬 것은 전 세계를 공포로 몰아넣은, 사스로 알려진 중증호흡기증후군이었다.

한편 중국 광둥성에서도 사스 환자가 출현했다. 당시 이름조차 없었던 괴질과의 전쟁이 시작되었다. 13억 중국인을 구조하는 임무는 소총을 든 인민해방군이 아니라 주사기와 소독약을 든 의사와 간호사들의 몫이었다. 그것은 어둠 속에서 보이지 않는 적과 싸우는 것과도 같았다. 적이 사방에 있었지만 찾아낼 방법도 싸울 무기도 없었다. 그저 묵묵히 피를 말리며 하루하루를 버텼다. 그러는 동안 간호사와 의사, 연구원들이 연이어 목숨을 잃었다. 시간이 흐를수록 사망하는 의료진은 늘어갔다.

싱가포르에서도 사스가 창궐했다. 학교는 문을 닫고 영업을 포기하는 쇼핑몰과 식당이 속출했다. 환자 치료 그 자체의 위험성 외에도 의료진들은 편견에 시달려야 했다. 낯선 사람들뿐만 아니라 가족과 친지마저 의료진을 멀리했다. 어떤 의사는 집에서 내쫓겨 한동안 동료의 집에서 지내야만 했다. 병원 구내식당에서의 식사 또한 불가능할 정도였다. 중국과 마찬가지로 간호사와 의사 각각 2명씩 4명이 사망했다.

지구 반대편 영국 웨일즈의 한 병원에서 관리자들은 직원들을 두 개 조로 나누기로 결정했다. 그중 한 조가 사스 환자들을 돌보자는 취지였다. 사스 팀으로 분류될까 봐 걱정하는 어린 자녀를 둔 직원들도 있었지만 많은 이들이 감염의 위험에 정면으로 맞서기로

했다. 팀을 나누기로 한 결정은 너무 많은 지원자가 쇄도하는 바람에 철회되었다.

대만에서도 사스 환자는 여지없이 발생했고, 홍콩도, 한국도, 캐나다도, 그리고 전 세계가 사스로부터 자유로울 수는 없었다. WHO의 자료에 따르면, 2002년 첫 사스 감염환자 출현 이후 전 세계적으로 8,400여 명(국내 3명)이 감염되었고, 810여 명이 사망하였다. 사망 및 감염자 상당수는 환자 치료에 자신을 내던질 수밖에 없었던 의료진이었다.

사스 치료에 참여한 의료인들 거의 모두가 마음속에는 갈등이 일었을 것이다. 생명은 누구에게나 소중하기 때문이다. 생명의 위협을 무릅쓰면서까지 환자를 치료할 의무를 강제할 수는 없다. 가족을 다시 볼 수 있을지 확신할 수 없는 상황에서도 그들은 수개월 동안 스스로 고립을 택했다. 왜 그랬을까? 의사라는, 또 간호사라는 직함만으로 자발적 참여를 설명할 수는 없다. 의료진들은 한결같이 말한다. "선택의 여지가 없잖아요. 그건 의무니까요." 그들이 말하는 '의무'는 우선순위가 자신의 생명보다는 환자의 생명이었음을 의미한다. 그들의 '의무'는 직무 이상을 뜻하는 '초공'이며 그래서 영웅적이다. 베트남 하노이에서 숨진 우루바니의 아들 토마스는 "아빠가 그때로 다시 돌아가신다면 분명 똑같이 행동하셨을 거예요. 수많은 목숨을 구한 아빠가 있어 저는 행운아입니다"라고 말한다.

노인, 북극곰에 맞서다

빌 아요트는 상냥한 말씨의 점잖은 캐나다 노인이다. 단어 맞추기 퍼즐을 즐겨하며 때때로 삼륜자전거를 타고 고향마을 처칠 외곽으로 나가 북극의 한가로움을 만끽하기도 한다. 그의 첫인상은 절대로 두려움을 모르는 영웅상이 아니다. 하지만 2013년 11월 어둠이 채 가시지도 않은 어느 이른 새벽, 아요트는 목숨을 걸고 중상을 입으며 자신의 집 바깥에서 북극곰의 공격을 받고 있는 한 낯선 사람을 구했다.

71세의 노인 아요트는 일찍 일어나는 사람으로 새벽 5시면 텔레비전 앞에 자리를 잡는다. 그날도 여느 때와 마찬가지로 TV 앞에 앉는 것으로 일상을 시작했다. 그 순간 밖에서 "도와주세요! 곰이에요!"라고 외쳐대는 소리가 들렸다. 문을 열었더니 길 건너편에서 무시무시한 장면이 펼쳐지고 있었다. 거대한 몸집의 북극곰이 한 젊은 여성의 머리를 물고 마치 인형처럼 허공에 흔들어대고 있었던 것이다.

아요트는 뭔가 조치를 취해야 한다는 생각이 머리를 스쳤다. 집에 총기를 소지하고 있지 않아 처음에는 북극곰 순찰대에 신고하려 했다. 하지만 순찰차가 도착하기도 전에 그 여성이 죽을지도 모른다는 생각이 들었다. 그때 현관 한쪽 편에 세워둔 삽 한 자루가 눈에 들어왔다. 일단 삽을 주워 들었다. 어떻게 하지? 잠시 주저했다. 그것도 잠깐, 그의 발길은 이미 길 건너편으로 향하고 있었다.

인기척에 곰이 아요트 쪽을 향해 고개를 돌렸다. 곰과 아요트의 눈이 마주쳤다. 그는 곰의 눈을 뚫어지게 쳐다보았다. 기선제압이 곰과 싸우는 최선의 방법이라는 말을 들은 적이 있었다. 곰의 눈을 응시하며 다가갔다. 그가 접근하자 곰은 여성을 입에 물고 흔들어대다가 순간 멈칫했다. 그 순간을 틈타 아요트는 삽을 머리 위로 치켜들고 힘껏 내리쳤다. 곰에게서 여성이 떨어져 나왔다. 여성은 열려있는 아요트의 집으로 뛰어 들어갔다.

아요트도 곰에게서 벗어나려고 몸을 돌렸다. 하지만 곰은 앞발을 휘둘러 그의 왼쪽 다리 무릎 뒤를 낚아채 쓰러뜨렸다. 그러고는 쓰러진 아요트를 난폭하게 공격했다. 아요트의 오른쪽 귀가 곰의 날카로운 이빨로 찢겨나갔다. 순간적으로 배를 땅바닥에 대고 엎드려 있는 것이 곰의 사나운 공격을 모면하는 방법이라는 생각이 들었다. 등을 대고 누워있으면 180kg의 곰이 앞발로 반복해서 공격할 경우 갈비뼈가 부러져 내장이 파열될지도 모르기 때문이었다.

그가 곰과 사투를 벌이는 동안, 소란스러운 소리에 밖으로 뛰어나온 이웃들이 곰에게서 아요트를 떼어놓으려고 안간힘을 썼다. 어떤 이웃은 소리를 질렀고, 또 어떤 이웃은 조명탄을 쏘기도 했으며, 또 다른 이웃은 폭죽을 터뜨리기도 했다. 심지어 신발을 벗어 던지는 이도 있었다. 소용이 없었다. 한 이웃이 집안에서 권총을 가지고 나와 허공에 발사했다. 하지만 그것도 흥분한 곰을 내쫓는 데에는 역부족이었다. 그러자 그 이웃은 자신의 트럭에 올라타 경적을 울리고 전조등을 번쩍이며 아요트와 곰 바로 앞까지 트럭을 몰았다. 그 순간, 곰이 아요트에게서 떨어져 도망쳤다.

아요트는 트럭으로 옮겨졌다. 정신을 차린 아요트가 사람들에게 물은 첫 마디는 공격받은 여성이 무사한지였다. 이어서 도착한 구급차에 실려 아요트와 여성은 병원으로 이송되었다. 여성은 두피와 한쪽 귀 일부가 각각 떨어져 나갔는데, 28바늘을 꿰매 찢긴 피부를 봉합했으며 출혈과다로 수혈을 받았지만 생명에는 큰 지장 없이 회복했다. 아요트 또한 귀가 찢어져 봉합수술을 받았고 오른쪽 어깨와 왼쪽 다리의 상처를 치료받았다. 거의 한 달 정도 병원 신세를 진 아요트는 현재 건강을 회복한 후 전처럼 북극의 한가로움을 즐기고 있다.

아요트는 과거에도, 또 현재에도 자신을 영웅으로 생각하지는 않는다. 어떤 상황에 처하게 되면 반응하는 것과 아무것도 하지 않는 것, 두 가지 선택이 존재하는데 자신은 반응했을 뿐이라며 그 상황에서 그가 생각할 수 있었던 전부는 오로지 그 여성을 구해야 한다는 절박함이었다고 술회한다. 영웅은 멀리 있는 것이 아니라 옳은 행동을 실천하는 우리 가까이에 있는 평범한 이웃이라는 사실을 아요트는 증명했다.

소록도 한센인과의 반세기

2005년 만추의 어느 이른 새벽 소록도 선착장, 푸른 눈의 두 할머니가 빛바랜 손가방 하나씩을 들고 뭍으로 향하는 배에 몸을 실었다. 낯선 이국땅, 그것도 반도의 끝자락에 자리한 작은 섬에서의 40여 년의 삶이 주마등처럼 스쳤으리라. 이제는 제 몸조차 가누기

힘든 두 할머니는 젊은 시절 조국 오스트리아를 떠나 무엇을 위해 한국인들 모두가 꺼리는 한센인들 속으로 들어왔을까?

오스트리아 인스브루크 간호학교를 졸업한 마리안느 스퇴거와 마가렛 피사렉은 각각 1962년 2월과 1959년 12월 동아시아의 가난한 나라 대한민국 땅에 발을 내딛었다. 이유는 단지 한센인들을 돌볼 간호사가 필요했기 때문이었다.

해방 이후 1950년대와 1960년대 한국은 가난에 허덕이며 무에 가까운 의료지식 속에서 한센인들을 외딴 섬에 강제 격리하였다. 섬에 수용된 한센인들은 '문둥이'이라는 언어폭력은 둘째 치고 섬에 발을 올려놓는 순간부터 생이 다하는 날까지 뭍으로 나갈 수도, 또 아이를 낳을 수도 없었다. 더 참혹한 것은 강제 단종(생식 능력 파괴)과 낙태를 피해 태어난 아이는 부모와 함께 살 수도 없었던 것이다. 정부는 심지어 한센인 부모에게서 태어난 감염되지 않은 아이를 소위 '미감아'라는 꼬리표를 붙여 부모의 품에서 빼앗아 영아원으로 보내버렸다. 마리안느와 마가렛은 한국이 버린 이들 한센인을 치료하고 영아원에 강제 수용된 아이들을 돌보며 각각 43년과 39년의 세월을 보냈다.

두 젊은 간호사는 멸균을 위해 아침마다 우유를 끓여 한센병 환자들에게 나눠주었고, 집으로 환자들을 불러 음식을 대접하기도 했다. 또 의료기구조차 변변치 않던 시절, 피고름이 가득한 환자들의 썩어가는 피부를 맨손으로 짜내고 약을 발랐다. 언어가 통하지 않는 두 간호사의 손짓과 발짓, 눈짓은 천형이라는 낙인과 차별로 비참한 삶을 이어가던 한센인들을 어루만져 주었다. 그들의 헌신이 소록도 치료 환경의 개선에만 머문 것은 아니었다. 치유된 환자들의 자립을 위해 농장을 조성하고 사회로 복귀할 수 있는 여건 마련에도 힘썼다. 예를 들어 여덟 가구가 뭍으로 나가 농사를 지으며 자립할 수 있는 길을 열기도 했다. 이런 그들의 헌신적인 모습은 직접적으로는 의사와 간호사, 간접적으로는 일반인들의 한센병에 대한 인식을 변화시키기에 부족함이 없었다.

한센병 환자를 돌보는 데 따른 마리안느와 마가렛의 보상은 무엇이었을까? 월급도, 연금도 없었으며 노후와 건강마저 저당 잡혔다. 더군다나 마리안느에게 대장암까지 발병했다. 우리가 방관자로 있는 동안, 그들에게는 그저 '보람'이 대가의 전부였다.

두 간호사는 누구도 원망하지 않았을 뿐만 아니라 자신의 삶이 영웅적이었다고 생각하지도 않았다. 오히려 건강이 악화하는 가운데 주변에 부담을 줄까 봐 가져왔던 가방 하나만을 들고 소록도 주민들 집집마다 한 통의 편지를 남긴 채 홀연히 고국 오스트리아로 향했다. 그들이 남긴 A4 용지 두 장의 편지에는 말없이 떠나는 이유가 서툰 한국어로 빼곡하게 적혀 있었다. 한국의 의료기술이 향상되어 늙은 자신들의 존재 이유가 사라졌고 오랜 세월을 함께한 한센병 환자들에게 이별의 아픔을 전해주기 싫다는 것이었다.

사랑하는 친구, 은인들에게

이 편지 쓰는 것은 저에게 아주 어렵게 썼습니다. 한편은 사랑의 편지이지만 한편은 헤어지는 섭섭함이 있습니다. 우리가 떠나는 것에 대해 설명을 충분히 한다고 해도 헤어지는 아픔은 그대로 남아있을 겁니다. 각 사람에게 직접 찾아 뵙고 인사를 드려야 되겠지만 이 편지로 대신합니다.

마가렛은 1959년 12월에 한국에 도착했고 마리안느는 1962년 2월에 와서 거의 반세기를 살았습니다. 고향을 떠나 이곳에서 간호로 제일 오랫동안 일하고 살았습니다. (천막을 쳤습니다) 이제는 저희들이 천막을 접어야 할 때가 왔습니다. 현재 우리는 70이 넘은 나이입니다.

(중략)

한국에서 같이 일하는 외국 친구들에게 가끔 저희가 충고해 주는 말이 있는데 그것에서 제대로 일할 수가 없고 자신들이 있는 곳에 부담을 줄 때는 본국으로 가는 것이 좋겠다고 자주 말해왔습니다. 이제는 우리가 그 말을 실천할 때라고 생각합니다.

이 편지를 보는 당신에게 많은 사랑과 신뢰를 받아서 하늘만큼 감사합니다. 우리는 부족한 외국인으로서 큰 사랑과 존경을 받아서 대단히 감사드립니다. 이곳에서 같이 지내면서 저희에 부족으로 마음 아프게 해드렸던 일을 이 편지로 미안함과 용서를 빕니다. 여러분에게 감사하는 마음은 큽니다. 그 큰마음에 우리가 보답을 할 수 없어 하느님께서 우리 대신 감사해주실 겁니다.

항상 기도 안에서 만납시다.

감사하는 마음으로 마리안느, 마가렛 올림

소록도 2005년 11월 22일

마리안느와 마가렛은 어쩌면 영웅보다는 성인에 가까울지도 모른다. 20대 꽃다운 나이에서 70대 노구가 될 때까지 반세기를 머나먼 타향에서 도움이 필요한 낯선 병자들을 향해 아무런 대가 없이 사랑을 실천한 이들이야말로 우리 사회가 간직하고 확산시켜야 하는 영웅임에 틀림없다. 마리안느와 마가렛의 영웅적 행동을 기억하는 많은 사람들은 해마다 노벨평화상 후보로 이들을 추천하고 있다.

코로나19 영웅들

코로나(corona)는 라틴어로 '왕관'을 뜻한다. 왕관은 말 그대로 왕의 상징이요, 영웅의 머리에서 반짝인다. 하늘에서 빛나는 태양도 코로나가 둘러싸 더 눈부시다. 그런 코로나가 어쩌다 바이러스 이름이 되어버렸다. 전자현미경으로 보면 왕관을 쓴 것처럼 보여서 그렇다지만, 그다지 공감이 가지는 않는다. 코로나 바이러스에 감염되어도 보통은 며칠 앓으면 그만이라니 그런가보다 싶었는데, 난데없이 중국에서 코로나19로 명명된 고약한 놈이 튀어나왔다. 박쥐나 낙타 같은 야생동물이 관여되면서 사스(SARS)나 메르스(MERS)처럼 인간의 생명을 심각하게 위협하는 신종으로 변신한다고 한다. 모두가 바짝 움츠러들어 작은 재채기에도 의심하고 불안해하는 형국이 안타깝기 짝이 없다. 중세 유럽에서 흑사병이 유행할 때 인구의 1/3이 사망했고, 그 참상은 대 피테르 브뤼헐의 〈죽음의 승리〉라는 명화에 생생하다. 병을 피해 시골에 도피해 나눈

노변정담을 모은 것이 유명한 보카치오의 〈데카메론〉이니, 끔찍한 사정이 인간의 심성을 자극하여 예술혼에 이어지는 것은 아이러니 이기도 하다.

항거불능의 악마적 사태로 보아 주술에 의존하거나 소극적으로 도피했던 옛날과 달리, 오늘의 인류는 과학으로 중무장해서 상태가 조금은 낫다. 그렇지만 인간 자체가 태생적으로 심리적 불안이 내재되어 고통과 공포를 겪을 수밖에 없기 때문에 본질적으로 달라진 것은 많지 않다. 인류가 존속해온 것은 두려움을 극복하는 인지의 발전과 더불어 위기극복에 앞장서는 영웅이 때마다 탄생했기 때문이기도 했다.

2020년 초 코로나19 유행이 시작된 이래 세계 곳곳에서 백신과 치료약 개발에 몰두하는 사이, 많은 영웅들이 등장했다. 이들의 헌신은 눈물겨웠다. 대규모 팬데믹을 맞아 시민들이 할 수 있는 것은 마스크와 손씻기 등을 통한 소극적 예방이 전부였다. 그런데 환자들을 직접 치료하거나 수송하는 의료진이나 소방관, 경찰관들이 느끼는 위험은 보통사람에 비할 바가 아니다. 감염환자의 피와 체액이 난무하는 속에서 바이러스가 의사나 간호사라고 비켜갈 리 없으니, 말 그대로 생명의 위협을 무릅쓰고 인명을 구호하는 셈이다.

2015년 메르스 사태 때 한림대 병원에는 의료진 95명이 환자 36명과 함께 격리되어 있었다. 김현아 간호사가 보낸 '메르스 간호사의 편지'에는, 목숨을 걸고 치료에 임하면서 오히려 격리대상자라고 외면받고 그러고도 사망한 환자에게 "낮게 해드리지 못해 죄송합니다"라고 고백하면서 사투를 벌이던 역사가 생생했다. 2020년 초 중국 우한시에 봉쇄되었던 교민 700여 명을 고생 끝에 귀국시킨 후, 가히 사지라 할 수 있는 현지 총영사관에는 정다운 경찰 영사를 비롯한 9명의 외교부 직원들이 남아 잔류교민을 지원하였다. 가장을 뒤로 한 채 귀국길에 오른 가족들 심정은 어떠했을까. 누구라고 호명하기에도 어려운, 수많은 코로나 영웅들이 있었기에 오늘 실외에서나마 마스크를 벗고 정상생활로 돌아가고 있다. 그들에게 왕관을 바친다.

영웅으로
거듭나며

새로운 한 해를 시작하는 2020년 1월 1일 새벽 2시 50분. 서울시 광진구 화양동 일대는 지난해를 아쉬워하면서 새로운 마음으로 새해를 맞이하려는 청춘들로 들썩이고 있었다. 길 한쪽으로는 들뜬 분위기에 취해 한껏 상기된 사람들과 다른 쪽에는 새해 첫날을 가족과 함께하기 위해 차분히 집으로 향하는 사람들이 서로 뒤섞여 평소보다 더 북적거렸다.

그런데 갑자기 길을 걸어가고 있던 사람들의 걸음이 느려지기 시작했다. 이내 길이 막히기라도 한 듯 앞으로 나아가기가 힘들어졌다. 무슨 이유일까? 싸움이 일어난 것이다. 행인들 일부는 멈춰서 놓치기 아쉬운 '구경거리'를 지켜보았고, 귀가하려는 사람들은 별일 아니라는 듯 시선을 싸움에 고정한 채 멈춰선 인파를 뚫고 느리게 걷던 길을 계속 갔다. 싸움은 그저 남의 일이었다.

남자 세 명이 무자비할 정도로 참혹하게 한 남자를 향해 주먹을 날리고 발길질을 해댔다. 집단 공격을 당하는 남성의 얼굴에는 피가 흐르고 옷은 핏빛으로 물들었다. 구타하는 남자들 중 한 사람이 바라보는 주변 사람들의 시선이 따가웠는지 피 흘리는 남자의 옷깃을 움켜잡고 후미진 골목으로 끌고 가려 했다. 다른 두 명의 남자들이 끌려가는 남자를 에워싼 채 뒤따랐다. 남자가 끌려가지 않으려고 안간힘을 쓰며 버티자, 세 명의 남자들의 주먹질과 발길질이 또다시 이어졌다. 분이 안 풀린 듯 남자들은 10분 가까이 한 남자를 그렇게 공격했다.

멀리서 사이렌 소리가 들려왔다. 남자들은 폭행을 멈추고 천천히 인적이 드문 골목길로 향하더니 이내 어둠 속으로 사라졌다. 누군가의 신고를 받고 출동한 119구급대원들이 쓰러진 남자를 구급차에 싣고 경광등을 요란하게 울리며 길 저편으로 내달렸다. 안타깝게도 남자는 끝내 밝게 떠오르는 새해 첫 해를 더 이상 볼 수 없었다.

경찰은 주변의 CCTV와 탐문 수사를 통해 가해 남성들을 붙잡았다. 정확한 폭행 동기는 알려지지 않았지만 20대 초반의 가해자들과 피해자는 인근 클럽의 손님이었다. 들뜬 분위기에 취해서 사소한 문제로 시비가 붙었고, 가해자들이 분을 참지 못해 피해자를 밖으로 끌고 나와 폭력을 휘두른 것이었다. 사소한 시비가 아직 꿈조차 제대로 펼쳐 보지도 못한 젊은이를 죽음으로 내몬 거였다.

세상은 '가벼움'이 지배하는 곳으로 변해가고 있다. 가벼움의 원인을 무한경쟁의 자본주의나 신자유주의라는 말로 거창하게 채워 넣지 않더라도 가벼움은 우리 일상이 되어버렸다. 그 원인이 무엇이든 간에 꿈을 빛바래게 하는 현실이 우리 곁에 있은 지 오래다. '우리'가 아니라 '나', 바로 이것이 가벼움을 불러일으키는 주범이다.

가벼움이 젊은이를 죽음으로 내몰았다면, 더 심각한 것은 가벼움이 방관자를 만들어낸다는 것이다. 내 일이 아니기에 남의 일은 가볍다. '가벼운' 남의 일은 '무거운' 나의 존재 앞에 무의미하다. 그렇기 때문에 젊은이가 죽음을 맞이하는 순간까지 어느 누구도 그 상황에 개입하려 하지 않았다. 싸움이 내 일이 아닌데 혹시 모를 위험을 감수하면서까지 끼어들 필요가 있을까? 그런 생각이 가벼움이 만들어내는 심리적 효과다.

　　38세의 K는 한 지방자치단체 산하 공단의 직원이었다. 자신이 평생을 몸담아야 하는 직장에 부조리가 만연하고 있음을 목격했다. 각종 비리가 어떤 것은 관행적으로, 어떤 것은 불법인지 알면서도 조직 내부에서 자행되고 있었다. 직원들은 출장을 나가지 않고도 서류를 꾸며 출장비를 수령했다. K는 다른 직원들처럼 가지도 않은 출장에 비용을 청구할 수 없다며 거부했다. 상사들의 눈 밖에 났다. 보이지 않는 경계와 따돌림이 시작됐다. 그러던 중 직원 채용에 금품이 오가고 있음을 발견했고, 같은 공단 직원이었던 아내는 상사로부터 성폭행까지 당했다.

　　K는 그런 부조리한 상황을 그냥 지켜볼 수만은 없었다. 처음에는 공단 감사팀에 비리를 신고하는 것으로 마무리하려 했지만 문제 제기에도 달라지는 것은 없었다. 결국 공단 내 부조리를 국민권익위원회 등 외부 기관에 20여 차례 제보하는 공론화 작업에 착수했고, 이 일로 3선 자치단체장과 공단 전·현직 임직원들이 법정에 섰다. 하지만 늘 그렇듯이 조직의 회유가 이어졌고 여의치 않자

엄청난 압력과 비방이 뒤따랐다. K의 신념은 단단했다. 잘못을 바로잡기 위해서는 그만한 고통이 따를 수밖에 없다며 자신을 다독였다. 그는 '가벼움'이 아니라 '무거움'을 택했다.

대가는 혹독했다. 지역사회에 깊이 뿌리내린 조직 구성원들의 연대의식은 예상 밖으로 공고했다. 수년에 걸친 긴 싸움에 K는 점차 무너져갔다. 같이 먹으려는 직원이 없어 혼자서 편의점 도시락으로 점심 식사를 해결해야 했다. 우울과 불안, 불면증이 생겼다. 6~7가지 약을 복용해야 했고 심리치료도 받아야 했다. 공단은 우울증 치료를 위한 휴직 신청마저 거부했고, 심지어 다른 갖가지 이유를 들어 징계에 착수해 정직처분을 내렸다. 단단하게 끝까지 버텨보려 했던 마음도, 몸도 더 이상 버틸 수 없는 지경에 이르렀다. 사직서를 썼다. 그리고 가정도 풍비박산 났다. 생계라도 잇기 위해 건설현장을 일용직으로 떠돌았다.

K는 한 언론사 기자에게 말했다. "스스로 내려놓고 뒤돌아보니 남은 것이 하나도 없더군요. 돈도 잃고, 건강도 잃고, 시간도 잃었습니다. 후회는 없지만 두 번 다시 공익제보자로 나서지 않을 겁니다. 그때 3년의 기억을 모두 지우고 싶습니다."

K가 근무했던 공단 직원들 모두가 비리를 저지른 것은 아니다. 하지만 짐바르도를 비롯한 많은 영웅학자가 이구동성으로 영웅의 반대말이 방관자라고 하지 않는가. 악은 우리의 방관을 자양분으로 해서 자란다. 예전 어느 TV 예능프로그램의 한 진행자가 복불복 게임에서 '나만 아니면 돼!'라고 장난스럽게 외쳐대곤 했

다. 방송의 재미를 위한 콘셉트이었겠지만 이런 태도는 남을 나와는 무관한 '가벼움'으로 치부하게 한다. 그저 지켜볼 수밖에 없다고 합리화한다. 방관은 어떤 문제도 해결할 수 없을뿐더러 상황을 더 악화시키기만 한다. '동료' 직원들은 '나'에게 무게추를 두고 (그들 나름의 이유는 있었겠지만) 조직이라는 거대 장벽 앞에 침묵했다.

동료 직원들만이 방관자였던 것은 아니다. K가 공단 비리를 외부에 알리는 과정에 육체적, 정신적 고통이 뒤따를 것임을 누구나가 예측할 수 있었다. 그의 제보는 언론을 통해 여러 차례 사회적 이슈가 되기도 했다. 하지만 국가는 물론이거니와 사람들 대부분은 언론에 비친 그의 모습을 '남'의 일로 치부하기 일쑤였다. K의 용기 있는 행동은 타인들에게는 '가벼움'의 메시지에 지나지 않았다. 사람들은 K가 영웅적 행동의 주인공이라고 생각했지만 그것은 일시적이었고 K는 이내 관심 밖으로 밀려났다. 사실 어떤 의미에서 사람들 자신도 방관자였다.

하지만 역설적이게도 상황에 따라 가벼움은 무거움과 자리가 뒤바뀔 가능성이 늘 있다. 화양동 거리에서 폭행 장면을 바라만 보던 시민들도 다른 순간 다른 장소에서는 자기 자신이 폭력의 희생자가 될 수 있다. 또 침묵으로 일관하던 공단 직원들이 어쩔 수 없는 현실을 탓하지만 마음 한구석에 웅크리고 있는 비겁한 자신을 보지 않을 수 없다. 방관자가 넘쳐날수록 우리 사회는 점점 더 어두운 곳이 되어버린다. 가벼움을 극복하도록 자극하는 영웅이 더욱 그리워지는 것은 이 때문이다.

사람들은 영웅을 칭송한다. 영웅은 사회가 나아갈 길, 그것도 점점 더 어둠침침하게 변해가는 길에, 빛과 같은 존재이다. 그렇지만 영웅은 종종 진정성이 의심되며 경계의 대상이 되기도 한다. 어떤 사람이 영웅적 행동을 했다는 말을 듣고 찬사를 보내면서도 마음 한편으로는 '진짜 그랬을까?', '다른 이유가 있지 않았을까?'라는 생각이 슬며시 고개를 든다. 그런 의심이 왜 들까? 아마도 우리 사회가 그만큼 불신에 찌들어 있기 때문이리라. 또한 사익을 위해 영웅을 이용하는 사람들도 불신을 부추기는 데 한몫을 하고 있다.

영웅이라는 말은 오랜 시간을 지나는 동안 점차 진부해졌다. 이렇게 만든 주범이 정치권력과 대중문화 주체들이다. 그들은 영웅을 한쪽에서는 자신들의 이데올로기 유포에 이용하거나 특정 가치에 봉사하도록 조작하였고 다른 한쪽에서는 물질적 이익을 위해 무분별하게 오용 또는 남용해왔다. 오늘날의 일부 정치인들은 절대악과 맞서 싸우는 절대선의 영웅으로 자신을 추존(推尊)토록 국민들을 호도하기까지 하고 있다. 정치적 이해관계가 첨예하게 대립할 때마다 정치인들은 대화의 장을 벗어나 소위 언론플레이를 하거나 그것도 여의치 않으면 지지자 결집을 위해 거리로 나선다. 광장에 집결하여 한 목소리로 '국가와 민족을 위해 이 한 몸 불사르리라'라고 비장하게 외쳐댄다. 감정에 복받쳐서인지, 아니면 광장의 목소리만으로는 '나'의 목소리가 사람들 깊숙이 파고들 수 없다고 생각해서인지는 모르겠지만 삭발도 하고 단식도 한다. 그렇게 스스로 자기 자신을 영웅으로 격상시켜 버린다. 누가 영웅이고 누가 가짜인지 구별하는 것조차 어려워진다.

또한 오늘날의 대중문화는 유명인, 스포츠 스타, 롤 모델 등을 영웅이라는 이름으로 치장함으로써 영웅의 의미를 변질시키고 있다. 사람들의 관심을 사로잡을만한 '좋은' 행동이 워낙 부족한 탓도 있겠지만 언론 매체는 약간의 흥밋거리를 제공하는 '좋은' 행동이라도 발견하면 더 많은 구독자를 끌어들이기 위해 그것을 종종 영웅적 행동으로 확대 재생산한다. 영웅이 어떤 사람이어야 하고, 또 영웅적 행동은 어떤 것이어야 한다는 개념은 그들에게 중요치 않다. 길을 잃고 헤매는 치매 노인을 안전하게 귀가시킨 '착한' 청년은 어느 순간 '영웅'으로 칭송된다. 청년의 행동이 찬사할만한 것일지라도 정말로 영웅적 행동이라고 부를 수 있겠는가?

영웅은 길을 잃어가고 있다. 방관자가 득세하고, 정치나 대중 매체에 의해 왜곡되는 영웅. 주변을 살펴보면 삶의 지표로 삼을만한 영웅은 좀처럼 눈에 띄지도 않는다. 영웅은 죽은 것일까? 그렇지 않다. 눈에 선명하게 드러나지는 않아도 영웅은 신선한 산소처럼 우리 사회 곳곳에서 오염된 공기를 정화하는 역할을 해주고 있다. 그런 의미에서 반가운 일은 영웅을 우리 사회로 소환하려는 움직임이 최근 들어 활발해지고 있다는 것이다.

우선 공적 영역에서는 법률의 제정을 통해 국가유공자와 의사상자라는 이름으로 영웅을 치하하고 그들의 노고에 보답하려 애쓰고 있다. 가령 행정안전부는 '참 안전인상', 소방청은 '119의인상', 경찰청은 '올해의 경찰영웅상', 해양경찰청은 '바다의 의인상', 한

국도로공사는 '고속도로 의인상', 대한체육회는 '스포츠 영웅상' 등을 제정하여 영웅의 숭고한 뜻을 사회가 공유할 수 있도록 하고 있다.

그리고 민간 영역에서는 많은 기업이 과거에는 사회공헌을 기저로 효행상, 효부상, 다문화가정상처럼 선행상 제정과 수여를 통해 밝은 사회를 지향해왔지만 최근에는 영웅적 행위를 주목하는 기업들이 생겨나고 있다. 2006년부터 에쓰-오일은 '영웅지킴이'를 사회공헌사업으로 운영하고 있고, 2015년부터 LG그룹 산하 복지재단도 영웅을 발굴하여 치하하는 '의인상' 제도를, 신한금융그룹도 2018년부터 '희망영웅' 프로젝트를 시행하고 있으며, 그 외에도 BHC치킨, 포스코, 세븐일레븐 등 10개의 민간단체가 영웅을 찾아내 칭송하는 사업에 동참하고 있다.

물론 아쉬운 점도 있다. 예를 들어 'LG 의인상'은 제정될 당시 의인의 기준이 육체적 희생 여부에 맞추어져 있었는데, 이제는 선행자와 봉사자로 확대됨으로써 의인, 즉 영웅의 개념이 모호해지기도 한다. 봉사자처럼 '선한 사람'이 우리 사회를 밝게 한다는 점을 부인하려는 것이 아니라 영웅이 고유의 의미를 잃어버릴 가능성에 노출되었다는 것이다. 폐지 수레를 끌고 도로를 횡단하던 할머니를 발견한 버스기사가 버스 운행을 잠깐 중지하고 인도까지 안전하게 인도했다는 이유로 어떤 기업은 그 기사를 희망영웅으로 선정했다. 영웅적 행동과 단순한 선행을 영웅이라는 말 속에 함께 담아버린다면 영웅의 가치는 하락하고 진부한 존재로 떨어질 수 있다.

위험을 무릅쓰고 위기에 처한 이들에게 선뜻 손 내미는 용감한 이웃들은 우리 사회 곳곳에 '숨어' 있다. 사실 우리가 보려는 의지만 있으면 영웅들을 발견하는 것은 그리 어렵지 않다. 그런 의지를 다독여 끌어내려는 노력이 정부 및 민간기관과 기업에 의해 최근 활발해지고 있는 것은 분명하다. 아직 그런 노력이 제한적인 테두리를 넘지 못한다고 해도 '숨어있는' 영웅이 우리들 세상으로 나설 수 있는 길은 분명히 넓어지고 있다.

시야를 넓혀 보면, 많은 영웅유형들 중에서 아픔을 배경으로 하는 영웅이 굳이 필요하지 않도록 합리적이고 따뜻한 사회를 만들어야 한다. 여러 번 강조했지만 영웅은 자기희생을 본질적 요소로 한다. 영웅의 희생이 우리 사회의 모순과 문제로 인한 것이라면 영웅의 출현은 슬픈 일일 수 있다. 대형 사고나, 전쟁영웅에 수반되는 전사자들까지 거론하지 않더라도, 예컨대 조직의 문제를 지적하는 내부 고발자들은 동료들로부터 깊숙이 잠재된 체계적 문제를 간과하고 표피에만 집착한다는 항의를 받기도 한다. 그들의 행위가 때에 따라 일탈의 성격을 띤다고 하더라도 그 안에는 안타까운 사연이 숨어있는 경우가 있다. 불합리하거나 시대에 맞지 않는 법과 제도의 문제를 모두가 함께 고민하고 해결해야 우리 시대 영웅의 진정한 의미를 이해할 수 있을 것이다.

이제 영웅을 찾아 떠난 여정을 끝낼 때가 됐다. 캠벨은 '영웅의 여행'에서 평범해 보이던 사람이 일상을 떠나 갖가지 곤경과 경험을 쌓은 후 다시 일상으로 돌아온다고 했다. 그 사람은 더 이상

과거의 모습을 찾아볼 수 없으리만큼 완전히 다른 사람으로 변해 있다. 영웅이 되어 돌아온 것이다. 현대를 살아가는 사람들이 캠벨의 영웅이 거쳐 온 여정을 똑같이 되밟아갈 수는 없다. 세상이 달라졌고, 사람이 달라졌고, 생각하는 방식도 달라졌다. 하지만 뭔가를 깨달아 새로운 사람이 될 수 있다는 점에는 변함이 없다. 영웅을 찾아 떠난 이 책의 여정을 처음부터 온전히 밟아온 사람이라면 영웅의 풍모가 스며 나오리라 의심하지 않는다. 우리 시대에 필요한 영웅이 어떤 사람인지 알게 되었으니 필요한 상황에서는 주저 없이 영웅적 행동을 실천할 테니 말이다.

참고자료

국내 자료

공원국 (2010), 『춘추전국이야기 2: 영웅의 탄생』, 서울: 위즈덤하우스.

국립국어원 (1999), 『표준국어대사전』, 서울: 두산동아.

국민대통합위원회 (2016), 「〈소통과 화합을 위한〉 생활 속 작은 영웅」, 『한국정책학
    회 춘계학술발표논문집』, 11-31.

국민일보 (2009), 「세계 챔프 김연아가 보여준 열정과 희망」. http://news.kmib.
    co.kr/article/view.asp?arcid=0921238627 (검색일자 2020.1.20.).

국방정신전력원 (2021), 「두 마리 토끼를 잡은 제대군인원호법」. https://blog.
    naver.com/jungsin3560/222423011446 (검색일자 2021.8.21.)

국회사무처 (2011), 「제301회 국회 보건복지위원회회의록」, 38-53.

김봉률 (2012), 「문화영웅, 헤라클레스와 계몽의 변증법」, 『고전 르네상스 영문학』
    21(2), 5-27.

김선현 (2016), 「〈적벽가〉의 전승과 향유층」, 『한국어와 문화』 20, 19-38.

김연숙 (2011), 「식민지 시기 대중문화영웅의 변모과정 고찰: 최승희를 중심으로」,
    『여성문학연구』 25, 239-264.

김지영 (2016), 「조선 후기 관왕묘 향유의 두 양상」, 『규장각』 49, 501-531.

남덕현 (2013), 「〈삼국연의(三國演義)〉에서의 관우(關羽) 형상화」, 『Journal of China
    Studies』 15, 185-212.

남상우·김한주·고은하 (2010), 「국민 여동생에서 국민 영웅으로: 김연아 '영웅' 만

들기와 미디어의 담론전략」, 『한국스포츠사회학회지』 23(2), 61-85.

김태호 (2013), 「근대화의 꿈과 '과학 영웅'의 탄생: 과학기술자 위인전의 서사 분석」, 『역사학보』 218, 73-104.

노컷뉴스 (2019), 「철저히 망가진 공익제보자의 삶 "나는 3년간 유령이었다"」. https://news.v.daum.net/v/20191119051800112?d=y (검색일자 2020.1.2.)

대한체육회 (2011), 「명예의 전당 설립 등 스포츠영웅 사회적 예우 본격 시작」. https://www.sports.or.kr/home/010202/0000/view.do?T_IDX=5500 (검색일자 2019.4.8.)

머니투데이 (2007), 「5.18과 화려한 휴가」. https://news.v.daum.net/v/20070518084705613?f=o (검색일자 2019.4.19.)

문화일보 (2011), 「英雄(영웅)」. http://m.blog.daum.net/ktckorea/14414702 (검색일자 2018.12.12.)

박원경·김병인 (2015), 「김덕령장군 영웅화의 역사적 과정에 대한 층위적 해석」, 『인문콘텐츠』 38, 201-239.

박현숙 (2017), 「죽임의 전쟁에서 인명을 구한 인물의 영웅 서사」, 『한국문학연구』 55, 199-232.

박형준 (2017), 「영웅서사의 해체와 사건의 존재론」, 『오늘의 문예비평』, 53-66.

보건복지부 (2013), 「선의의 응급처치 피해현황 조사 및 구제절차에 관한 연구」(연구보고서).

소재영 (2013), 「영웅의 형상과 영웅 대망의 사회」, 『한국문학과 예술』 11, 7-17.

서울신문 (2019), 「연이은 국회의원 삭발…"야당 결기 보여줘" VS "하지 말아야 할 쇼"」. https://www.seoul.co.kr/news/newsView.php?id=20190911500202&wlog_tag3=daum#csidxc6e44253705a73dbb4c5682b6ebaeca (검색일자 2019.10.5.)

선정규 (2015), 「중국신화 비극영웅의 유형과 형상적 특징」, 『일본학연구』 46, 213-237.

신종태 (2015), 「호국영웅 선양과 보훈제도 발전을 통한 애국심 함양 방안」, 『군사

발전연구』 9(1), 1-28.

심경호 (2018), 「이름과 호의 한자문화」, 제216회 한국어문교육연구회 전국학술대회, ix-xxv.

아이굿뉴스 (2018), 「영웅-부재」. http://www.igoodnews.net/news/articleView.html?idxno=58638 (검색일 2021. 2. 9).

안용규·이택균 (2012), 「스포츠 영웅 만들기」, 『움직임의 철학: 한국체육철학회지』 20(1), 17-31.

엄민용 (2019), 「의사-열사-지사!! 어떤 차이점 있을까」. http://www.swritingworks.com/news/articleView.html?idxno=640 (검색일자 2019.11.2.)

우수영 (2019), 「1960년대 동학소설과 박정희 군사 정권의 혁명 담론: 최인욱 〈전봉준〉, 이용선 〈동학〉, 서기원 〈혁명〉을 중심으로」, 『동학학보』 50, 43-83.

윤재환 (2015), 「조선조 한시 속에 형상화된 영웅의 의미」, 『일본학연구』 44, 51-75.

위키트리 (2019), 「독립유공자 후손 사실상 희롱… 문재인 대통령도 이런 현실 알고 있나」. https://www.wikitree.co.kr/articles/431262 (검색일자 2021.1.17.)

은정태 (2006), 「의사(義士)와 열사(烈士)」, 『역사비평』, 305-310.

이기대 (2013), 「'영웅소설'의 교과서 수록과정과 변모양상」, 『어문학』 119, 167-196.

이영준·김진영 (2019), 「두 얼굴을 가진 영웅」, 『대순사상논총』 32, 201-236.

_____ (2020), 「초공과 직무영웅: 군인, 경찰, 소방관을 중심으로」, 『한국사회과학연구』 39(2), 175-201.

이영준·이황 (2019), 「영웅적 행동의 사회적 확산을 위한 제언」, 『법과 사회』 61, 93-119.

이우진 (2019), 「신채호의 민족에 대한 상상과 영웅 양성: 〈독사신론〉과 영웅론을 중심으로」, 『퇴계학논집』 25, 467-511.

이정기 (2016), 「공익제보 사례에 담긴 공적 표현의 자유 가치에 대한 탐색적 연구」, 『미디어 경제와 문화』 14(2), 127-177.

이호은·권태효 (2013), 「영웅신화 구조의 드라마 수용 양상: 주몽, 선덕여왕, 동이, 시크릿가든을 중심으로」, 『커뮤니케이션학 연구』 21(3), 59-75.

임수진 (2019), 「'백두' 구호를 통한 김정은정권의 정치사회화 전략 분석」, 『통일인 문학』 77, 197-232.

임재구 (2009), 「스포츠미디어를 통한 헤게모니와 영웅주의」, 『움직임의 철학: 한국 체육철학회지』 17(3), 35-52.

장용진·강영웅·김강배·김민경·민지혜·박성은 (2011), 「6명의 공익제보자 사례를 통해 본 한국의 공익제보의 특징과 함의」, 『한국행정학회 학술대회 발표논문 집』, 1880-1931.

전재호 (2012), 「박정희 정권의 '호국 영웅 만들기'와 전통문화유산정책」, 『역사비 평』 99, 113-140.

전학선 (2015), 「국세기본법과 지방세기본법상의 포상금제도」, 『공법연구』 44(1), 349-372.

정성원 (2011), 「한국정치담론의 영웅신화적 세계관과 그 시대착오적 촌스러움」, 『정치와 평론』 9, 163-176.

정준영 (2011), 「우리들의 일그러진 영웅」, 『정신문화연구』 34(3), 301-337.

조동일 (1992). 『민중영웅이야기』, 서울: 문예출판사.

조선일보 (2007), 「소방관의 죽음」. http://news.chosun.com/site/data/html_dir/2007/11/29/2007112901177.html (검색일자 2018.12.3.)

조성두 (2014), 「수운 최제우와 홍암 나철의 영웅신화적 요소에 대한 비교연구」, 『신종교연구』 31, 179-216.

차미경 (2015), 「청대 관우 숭배 현상과 경극 관우극의 발전」, 『중국문화연구』 27, 339-362.

채윤미 (2013), 「〈천수석〉에 나타난 영웅의 문제적 형상」, 『국문학연구』 27, 191-232.

최연식 (2007), 「박정희의 '민족' 창조와 동원된 국민통합」, 『한국정치외교사논총』 28(2), 43-73.

최윤희·임병노 (2018), 「〈용문전〉을 읽는 또 다른 시각」, 『Journal of Korean Culture』 40, 383-413.

파이낸셜투데이 (2017), 「기업은행, 영화 '인천상륙작전' 부실투자⋯ 박근혜 대통령

관계 의혹」. http://www.ftoday.co.kr/news/articleView.html?idxno=81168 (검색일자 2019.4.19.)

함규진 (2019), 「일제강점기 전후의 영웅 담론: 박은식, 신채호, 이광수, 김동인의 작품을 중심으로」, 『한국정치연구』 28(3), 31-56.

형시영 (2015), 「국가수호시설을 통한 호국영웅 선양방안 연구」, 『공공사회연구』 5(3), 65-96.

황보근영 (2012), 「6.25전쟁이 북침이라구?」. https://munchon.tistory.com/190 (검색일자 2019.8.20.)

해외 자료

Abreu Pederzini, G. D. (2018), "Leaders, Power, and the Paradoxical Position: Fantasies for Leaders' Liberation," *Journal of Management Inquiry* 27(3), 325-338.

Alexander, J. C. (2010), "Heroes, Presidents, and Politics," *Contexts* 9(4), 16-21.

Allison, S. T. (2015), "The Initiation of Heroism Science," *International Advances in Heroism Science* 1, 1-8.

Allison, S. T. & Goethals, G. R. (2011), *Heroes: What They Do and Why We Need Them*, New York: Oxford University Press.

_____ (2016), "Hero Worship: The Elevation of the Human Spirit," *Journal for the Theory of Social Behaviour* 146, 187-210.

Allison, S. T., Goethals, G. R., Marrinan, A. R., Parker, O. M., Spyrou, S. P., & Stein, M. (2019), "The Metamorphosis of the Hero: Principles, Processes, and Purpose," *Frontiers in Psychology* 10, 1-14.

Allison, S. T., Goethals, G. R., & Kramer, R. M. (2017), "Setting the Scene: The Rise and Coalescence of Heroism Science," in S. T. Allison, G. R. Goethals, & R. M. Kramer, eds., *Handbook of Heroism and Heroic Leadership*, New York, NY: Routledge.

Anderson, J. (2015), "How a Small-Time Drug Dealer Rescued Dozens during Katrina," BuzzFeed News. https://www.buzzfeed.com/joelanderson/how-a-small-time-drug-dealer-rescued-dozens-during-katrina (검색일자 2019.2.1.).

Archer, A. (2015), "Saints, Heroes and Moral Necessity," *Royal Institute of Philosophy Supplement* 77, 105-124.

Archer, A. & Ridge, M. (2015), "The Heroism Paradox: Another Paradox of Supererogation," *Philosophical Studies* 172, 1575-1592.

Becker, S. W. & Eagly, A. H. (2004), "The Heroism of Women and Men," *American Psychologist* 59(3), 163-178.

Blanc, W. (2018), "King Arthur: A 21st-Century Hero." https://sms.hypotheses.org/11154 (검색일자 2019.4.18.)

Campbell, J. (1949[2004]), *The Hero with a Thousand Faces*, Princeton, NJ: Princeton University Press.

Carlyle, T. (1841[2013]), *On Heroes, Hero-worship, and the Heroic in History*, New Haven & London: Yale University Press.

Collins, R. L. (1996), "For Better or Worse: The Impact of Upward Social Comparison on Self-evaluation," *Psychological Bulletin* 119, 51-69.

Cowley, C. (2015), "Introduction: The Agents, Acts and Attitudes of Supererogation," *Royal Institute of Philosophy Supplement* 77, 1-23.

Curry, R. M. (2018), "Achilles and the Astronaut: What Heroism Humanities Can Teach Heroism Science," *Journal of Humanistic Psychology* 58(5), 571-584.

Davis, C. "What Are King Arthur's Heroic Traits?" https://www.enotes.com/homework-help/what-king-arthurs-heroic-traits-419313 (검색일자 2019.5.2.)

Davis, J. L., Burnette, J. L., Allison, S. T., & Stone, H. (2011), "Against the

Odds: Academic Underdogs Benefit from Incremental Theories," *Social Psychology of Education* 14(3), 331-346.

Efthimiou, O & Allison, S. T. (2018), "Heroism Science: Frameworks for an Emerging Field," *Journal of Humanistic Psychology* 58(5), 556-570.

Farley, F. (2012), "The Real Heroes of 'The Dark Knight'." https://www.psychologytoday.com/intl/blog/the-peoples-professor/201207/the-real-heroes-the-dark-knight (검색일자 2019.2.1.)

Fins, J. (2015), "Distinguishing Professionalism and Heroism When Disaster Strikes," *Cambridge Quarterly of Healthcare Ethics* 24, 373-384.

Franco, Z. E., Allison, S. T., Kinsella, E. L., Kohen, A., Langdon, M., & Zimbardo, P. G. (2018), "Heroism Research: A Review of Theories, Methods, Challenges, and Trends," *Journal of Humanistic Psychology* 58(4), 382-396.

Franco, Z. E., Blau, K., & Zimbardo, P. G. (2011), "Heroism: A Conceptual Analysis and Differentiation Between Heroic Action and Altruism," *Review of General Psychology* 15(2), 99-113.

Franco, Z. E. & Efthimiou, A. (2018), "Heroism and the Human Experience: Foreword to the Special Issue", *Journal of Humanistic Psychology* 58(4), 371-381.

Franco, Z. & Zimbardo, P. (2006), "The Banality of Heroism," *Greater Good* 3(2), 30-35.

Gash, H. & Conway, P. (1997), "Images of Heroes and Heroines: How Stable?" *Journal of Applied Developmental Psychology* 18(3), 349-372.

Goethals, G. R. & Allison, S. T. (2012), "Making Heroes: The Construction of Courage, Competence, and Virtue," *Advances in Experimental Social Psychology* 46, 183-235.

Graebner, W. (2013), "'The Man in the Water': The Politics of the American

Hero, 1970-1985," *Historian* 75(3), 517-543.

Heyd, D. (1982), *Supererogation: Its Status in Ethical Theory*, Cambridge: Cambridge University Press.

Heiner, E. K. (2019), "Fostering Heroism in Fourth- and Fifth-grade Students," *Journal of Humanistic Psychology* 59(4), 596-616.

Heinrich, K. T. (1997), "Transforming Impostors into Heroes: Metaphors for Innovative Nursing Education," *Nurse Education* 22(3), 45-55.

HistroyExtra (2019), "The Brutal Brilliance of Genghis Khan," https://www.historyextra.com/period/medieval/the-brutal-brilliance-of-genghis-khan/ (검색일자 2019.4.7.)

Isen, J. (2010), "The Heroes of Myth and Folklore: Part One—Defining a Hero," https://onceuponatimeinthedarkness.wordpress.com/2010/07/19/the-heroes-of-myth-and-folklore-part-one-defining-a-hero/ (검색일자 2019.2.27.)

Jayawickreme, E. & Di Stefano, P. (2012), "How Can We Study Heroism? Integrating Persons, Situations and Communities," *Political Psychology* 33(1), 165-178.

Keczer, z., File, B., Orosz, G., & Zimbardo, P. G. (2016), "Social Representations of Hero and Everyday Hero: A Network Study from Representative Samples," *PLoS ONE* 11(8), 1-17.

Kinsella, E. L., Ritchie, T. D., & Igou, E. R. (2010), "Essential Features and Psychological Functions of Heroes," in Poster session at the Northern Ireland British Psychological Society Annual Conference, Enniskillen.

_____ (2015a), "Zeroing in on Heroes: A Prototype Analysis of Hero Features," *Journal of Personality and Social Psychology* 108(1), 114-127.

_____ (2015b), "Lay Perspectives on

the Social and Psychological Functions of Heroes," *Frontiers in Psychology* 6, 1-12.

Kohen, A. (2014), "Heroism and Subjectivity." https://kohenari.net/post/99653156590/heroism-not-subjective (검색일자 2019.3.15.)

Kohen, A., Langdon, M., & Riches, B. R. (2017), "The Making of a Hero: Cultivating Empathy, Altruism, and Heroic Imagination," *Journal of Humanistic Psychology* 59(4), 617-633.

Latané, B., & Nida, S. (1981), "Ten Years of Research on Group Size and Helping," *Psychological Bulletin* 89, 308-324.

Markovits, J. (2012), "Saints, Heroes, Sages, and Villains," *Philosophical Studies* 158(2), 289-311.

Martens, K. (2018), "Reimagining Heroism: A Conceptual Analysis Through *Antigone* and *Medea*," *Journal of Humanistic Psychology* 58(4), 431-443.

May, R. (1991), *The Cry for Myth*, New York: Norton.

McKay, A. C. (2002), "Supererogation and the Profession of Medicine," *Journal of Medical Ethics* 28, 70-73.

McNamee, S. & Wesolik, F. (2014), "Heroic Behavior of Carnegie Medal Heroes: Parental Influence and Expectations," *Peace and Conflict: Journal of Peace Psychology* 20(2), 171-173.

Mellema, G. (1994), "Business Ethics and Doing What One Ought to Do," *Journal of Business Ethics* 13, 149-153.

Milgram, S. (1963), "Behavioral Study of Obedience," *Journal of Abnormal and Social Psychology* 67(4), 371-378.

Murphy, B. A., Lilienfeld, S. O., and Watts, A. L. (2017), "Psychopathy and Heroism: Unresolved Questions and Future Directions," in S. T. Allison, G. R. Goethals, & R. M. Kramer, eds., *Handbook of Heroism and Heroic Leadership*, New York, NY: Routledge.

Powel, B. (2018), "Rethinking the Post-Heroic Turn: Military Decorations as Indicators of Change in Warfare," *Journal of Historical Sociology* 31(1), 1-32.

Price-Mitchell, M. (2017), "What is a Role Model? Five Qualities that Matter to Youth." https://www.rootsofaction.com/role-model/ (검색일자 2019.10.19.)

Riches, B. R. (2018), "What Makes a Hero? Exploring Characteristic Profiles of Heroes Using Q-Method," *Journal of Humanistic Psychology* 58(5), 585-602.

Roberts, S. J., Demarco, R., & Griffin, M. (2009), "The Effect of Oppressed Group Behaviours on the Culture of the Nursing Workplace: A Review of the Evidence and Interventions for Change," *Journal of Nursing Management* 17, 288-293.

Ross, S. L. (2019), "The Making of Everyday Heroes: Women's Experiences with Transformation and Integration," *Journal of Humanistic Psychology* 59(4), 499-521.

Rousseau, J. J. (2005), *Considerations on the Government of Poland and on Its Planned Reformation*, in *The Collected Writings of Jean-Jacques Rousseau* (Vol. 11; trans. C. Kelly & J. Bush), Hanover, NH: Dartmouth College Press.

Safe Kids Worldwide (2014), "State Good Samaritan Laws." https://www.safekids.org/ sites/default/files/documents/publicpolicylibrary/good_samaritan_laws.pdf. (검색일자 2020.7.19.)

Schlenker, B. R., Weigold, M. F., & Schlenker, K. A. (2008), "What Makes a Hero? The Impact of Integrity on Admiration and Interpersonal Judgment," *Journal of Personality* 76(2), 323-355.

Shakespeare, W. (1982), *Troilus and Cressida*, edited by Kenneth Palmer, London & New York: Routledge.

Smyth, B. (2018), "Hero Versus Saint: Considerations from the Phenomenology of Embodiment," *Journal of Humanistic Psychology* 58(5), 479-500.

Staats, S., Hupp, J. M., Wallace, H., & Gresley, J. (2009), "Heroes Don't Cheat: An Examination of Academic Dishonesty and Students' Views on Why Professors Don't Report Cheating," *Ethics & Behavior* 19(3), 171-183.

Staats, S., Wallace, H., Anderson, T., Gresley, J., Hupp, J. M., & Weiss, E. (2009), "The Hero Concept: Self, Family, and Friends Who Are Brave, Honest, and Hopeful," *Psychological Reports* 104(3), 820-832.

Stevanović, L. (2008), "Human or Superhuman: the Concept of Hero in Ancient Greek Religion and/in Politics," *Glasnik Etnografskog Instituta SANU* 56(2), 7-23.

Stomp Out Bullying (2014), "Marvel entertainment and STOMP Out Bullying team up." https://www.stompoutbullying.org/media/press-relea/marvel-entertainment-and-stomp-out-bullying-team/ (검색일자 2019.7.9.)

Sullivan, M. & Venter, A. (2005), "The Hero Within: Inclusion of Heroes into the Self," *Self and Identity* 4, 101-111.

_____ (2010), "Defining Heroes Through Deductive and Inductive Investi-gations," *The Journal of Social Psychology* 150(5), 471-484.

The United Kingdom (2015), "Social Action, Responsibility and Heroism Act." http://www.legislation.gov.uk/ukpga/2015/3/contents/enacted (검색일자 2019.1.15.)

Unseen Japan (2018), "Tokugawa Ieyasu: The Hero That Everyone in Japan Hates." https://medium.com/@unseenjapan/tokugawa-ieyasu-the-hero-that-everyone-in-japan-hates-9fde35aa5e1e (검색일자 2019.9.18.)

Van den Bos, K., Muller, P. A., & Van Bussel, A. A. (2009), "Helping to

Overcome Intervention Inertia in Bystander's Dilemmas: Behavioral Disinhibition Can Improve the Greater Good," *Journal of Experimental Social Psychology* 45, 873-878.

Walker, L. J., Frimer, J. A., & Dunlop, W. L. (2010), "Varieties of Moral Personality: Beyond the Banality of Heroism," *Journal of Personality* 78(3), 907-942.

Warden, S. & Logan, J. (2017), "The Nurse Practitioner Hero's Journey," *The Journal for Nurse Practitioners* 13(7), 350-351.

Weber, M (2013[1921]), "Types of Legitimate Domination," in G. Roth & C. Wittich, eds., *Economy and Society* (Vol. I), Berkeley, CA: University of California Press: 212-245.

Webster, R. J. & Saucier, D. A. (2017), "Angels Eeverywhere? How Beliefs in Pure Evil and Pure Good Predict Perceptions of Heroic Behavior," *Personality and Individual Differences* 104, 387-392.

Wilson, D. B. (2013), "Shaman, Sage, Priest, Prophet and Magician: Exploring the Architecture of the Religious Wise Man," Ph.D dissertation, University of Sydney.

Wolf, B. & Zuckerman, P. (2012), "Deviant Heroes: Nonconformists as Agents of Justice and Social Change," *Deviant Behavior* 33, 639-654.

Woolfe, S. (2018), "The Crab Mentality: Why Can't We Be Happy for Other People's Success?" https://www.samwoolfe.com/2018/07/crab-mentality. html (검색일자 2019.8.30.)

Zimbardo, P. (2007), *The Lucifer Effect: Understanding How Good People Turn Evil*, New York: Random House.

_____ (2011), "Why the World Needs Heroes," *Europe's Journal of Psychology* 7(3), 402-407.

Zimbardo, P., Breckenridge, J. N., & Moghaddam, F. M. (2013), "'Exclusive' and 'Inclusive' Visions of Heroism and Democracy," *Current Psychology* 32(3), 221-233.

기타 웹사이트

국가법령센터. http://law.go.kr

다음백과. https://100.daum.net/

다음영화. https://movie.daum.net

신한 위기가정재기지원 사무국. https://www.shinhanhope.com

스탠포드 가상 교도소 실험 공식 사이트. https://www.prisonexp.org/

위키피디아. https://en.wikipedia.org

판도라TV. http://www.pandora.tv

참여연대. https://www.peoplepower21.org

한국학술지인용색인(KCI). https://www.kci.go.kr/kciportal/main.kci

LG재단. https://foundation.lg.or.kr

Cambridge English Dictionary. https://dictionary.cambridge.org

Carnegie Hero Fund Commission. https://www.carnegiehero.org

Heroic Imagination Project. https://www.heroicimagination.org

The Hero Construction Company. https://www.heroconstruction.org/who-we-are

우리 시대의 영웅을 찾아서

초판 1쇄 발행 2022년 12월 25일

지은이 이영준·이황
발행·편집 유지희
디자인 전병준·이정아
제작 제이오

펴낸곳 테오리아
　　　　출판등록 2013년 6월 28일 제25100-2015-000033호
　　　　전화 02-3144-7827
　　　　팩스 0303-3444-7827
　　　　전자우편 theoriabooks@gmail.com

ISBN 979-11-87789-39-0 (93300)

이 책은 고려대학교 ICR센터의 지원을 받아 발간되었습니다.